MISSION: Yozakura family

5

Tanpopo

Hitsuji Gondaira

Mission: Yozakura Family

Charaktere

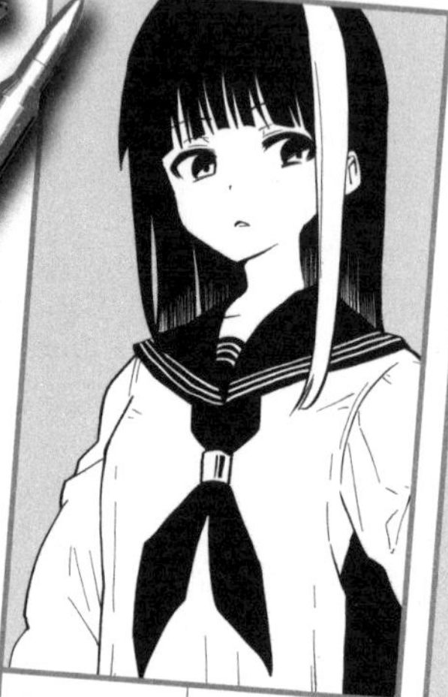

MUTSUMI YOZAKURA

Drittälteste Tochter der Yozakuras. Als Oberhaupt ihrer Familie, die etliche Übermenschen hervorgebracht hat, wird sie rund um die Uhr von ihren Geschwistern beschützt.

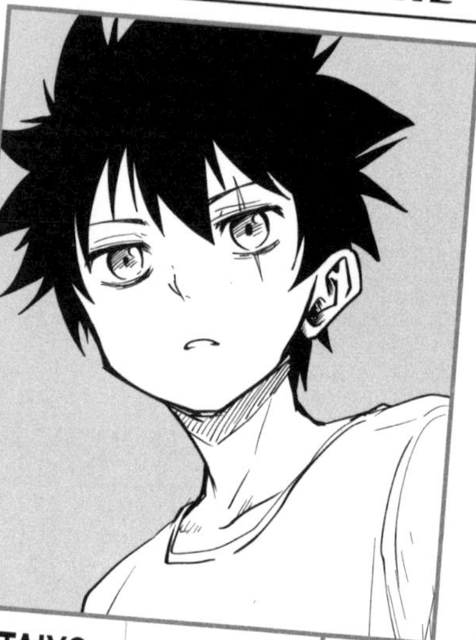

TAIYO ASANO

Der Oberschüler hat seine Familie bei einem Verkehrsunfall verloren und ist seitdem sehr menschenscheu. Sein Herz öffnet er lediglich seiner Frau und Kindheitsfreundin Mutsumi.

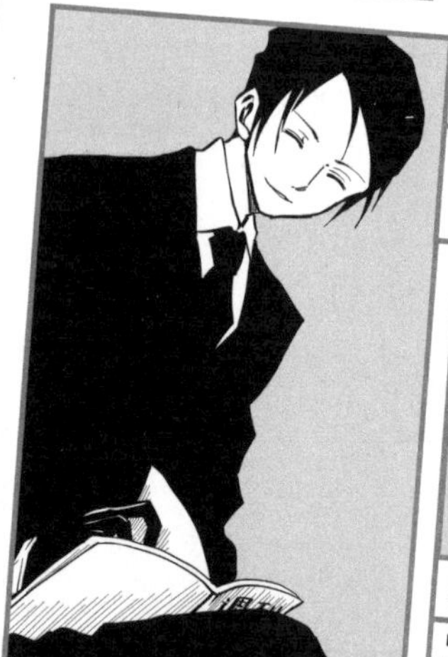

KYOICHIRO YOZAKURA

Der älteste Sohn der Familie Yozakura ist der beste und beliebteste Spion weit und breit. Unter dem Decknamen »Hirukawa« arbeitet er nebenbei als Konrektor an Taiyos Schule.

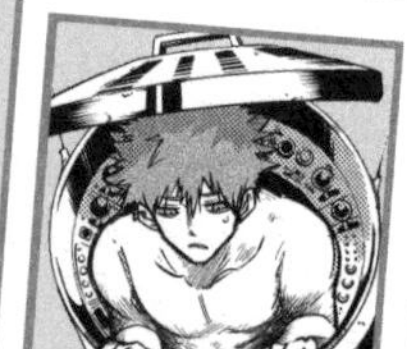

SHINZO

Der zweitälteste Sohn der Familie ist ein Waffenspezialist.

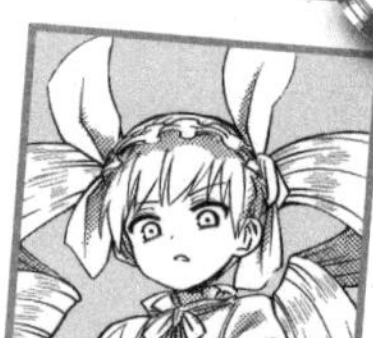

FUTABA

Die älteste Tochter der Yozakuras ist eine Meisterin in Aikido und Jiu Jitsu.

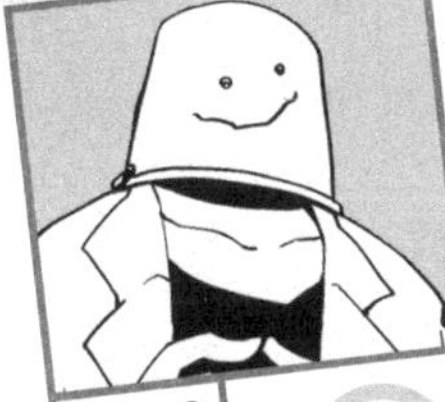

NANAO

Viertältester Sohn der Familie Yozakura. Nanao ist medizinisch bewandert und hat Bärenkräfte.

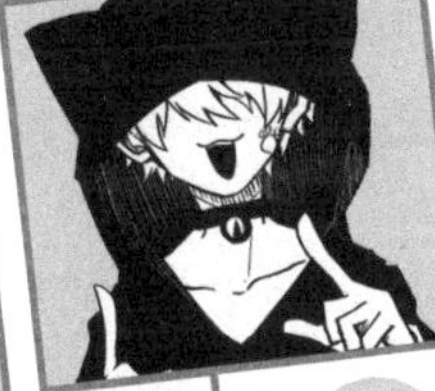

KENGO

Der Verkleidungskünstler und drittälteste Sohn der Familie kann sich in alle möglichen Personen verwandeln.

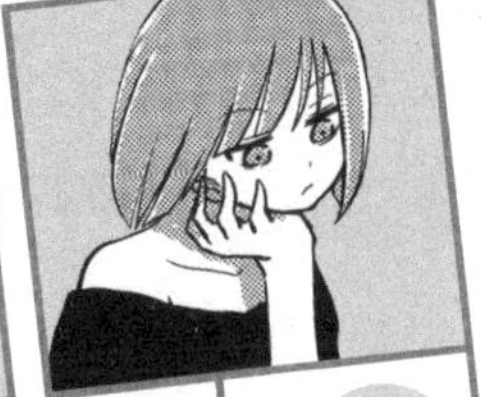

SHION

Die zweitälteste Tochter der Yozakuras ist Gamerin und begnadete Hackerin zugleich.

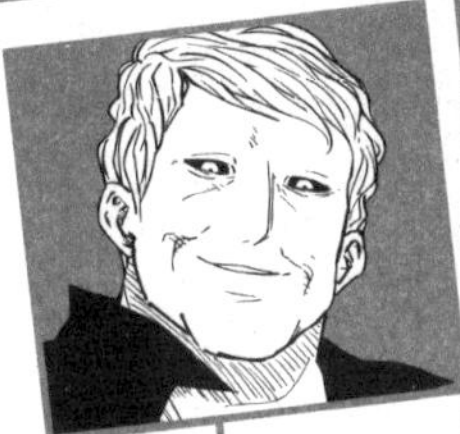

KUROGAO

Politiker und ehemals begabter Spion, wurde jedoch erschossen.

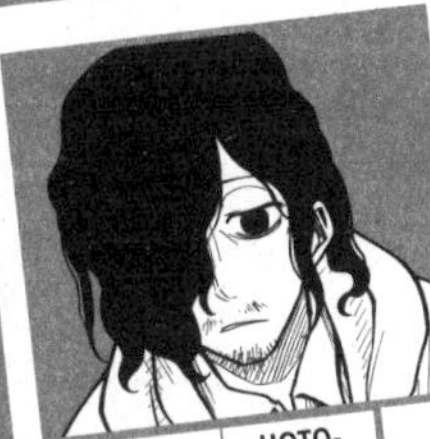

SEIJI HOTOKEYAMA

Kyoichiros ehemaliger Klassenkamerad und Polizist in der Dienststelle Koizumi

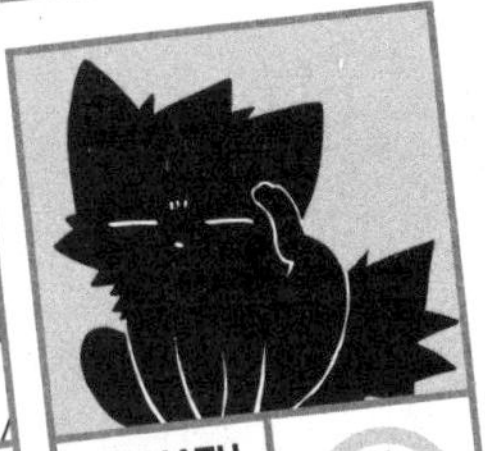

GOLIATH

Haustier der Familie Yozakura

Story.

Seit Taiyo seine Familie durch einen Verkehrsunfall verloren hat, spricht er einzig und allein mit seiner Kindheitsfreundin Mutsumi Yozakura. Doch dann entpuppen sich die Yozakuras als Spione, deren Ursprünge in der Ninjakultur der Edo-Zeit liegen! Um sie vor Feinden zu schützen, will Mutsumis Bruder Kyoichiro Taiyo aus dem Weg räumen. Doch Taiyo heiratet Mutsumi, wodurch er Teil der Familie wird. Seine Karriere als Spion beginnt – und allmählich gewöhnt er sich an seinen neuen Alltag. Eines Tages erhält er von dem staatlichen Spionagedienst Hinagiku den Auftrag, den Politiker Yoshimasa Kuroyuri auszuspionieren. Dieser ist in Wahrheit ein ehemaliger Spion, der unter dem Namen Kurogao bekannt war. Um sich für den Tod seiner Tochter zu rächen, entführt er den Vizeminister, wird aber während seines Duells gegen Taiyo erschossen. Kurz vor seinem Tod vertraut er Taiyo eine kleine Schachtel an, die Informationen über dessen verstorbene Familie enthält. Außerdem ergattert Taiyo die Bronzelizenz des Spionageverbands!

Mission: Yozakura Family – Inhalt

S Tanpopo To Do Mission

Mission:
Yozakura Family

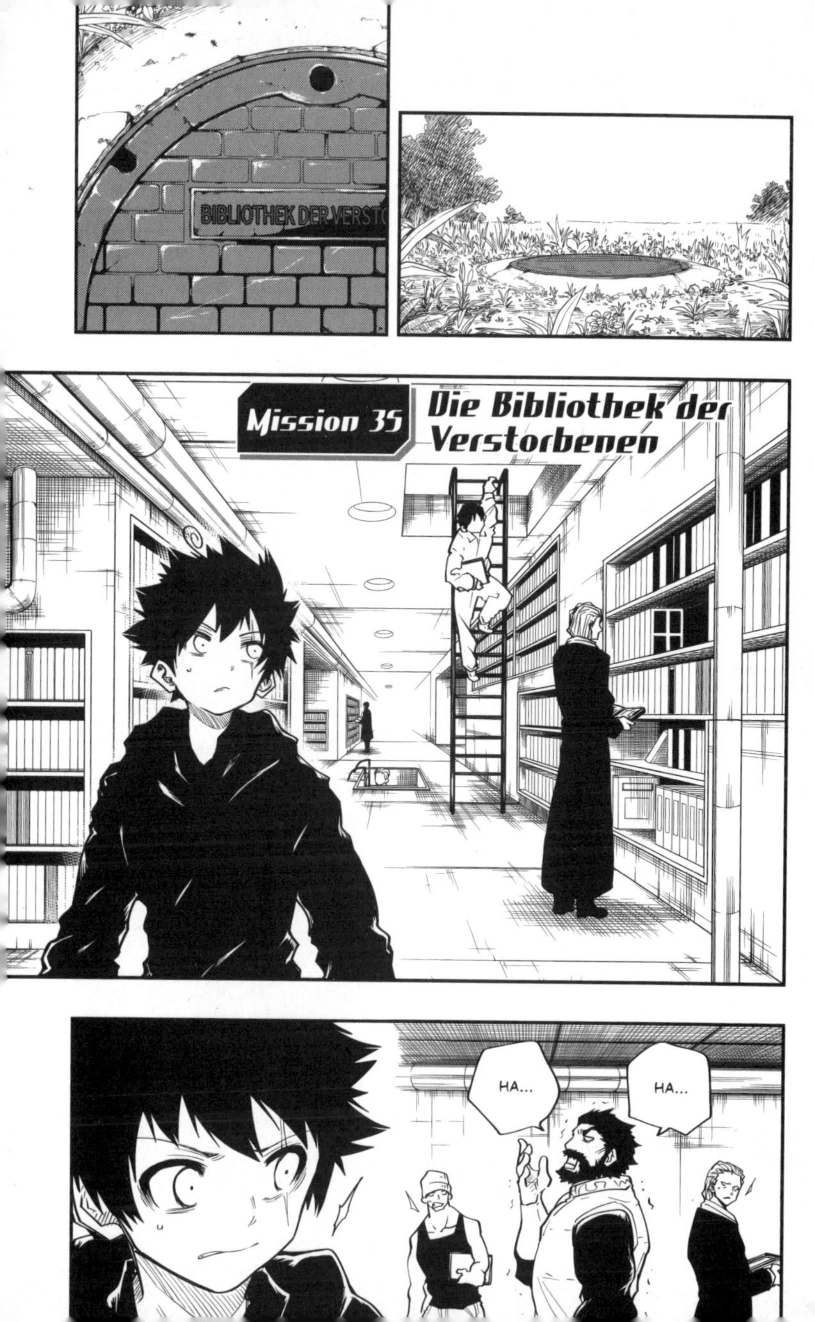
BIBLIOTHEK DER VERSTO
Mission 35
Die Bibliothek der Verstorbenen
HA...
HA...

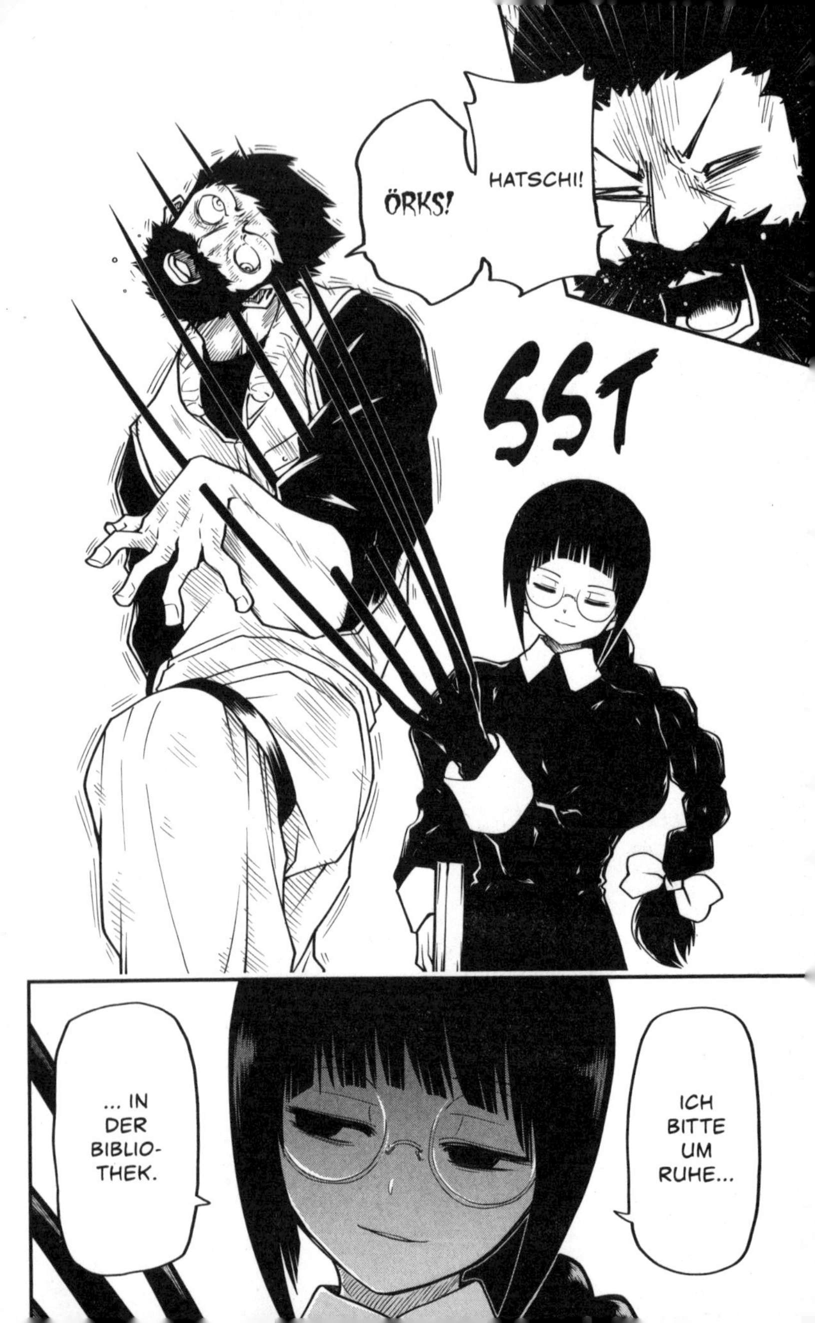
HATSCHI!
ÖRKS!
SST
ICH BITTE UM RUHE...
... IN DER BIBLIOTHEK.

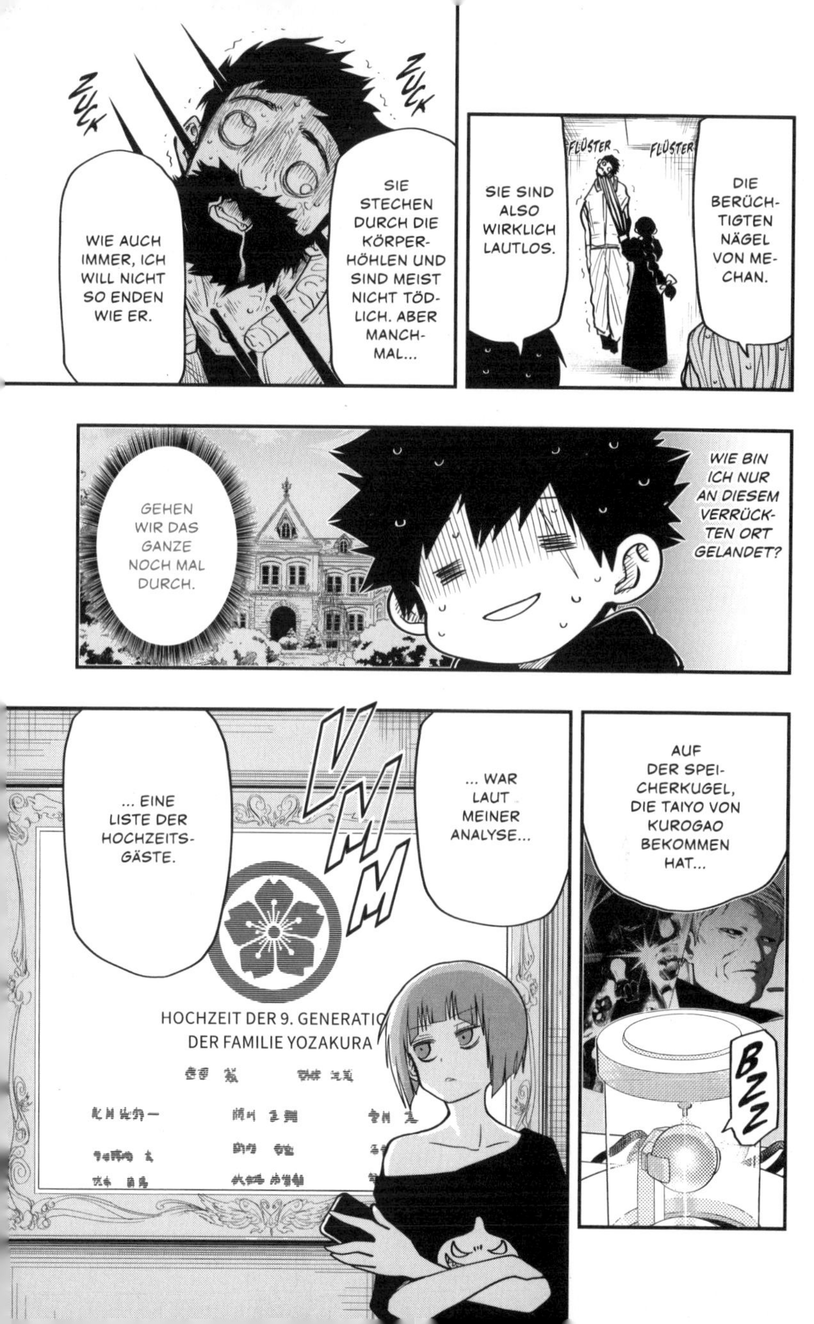

DIE BERÜCHTIGTEN NÄGEL VON MECHAN.
FLÜSTER
FLÜSTER
SIE SIND ALSO WIRKLICH LAUTLOS.
ZUCK
ZUCK
SIE STECHEN DURCH DIE KÖRPERHÖHLEN UND SIND MEIST NICHT TÖDLICH. ABER MANCHMAL...
WIE AUCH IMMER, ICH WILL NICHT SO ENDEN WIE ER.
WIE BIN ICH NUR AN DIESEM VERRÜCKTEN ORT GELANDET?
GEHEN WIR DAS GANZE NOCH MAL DURCH.
AUF DER SPEICHERKUGEL, DIE TAIYO VON KUROGAO BEKOMMEN HAT...
BZZ
... WAR LAUT MEINER ANALYSE...
VMM
... EINE LISTE DER HOCHZEITSGÄSTE.
HOCHZEIT DER 9. GENERATIO
DER FAMILIE YOZAKURA

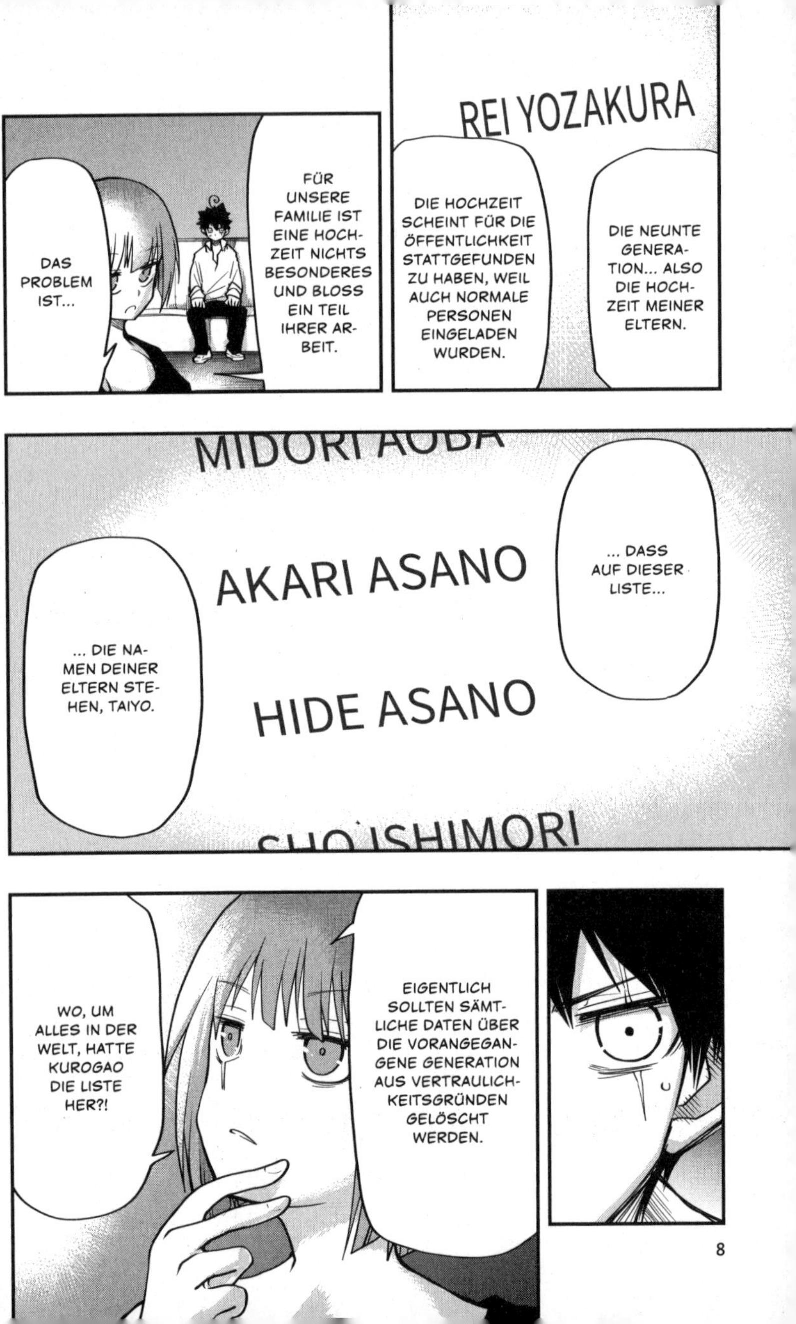

REI YOZAKURA
DIE NEUNTE GENERATION… ALSO DIE HOCHZEIT MEINER ELTERN.
DIE HOCHZEIT SCHEINT FÜR DIE ÖFFENTLICHKEIT STATTGEFUNDEN ZU HABEN, WEIL AUCH NORMALE PERSONEN EINGELADEN WURDEN.
FÜR UNSERE FAMILIE IST EINE HOCHZEIT NICHTS BESONDERES UND BLOSS EIN TEIL IHRER ARBEIT.
DAS PROBLEM IST…
MIDORI AOBA
… DASS AUF DIESER LISTE…
AKARI ASANO
HIDE ASANO
SHO ISHIMORI
… DIE NAMEN DEINER ELTERN STEHEN, TAIYO.
EIGENTLICH SOLLTEN SÄMTLICHE DATEN ÜBER DIE VORANGEGANGENE GENERATION AUS VERTRAULICHKEITSGRÜNDEN GELÖSCHT WERDEN.
WO, UM ALLES IN DER WELT, HATTE KUROGAO DIE LISTE HER?!

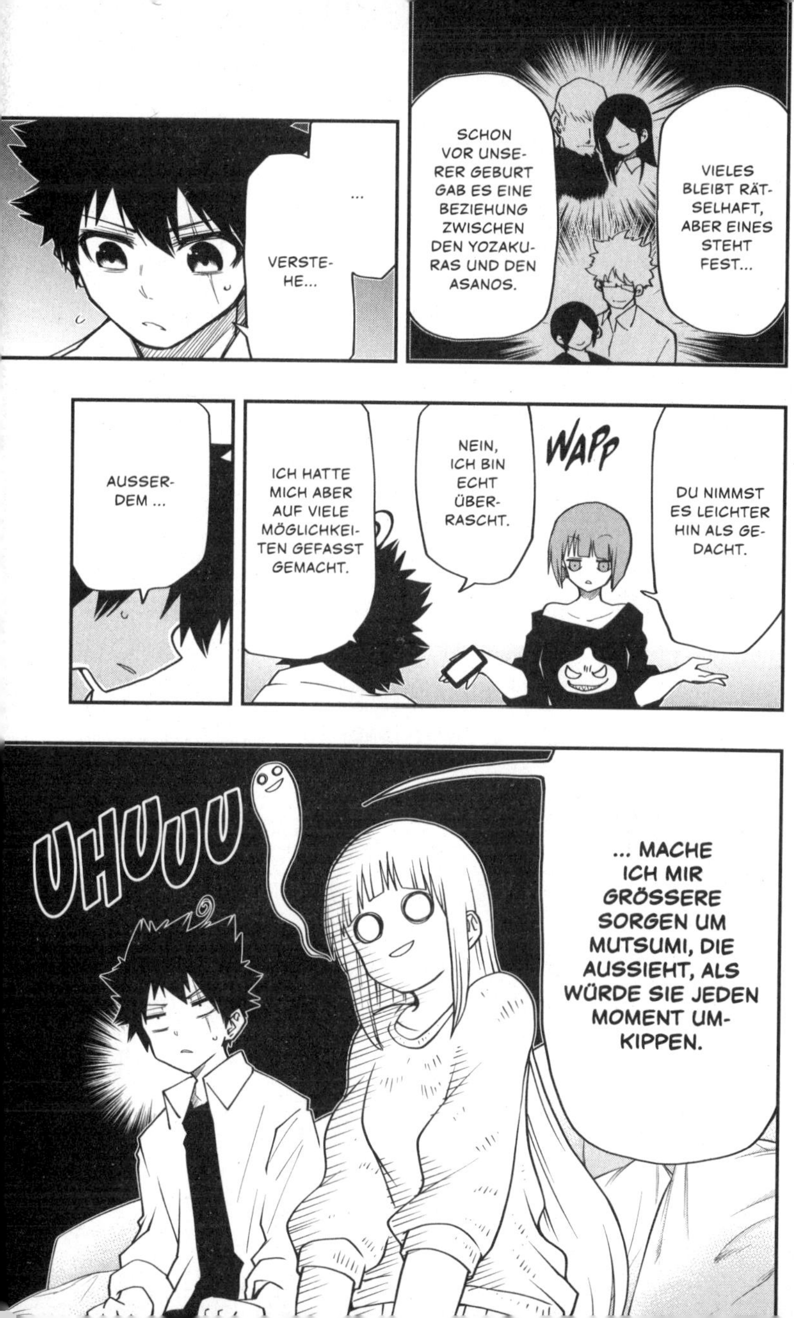
VIELES BLEIBT RÄTSELHAFT, ABER EINES STEHT FEST...
SCHON VOR UNSERER GEBURT GAB ES EINE BEZIEHUNG ZWISCHEN DEN YOZAKURAS UND DEN ASANOS.
...
VERSTEHE...
DU NIMMST ES LEICHTER HIN ALS GEDACHT.
WAPP
NEIN, ICH BIN ECHT ÜBERRASCHT.
ICH HATTE MICH ABER AUF VIELE MÖGLICHKEITEN GEFASST GEMACHT.
AUSSERDEM ...
... MACHE ICH MIR GRÖSSERE SORGEN UM MUTSUMI, DIE AUSSIEHT, ALS WÜRDE SIE JEDEN MOMENT UMKIPPEN.
UHUUU

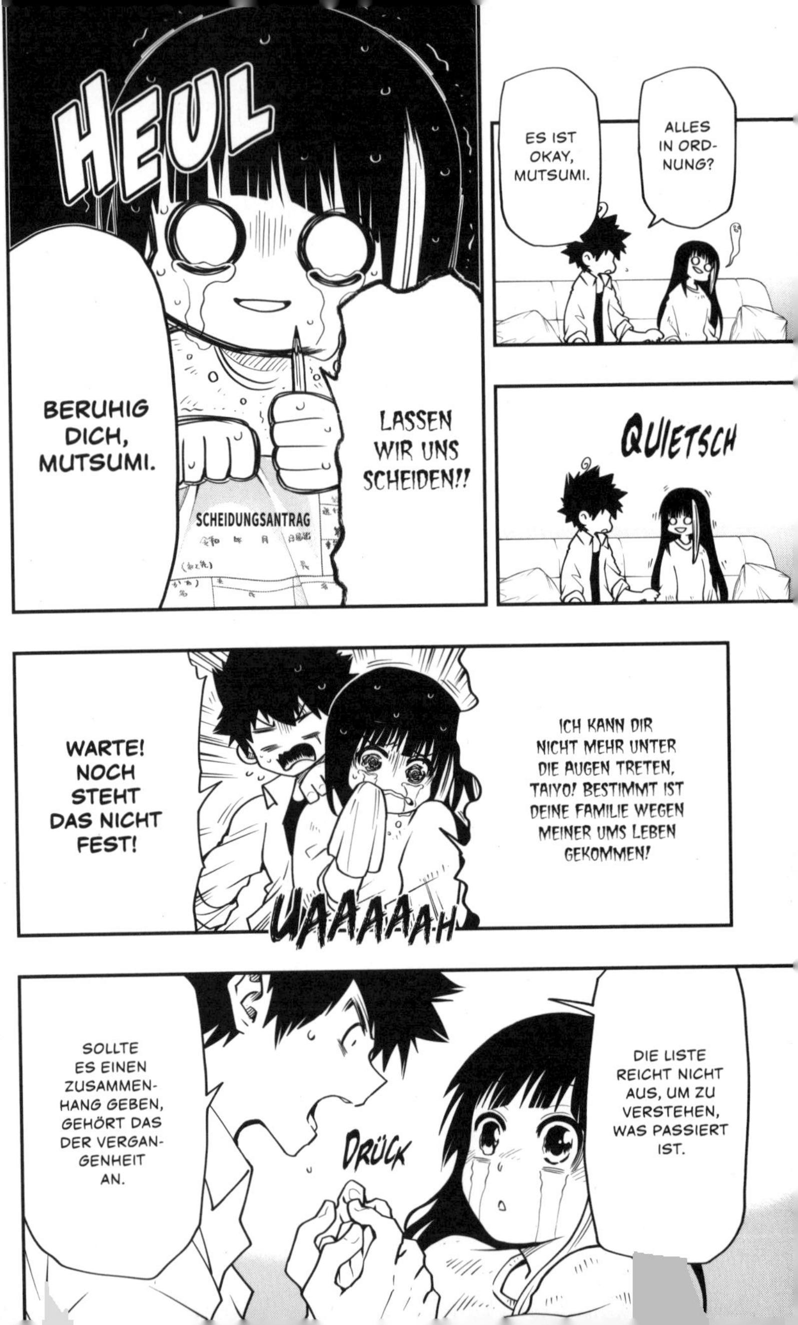
ALLES IN ORDNUNG?
ES IST OKAY, MUTSUMI.
QUIETSCH
HEUL
LASSEN WIR UNS SCHEIDEN!!
BERUHIG DICH, MUTSUMI.
SCHEIDUNGSANTRAG
ICH KANN DIR NICHT MEHR UNTER DIE AUGEN TRETEN, TAIYO! BESTIMMT IST DEINE FAMILIE WEGEN MEINER UMS LEBEN GEKOMMEN!
WARTE! NOCH STEHT DAS NICHT FEST!
UAAAAAH
DIE LISTE REICHT NICHT AUS, UM ZU VERSTEHEN, WAS PASSIERT IST.
DRÜCK
SOLLTE ES EINEN ZUSAMMENHANG GEBEN, GEHÖRT DAS DER VERGANGENHEIT AN.

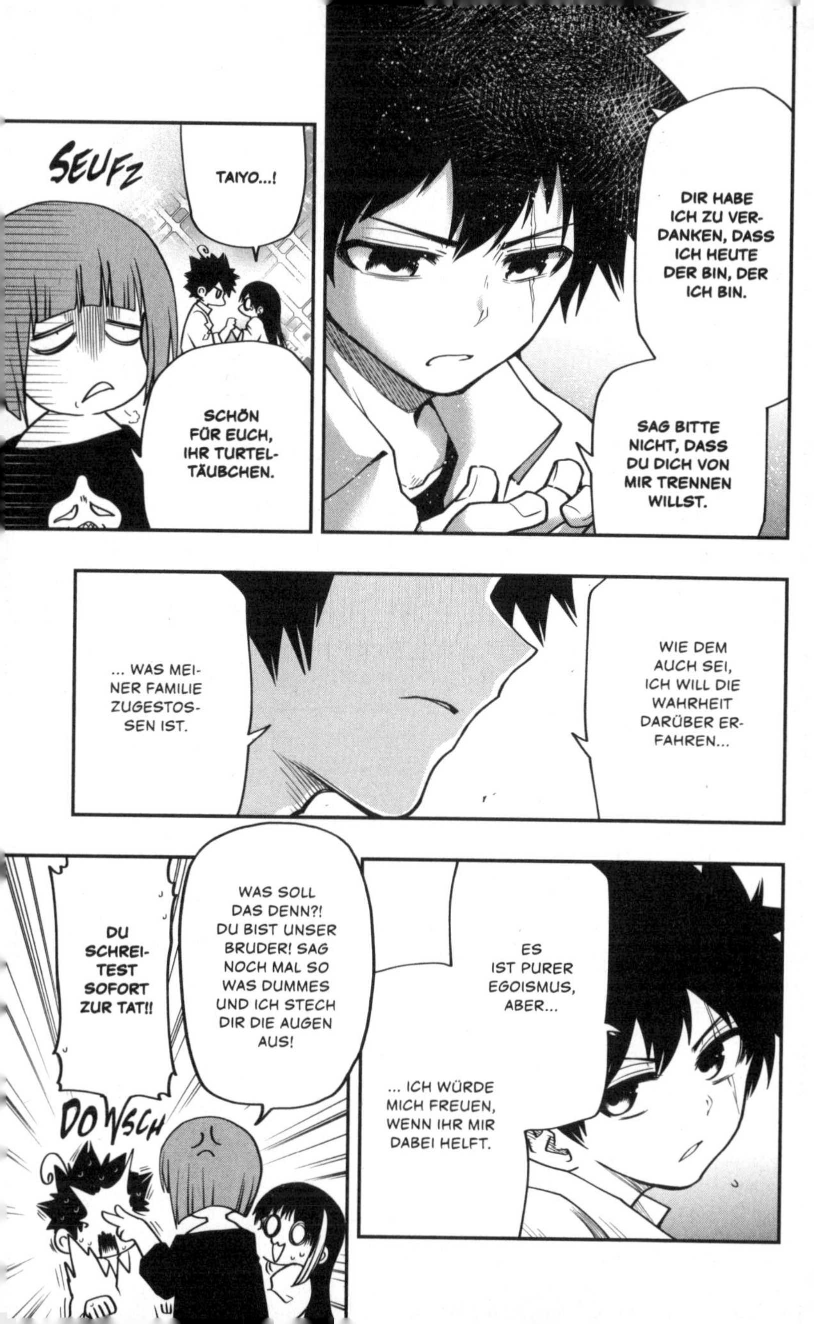
DIR HABE ICH ZU VERDANKEN, DASS ICH HEUTE DER BIN, DER ICH BIN.
SAG BITTE NICHT, DASS DU DICH VON MIR TRENNEN WILLST.
TAIYO...!
SEUFZ
SCHÖN FÜR EUCH, IHR TURTELTÄUBCHEN.
WIE DEM AUCH SEI, ICH WILL DIE WAHRHEIT DARÜBER ERFAHREN...
... WAS MEINER FAMILIE ZUGESTOSSEN IST.
ES IST PURER EGOISMUS, ABER...
... ICH WÜRDE MICH FREUEN, WENN IHR MIR DABEI HELFT.
WAS SOLL DAS DENN?! DU BIST UNSER BRUDER! SAG NOCH MAL SO WAS DUMMES UND ICH STECH DIR DIE AUGEN AUS!
DU SCHREITEST SOFORT ZUR TAT!!
DOWSCH

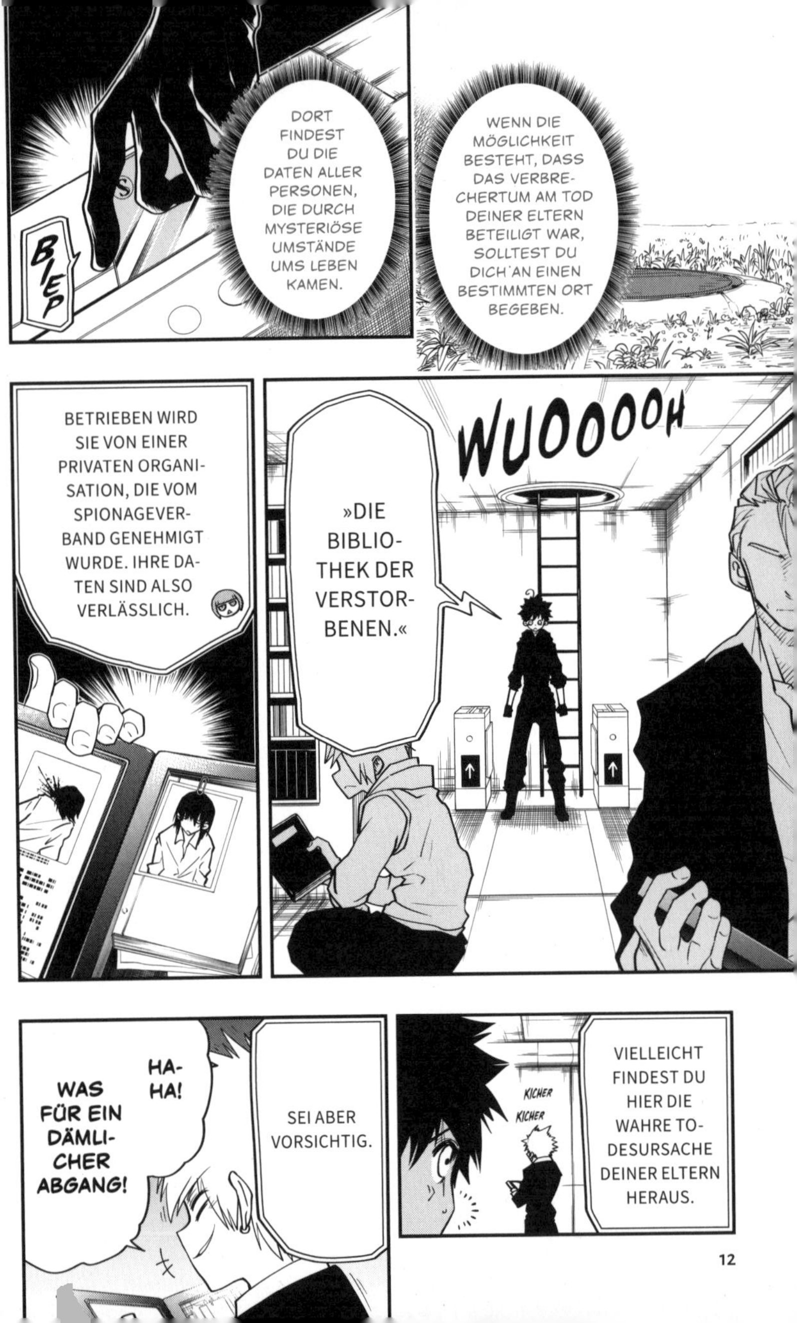

WENN DIE MÖGLICHKEIT BESTEHT, DASS DAS VERBRE-CHERTUM AM TOD DEINER ELTERN BETEILIGT WAR, SOLLTEST DU DICH AN EINEN BESTIMMTEN ORT BEGEBEN.
DORT FINDEST DU DIE DATEN ALLER PERSONEN, DIE DURCH MYSTERIÖSE UMSTÄNDE UMS LEBEN KAMEN.
BIEP
WUOOOOH
»DIE BIBLIO-THEK DER VERSTOR-BENEN.«
BETRIEBEN WIRD SIE VON EINER PRIVATEN ORGANI-SATION, DIE VOM SPIONAGEVER-BAND GENEHMIGT WURDE. IHRE DA-TEN SIND ALSO VERLÄSSLICH.
VIELLEICHT FINDEST DU HIER DIE WAHRE TO-DESURSACHE DEINER ELTERN HERAUS.
KICHER
KICHER
SEI ABER VORSICHTIG.
HA-HA!
WAS FÜR EIN DÄMLI-CHER ABGANG!

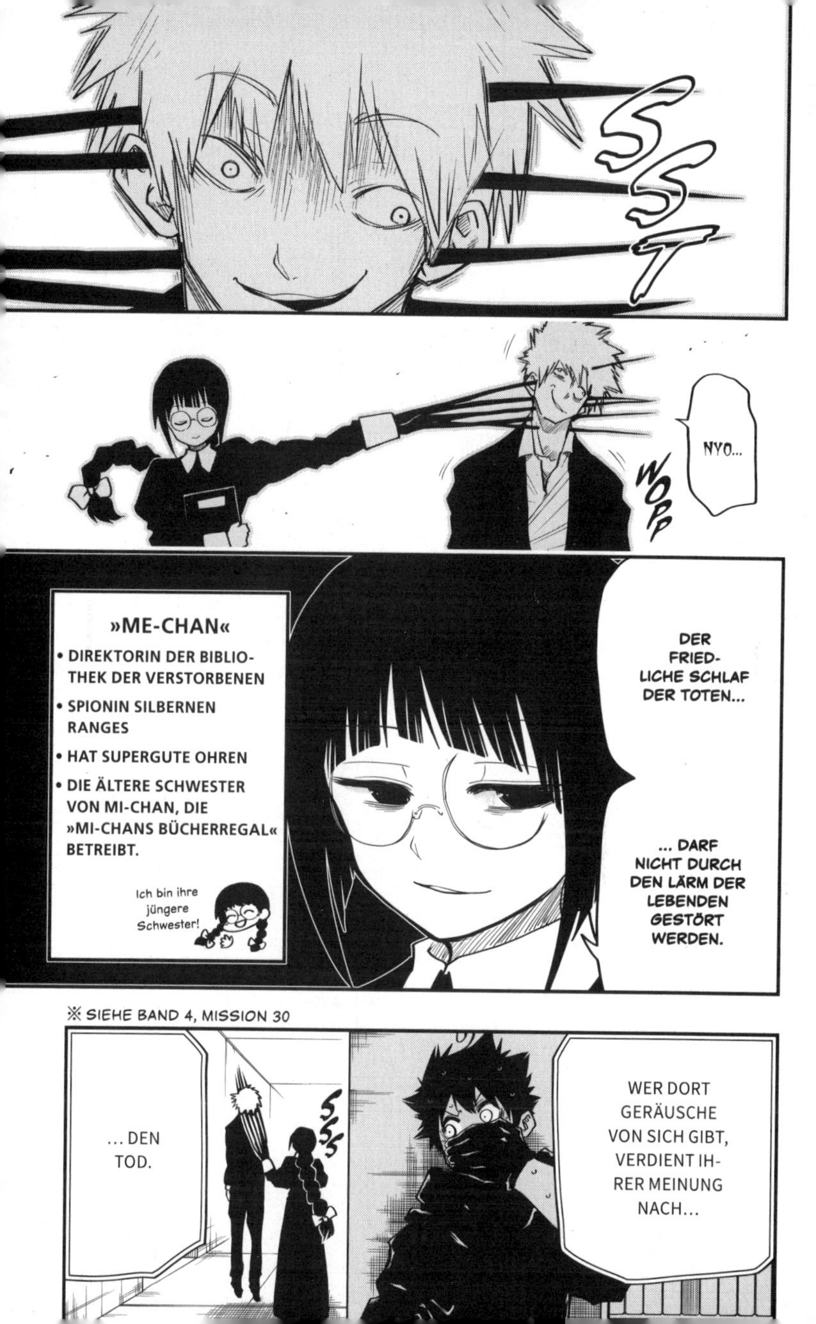
SSST
NYO...
WOPP
DER FRIEDLICHE SCHLAF DER TOTEN...
... DARF NICHT DURCH DEN LÄRM DER LEBENDEN GESTÖRT WERDEN.
»ME-CHAN«
• DIREKTORIN DER BIBLIOTHEK DER VERSTORBENEN
• SPIONIN SILBERNEN RANGES
• HAT SUPERGUTE OHREN
• DIE ÄLTERE SCHWESTER VON MI-CHAN, DIE »MI-CHANS BÜCHERREGAL« BETREIBT.
Ich bin ihre jüngere Schwester!
※ SIEHE BAND 4, MISSION 30
WER DORT GERÄUSCHE VON SICH GIBT, VERDIENT IHRER MEINUNG NACH...
SSS
... DEN TOD.

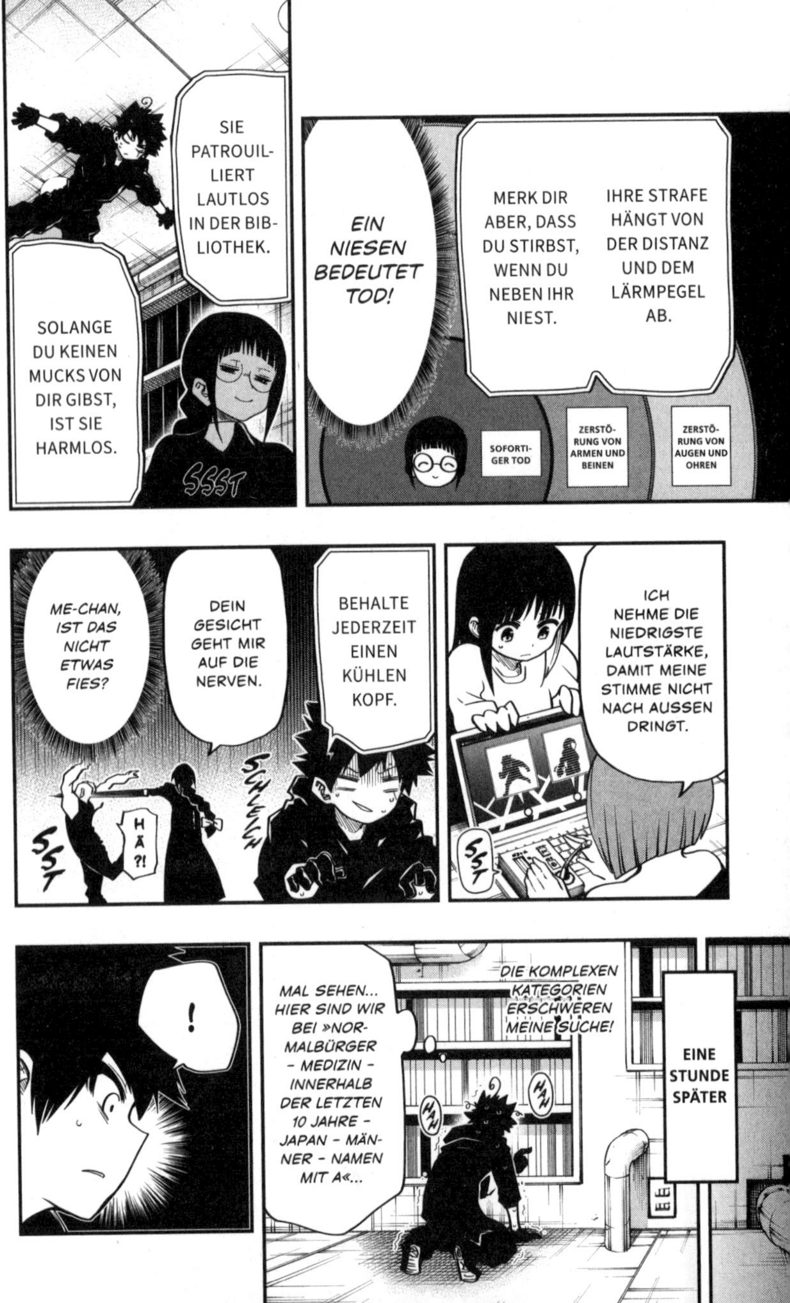
IHRE STRAFE HÄNGT VON DER DISTANZ UND DEM LÄRMPEGEL AB.
MERK DIR ABER, DASS DU STIRBST, WENN DU NEBEN IHR NIEST.
EIN NIESEN BEDEUTET TOD!
ZERSTÖRUNG VON AUGEN UND OHREN
ZERSTÖRUNG VON ARMEN UND BEINEN
SOFORTIGER TOD
SIE PATROUILLIERT LAUTLOS IN DER BIBLIOTHEK.
SOLANGE DU KEINEN MUCKS VON DIR GIBST, IST SIE HARMLOS.
SSST
ICH NEHME DIE NIEDRIGSTE LAUTSTÄRKE, DAMIT MEINE STIMME NICHT NACH AUSSEN DRINGT.
SSST
BEHALTE JEDERZEIT EINEN KÜHLEN KOPF.
SCHLEICH
DEIN GESICHT GEHT MIR AUF DIE NERVEN.
ME-CHAN, IST DAS NICHT ETWAS FIES?
HÄ ?!
SSST
EINE STUNDE SPÄTER
DIE KOMPLEXEN KATEGORIEN ERSCHWEREN MEINE SUCHE!
MAL SEHEN... HIER SIND WIR BEI »NORMALBÜRGER - MEDIZIN - INNERHALB DER LETZTEN 10 JAHRE - JAPAN - MÄNNER - NAMEN MIT A«...
HAH
HAH
!

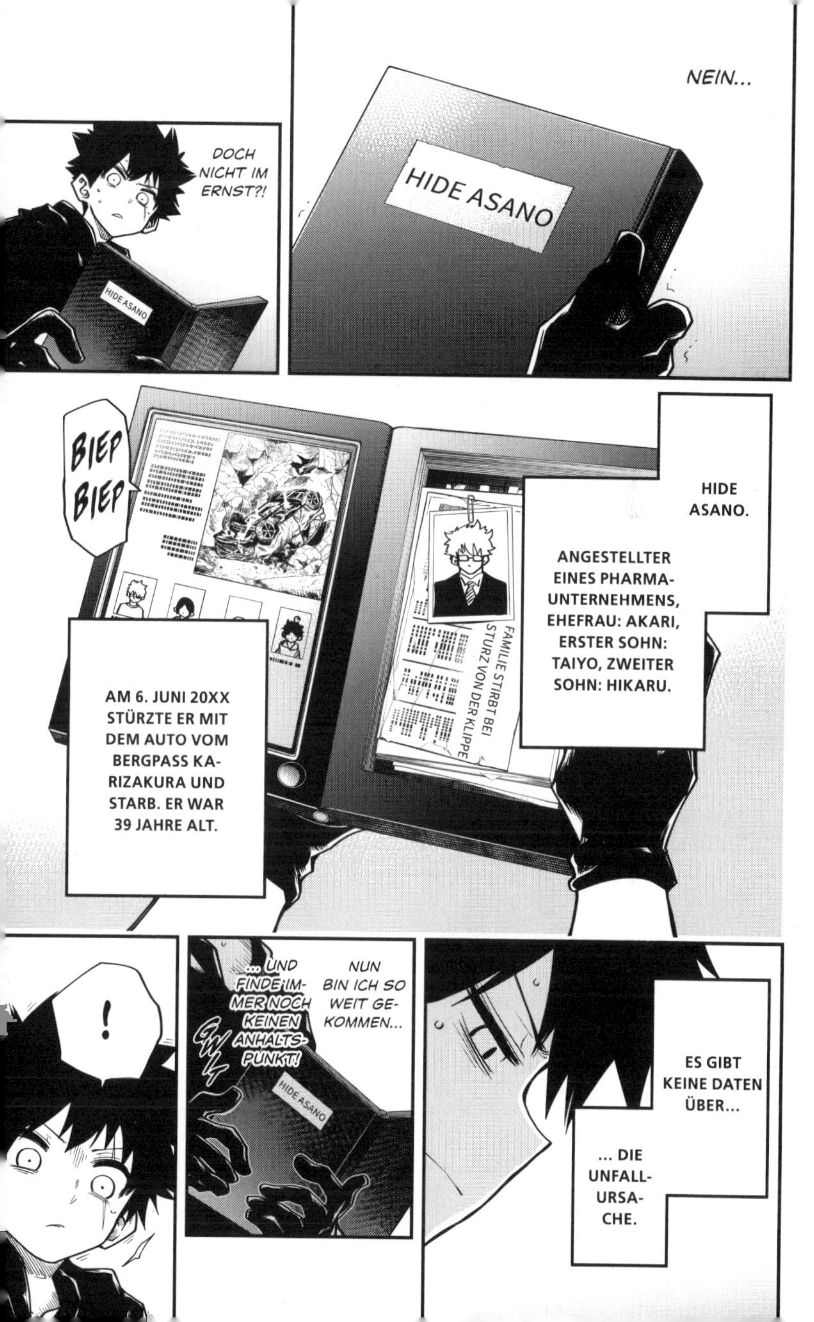
NEIN...
HIDE ASANO
DOCH NICHT IM ERNST?!
HIDE ASANO
HIDE ASANO.
ANGESTELLTER EINES PHARMA-UNTERNEHMENS, EHEFRAU: AKARI, ERSTER SOHN: TAIYO, ZWEITER SOHN: HIKARU.
FAMILIE STIRBT BEI STURZ VON DER KLIPPE
BIEP BIEP
AM 6. JUNI 20XX STÜRZTE ER MIT DEM AUTO VOM BERGPASS KA-RIZAKURA UND STARB. ER WAR 39 JAHRE ALT.
ES GIBT KEINE DATEN ÜBER...
... DIE UNFALL-URSA-CHE.
NUN BIN ICH SO WEIT GE-KOMMEN...
... UND FINDE IM-MER NOCH KEINEN ANHALTS-PUNKT!
HIDE ASANO
!

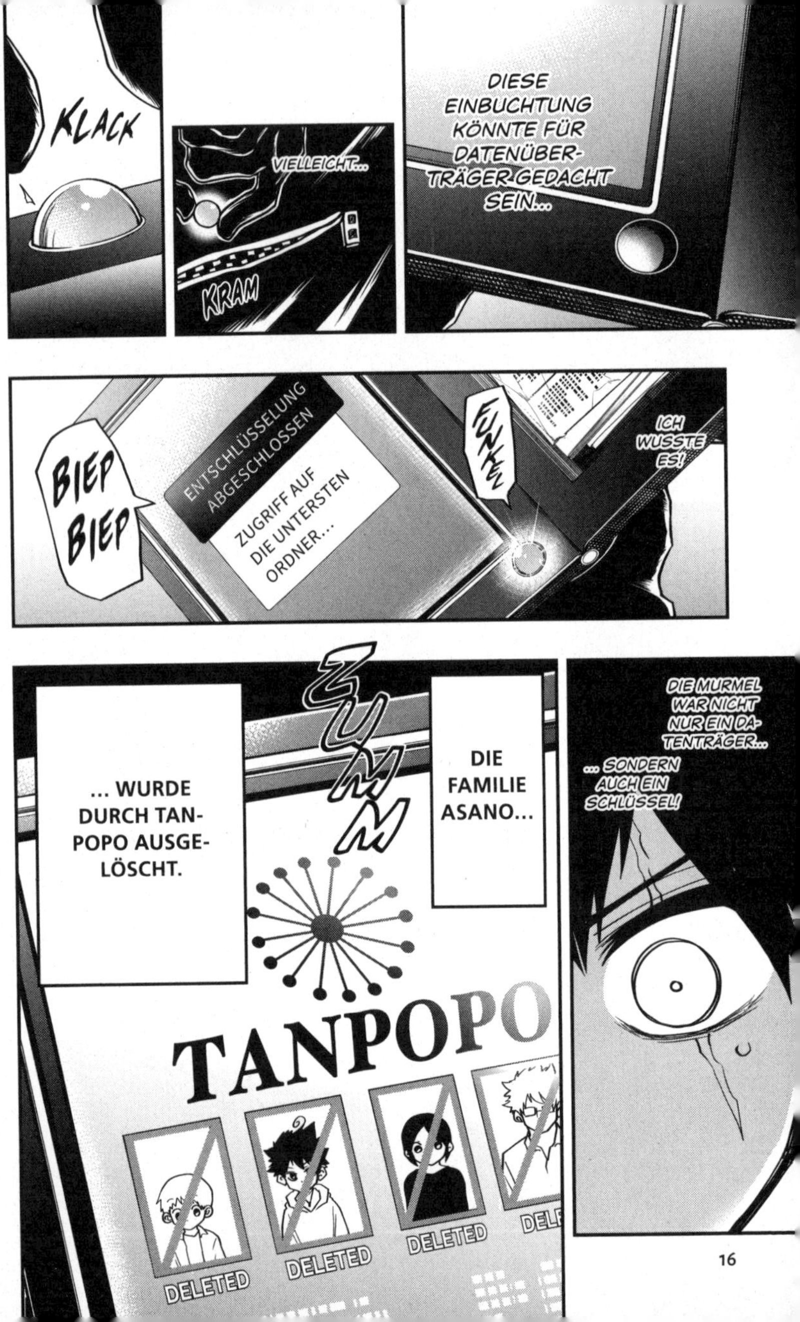
DIESE EINBUCHTUNG KÖNNTE FÜR DATENÜBER-TRÄGER GEDACHT SEIN...
VIELLEICHT...
KRAM
KLACK
ICH WUSSTE ES!
FUNKEL
ENTSCHLÜSSELUNG ABGESCHLOSSEN
ZUGRIFF AUF DIE UNTERSTEN ORDNER...
BIEP BIEP
DIE MURMEL WAR NICHT NUR EIN DATENTRÄGER...
... SONDERN AUCH EIN SCHLÜSSEL!
SUMM
DIE FAMILIE ASANO...
... WURDE DURCH TANPOPO AUSGELÖSCHT.
TANPOPO
DELETED
DELETED
DELETED
DEL

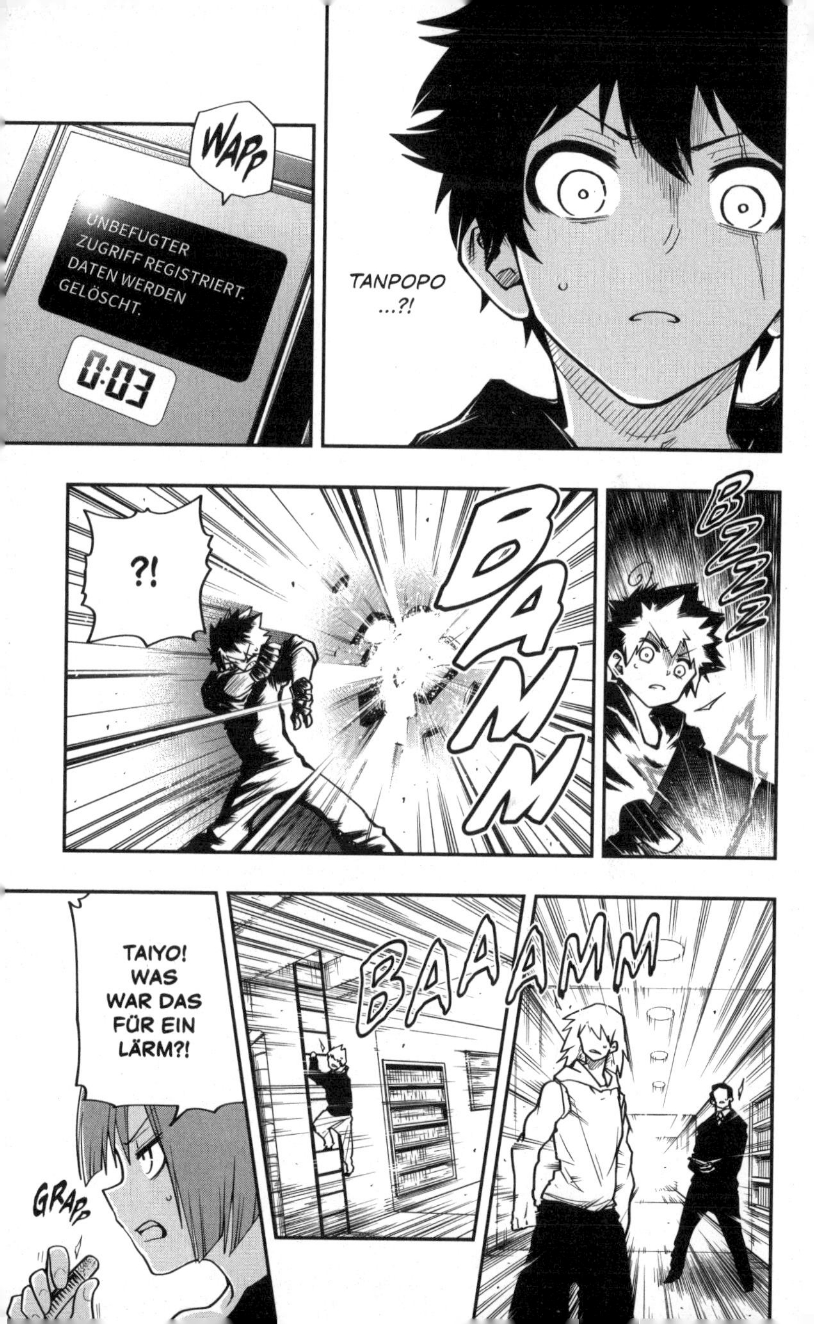
TANPOPO ...?!
WAPP
UNBEFUGTER ZUGRIFF REGISTRIERT. DATEN WERDEN GELÖSCHT.
0:03
BZZZ
BAMM
?!
BAAAMM
TAIYO! WAS WAR DAS FÜR EIN LÄRM?!
GRAPP

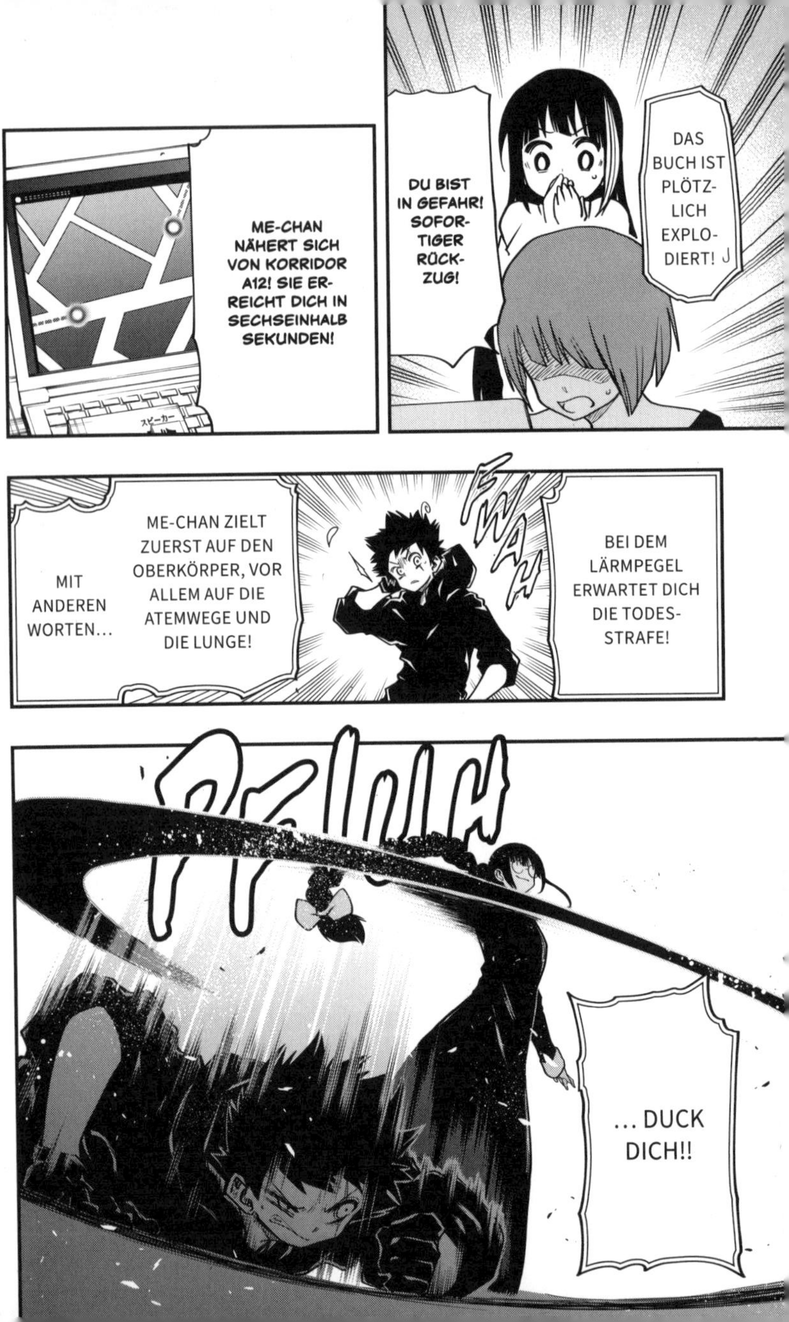
DAS BUCH IST PLÖTZLICH EXPLODIERT!
DU BIST IN GEFAHR! SOFORTIGER RÜCKZUG!
ME-CHAN NÄHERT SICH VON KORRIDOR A12! SIE ERREICHT DICH IN SECHSEINHALB SEKUNDEN!
スピーカー
BEI DEM LÄRMPEGEL ERWARTET DICH DIE TODESSTRAFE!
FWAH
ME-CHAN ZIELT ZUERST AUF DEN OBERKÖRPER, VOR ALLEM AUF DIE ATEMWEGE UND DIE LUNGE!
MIT ANDEREN WORTEN…
… DUCK DICH!!

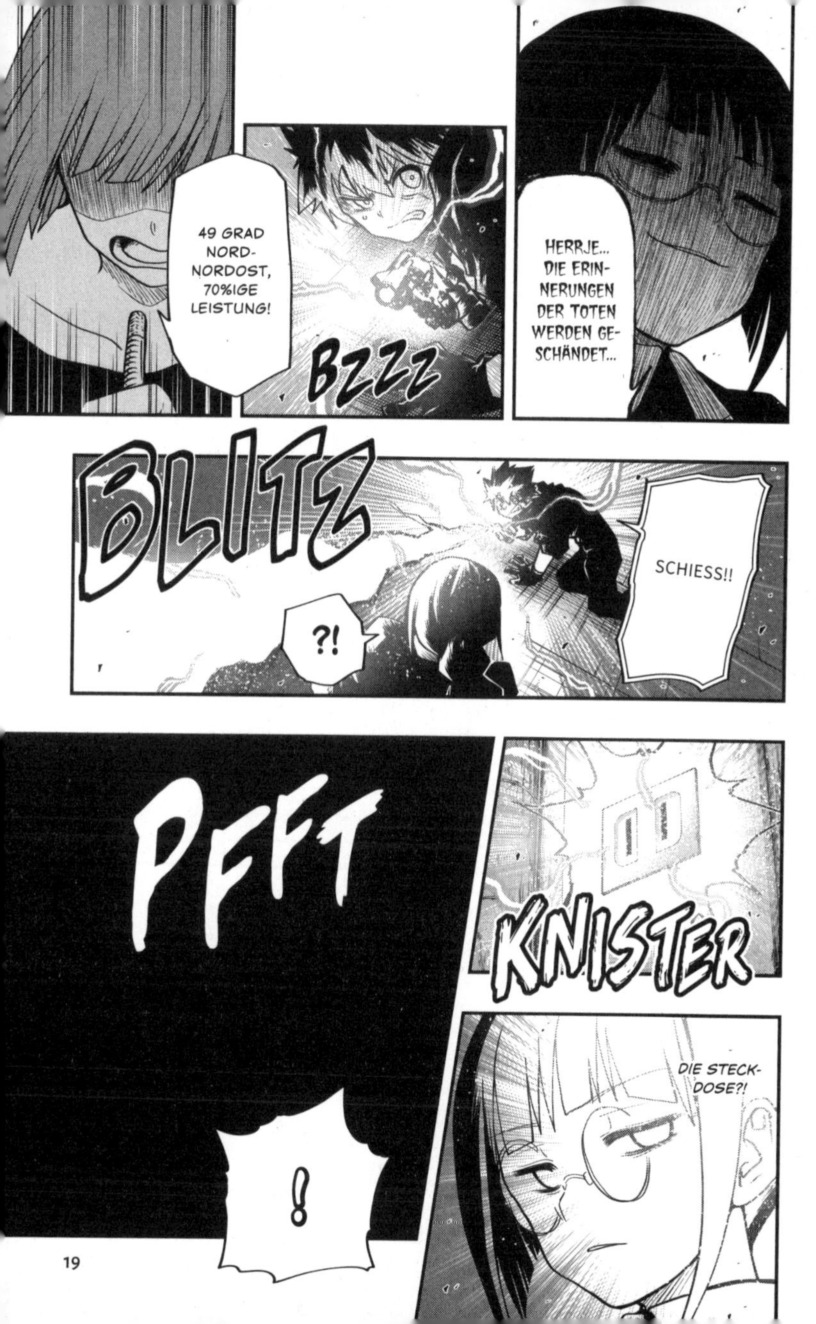
HERRJE... DIE ERINNERUNGEN DER TOTEN WERDEN GESCHÄNDET...
49 GRAD NORD-NORDOST, 70%IGE LEISTUNG!
BZZZ
BLITZ
SCHIESS!!
?!
KNISTER
DIE STECKDOSE?!
PFFT
!

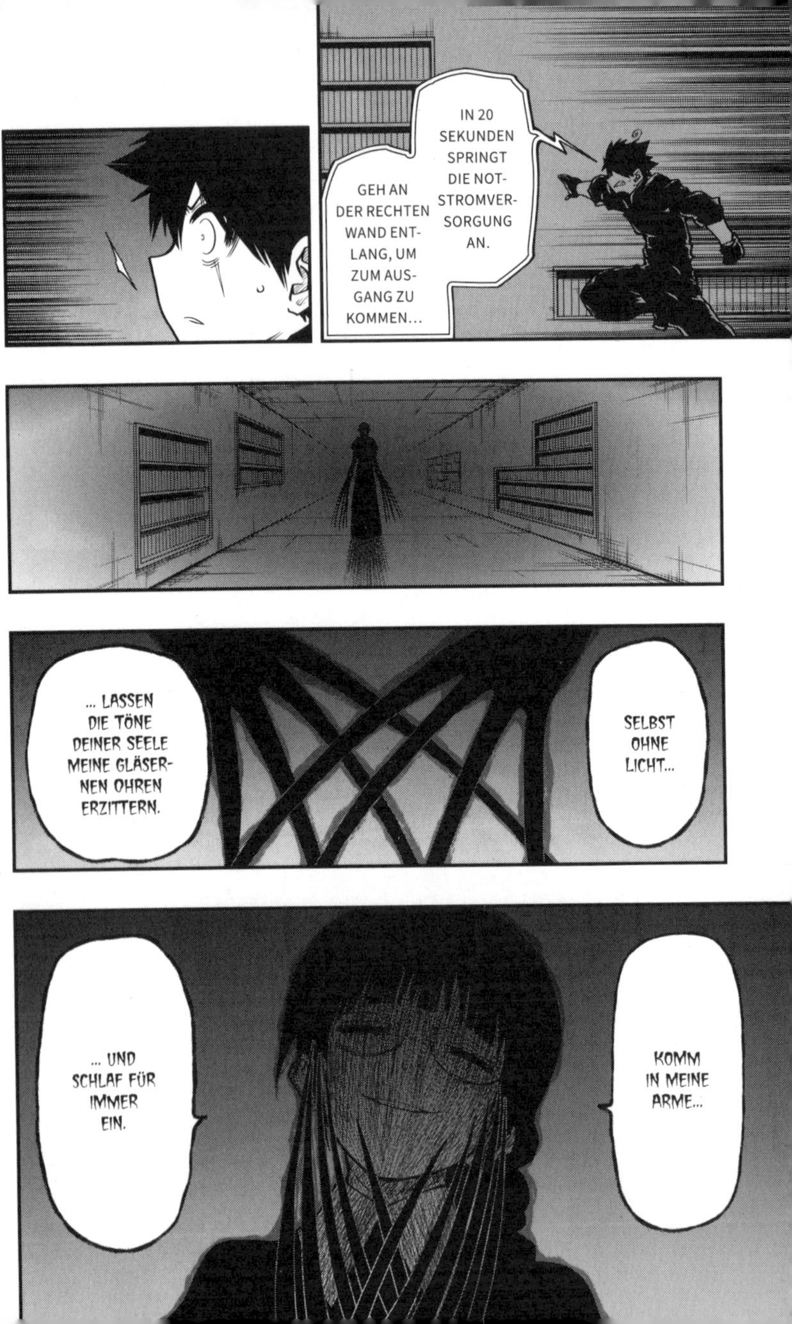
IN 20 SEKUNDEN SPRINGT DIE NOTSTROMVERSORGUNG AN.
GEH AN DER RECHTEN WAND ENTLANG, UM ZUM AUSGANG ZU KOMMEN…
SELBST OHNE LICHT…
… LASSEN DIE TÖNE DEINER SEELE MEINE GLÄSERNEN OHREN ERZITTERN.
KOMM IN MEINE ARME…
… UND SCHLAF FÜR IMMER EIN.

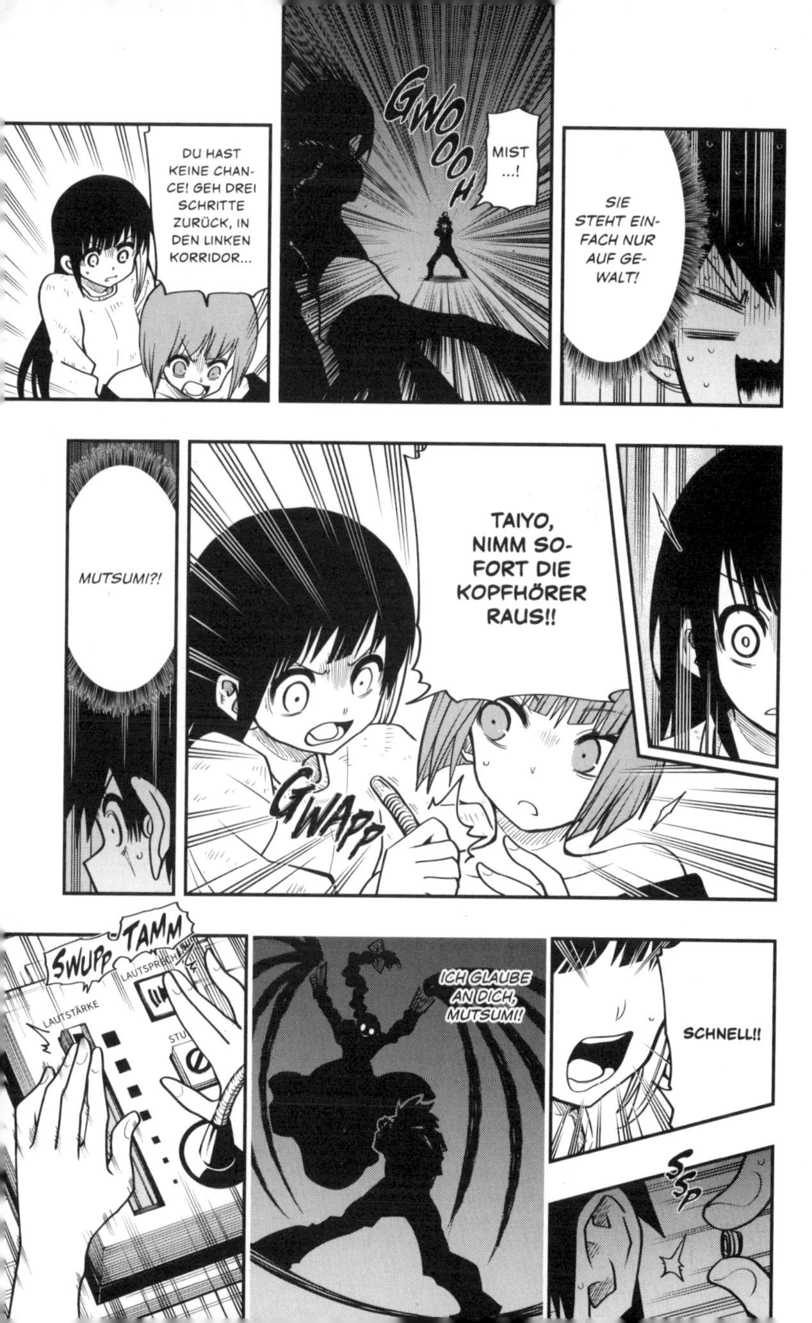
SIE STEHT EIN-FACH NUR AUF GE-WALT!
GWOOOH
MIST ...!
DU HAST KEINE CHAN-CE! GEH DREI SCHRITTE ZURÜCK, IN DEN LINKEN KORRIDOR...
TAIYO, NIMM SO-FORT DIE KOPFHÖRER RAUS!!
GWAPP
MUTSUMI?!
SCHNELL!!
SSP
ICH GLAUBE AN DICH, MUTSUMI!
TAMM
SWUPP
LAUTSTÄRKE

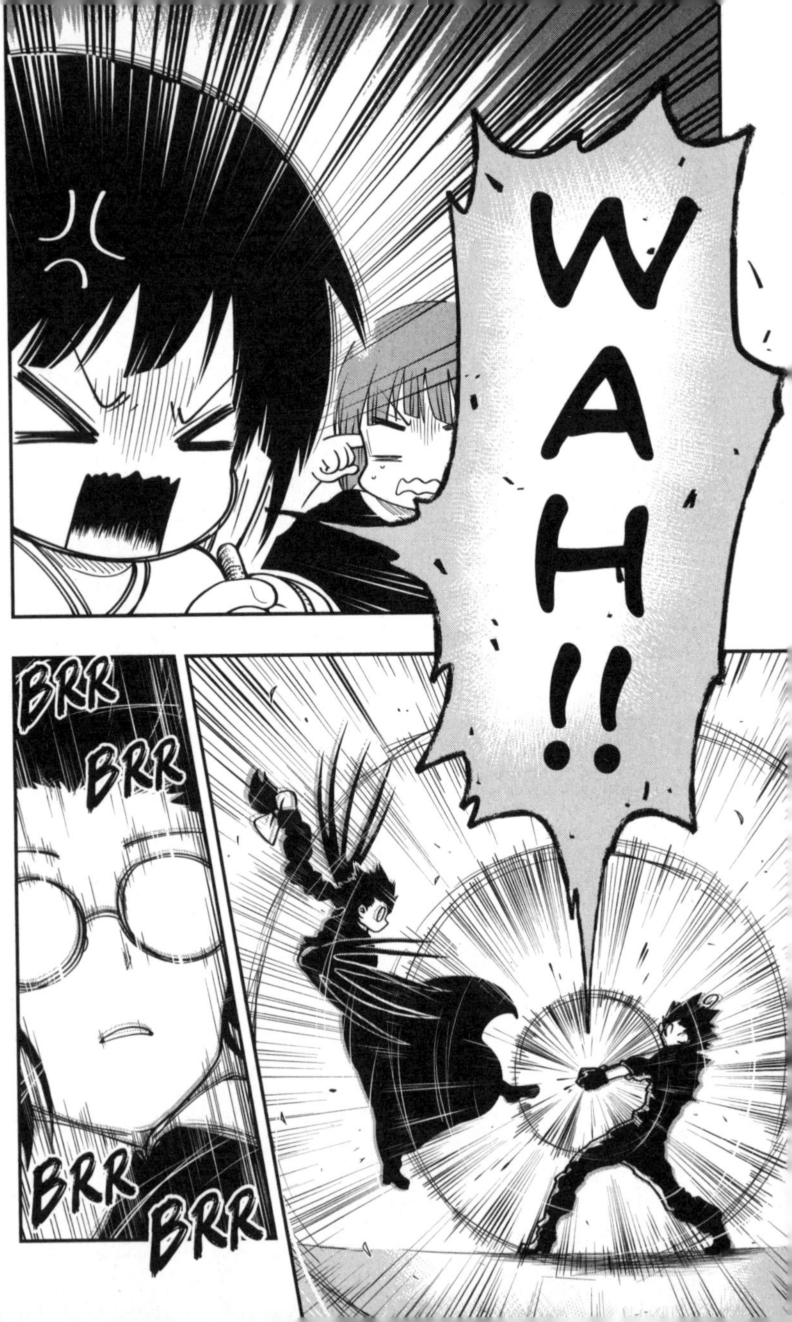
WAH!!
BRR
BRR
BRR
BRR

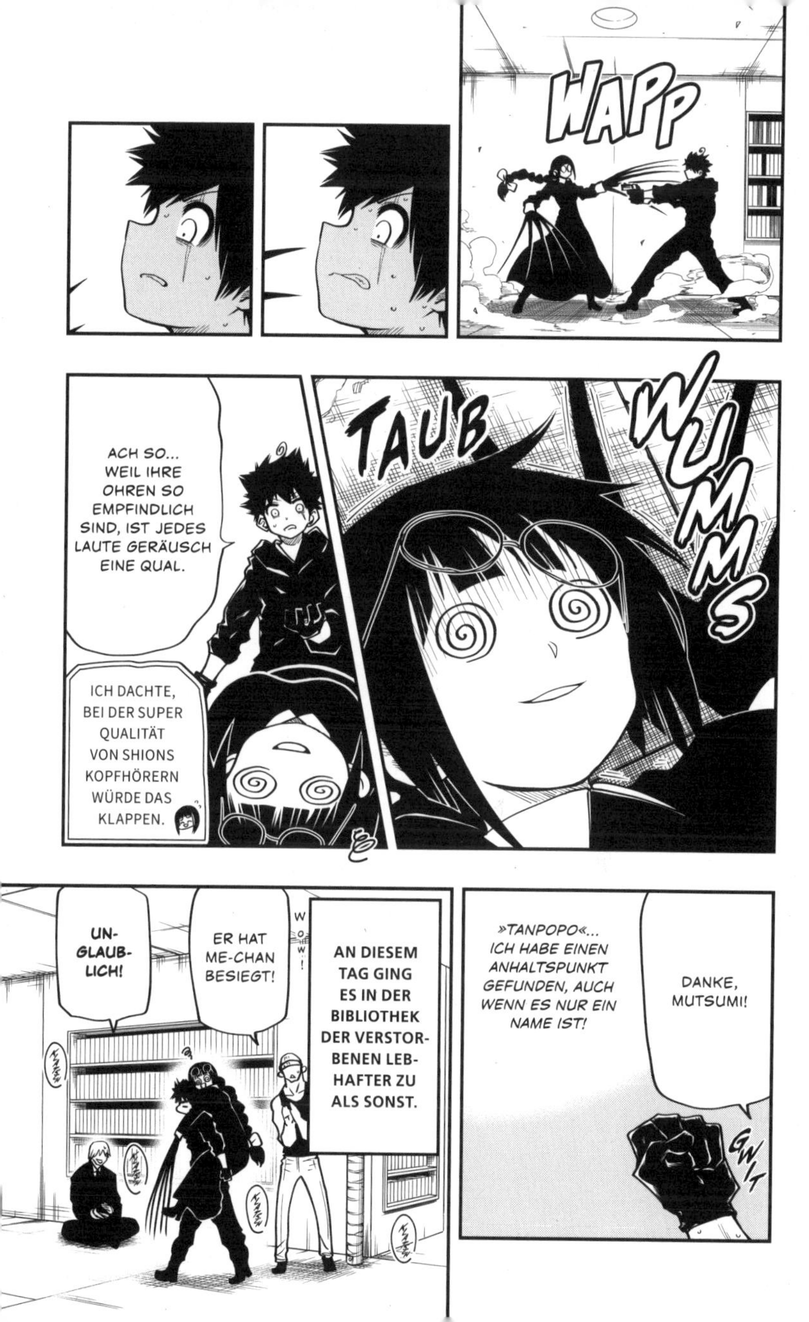
WAPP
WUMMS
TAUB
ACH SO... WEIL IHRE OHREN SO EMPFINDLICH SIND, IST JEDES LAUTE GERÄUSCH EINE QUAL.
ICH DACHTE, BEI DER SUPER QUALITÄT VON SHIONS KOPFHÖRERN WÜRDE DAS KLAPPEN.
DANKE, MUTSUMI!
»TANPOPO«... ICH HABE EINEN ANHALTSPUNKT GEFUNDEN, AUCH WENN ES NUR EIN NAME IST!
GWIT
AN DIESEM TAG GING ES IN DER BIBLIOTHEK DER VERSTOR-BENEN LEB-HAFTER ZU ALS SONST.
WOW!
ER HAT ME-CHAN BESIEGT!
UN-GLAUB-LICH!

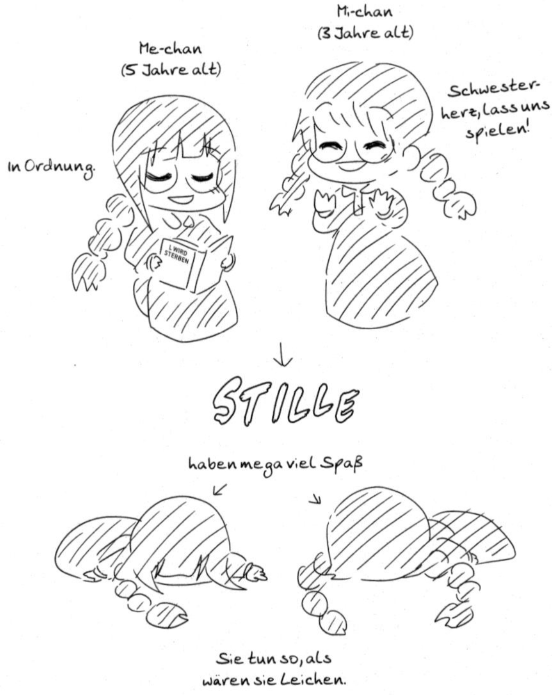
Me-chan
(5 Jahre alt)
Mi-chan
(3 Jahre alt)
Schwester-
herz, lass uns
spielen!
In Ordnung.
L WIRD
STERBEN
STILLE
haben mega viel Spaß
Sie tun so, als
wären sie Leichen.

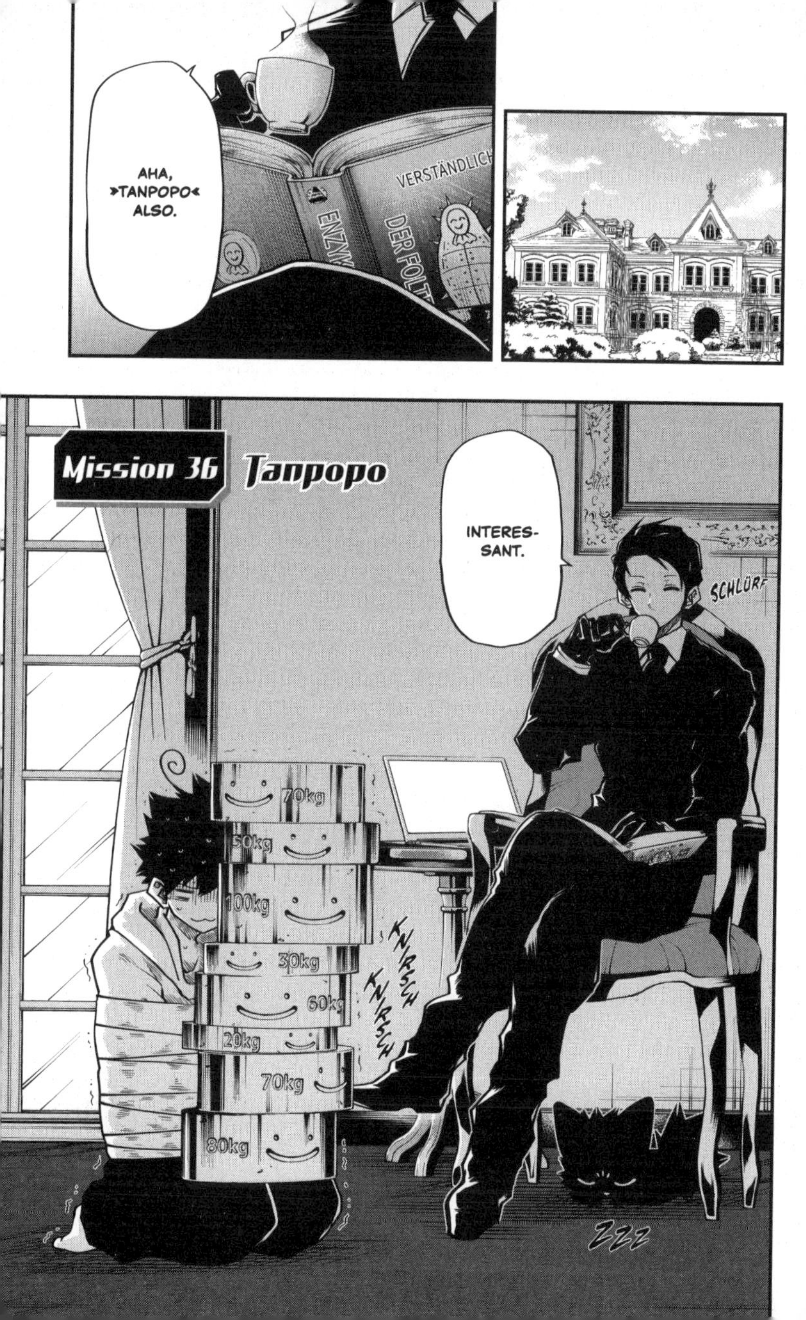
AHA, »TANPOPO« ALSO.
VERSTÄNDLICH
Mission 36
Tanpopo
INTERES-SANT.
SCHLÜRF
70kg
50kg
100kg
30kg
60kg
20kg
70kg
80kg
KNIRSCH
KNIRSCH
ZZZ

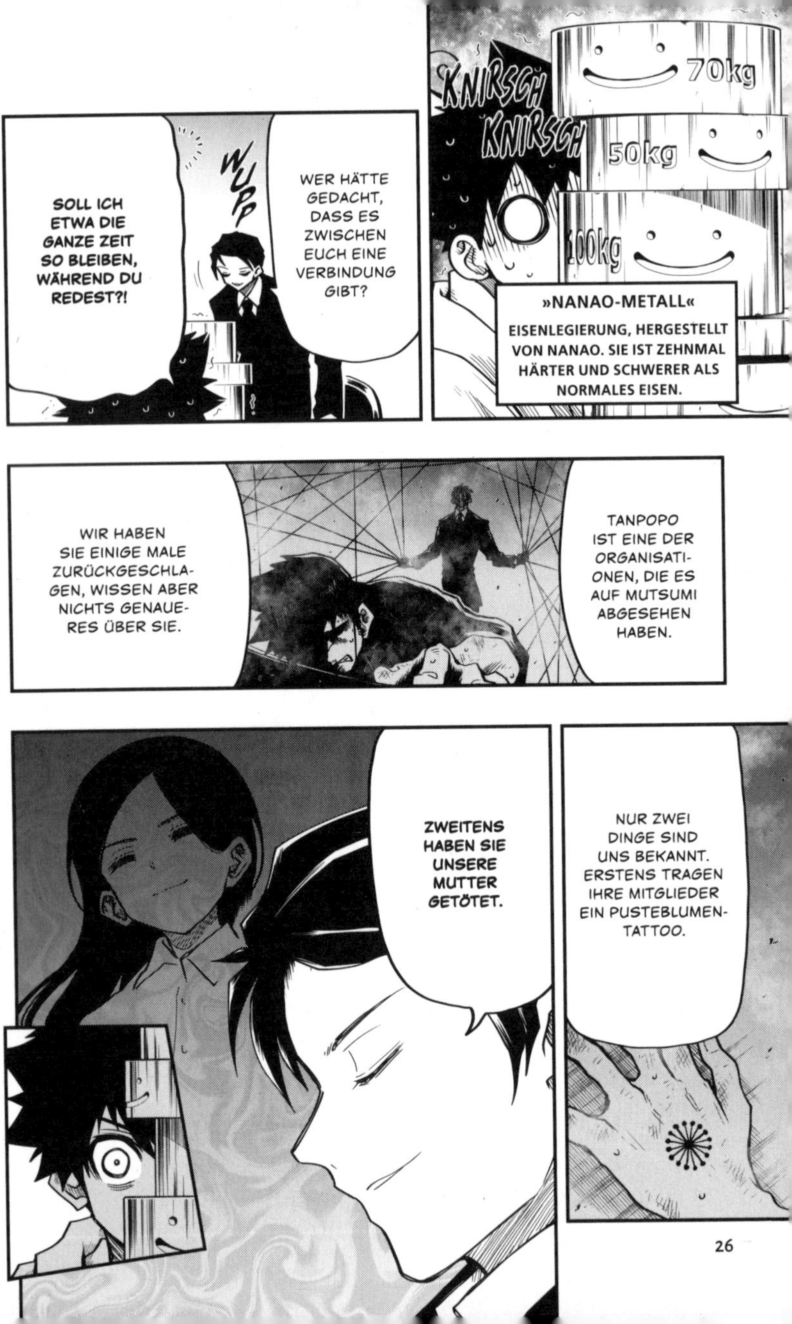
KNIRSCH
KNIRSCH
70kg
50kg
»NANAO-METALL«
EISENLEGIERUNG, HERGESTELLT VON NANAO. SIE IST ZEHNMAL HÄRTER UND SCHWERER ALS NORMALES EISEN.
WUPP
WER HÄTTE GEDACHT, DASS ES ZWISCHEN EUCH EINE VERBINDUNG GIBT?
SOLL ICH ETWA DIE GANZE ZEIT SO BLEIBEN, WÄHREND DU REDEST?!
TANPOPO IST EINE DER ORGANISATIONEN, DIE ES AUF MUTSUMI ABGESEHEN HABEN.
WIR HABEN SIE EINIGE MALE ZURÜCKGESCHLAGEN, WISSEN ABER NICHTS GENAUERES ÜBER SIE.
NUR ZWEI DINGE SIND UNS BEKANNT. ERSTENS TRAGEN IHRE MITGLIEDER EIN PUSTEBLUMEN-TATTOO.
ZWEITENS HABEN SIE UNSERE MUTTER GETÖTET.

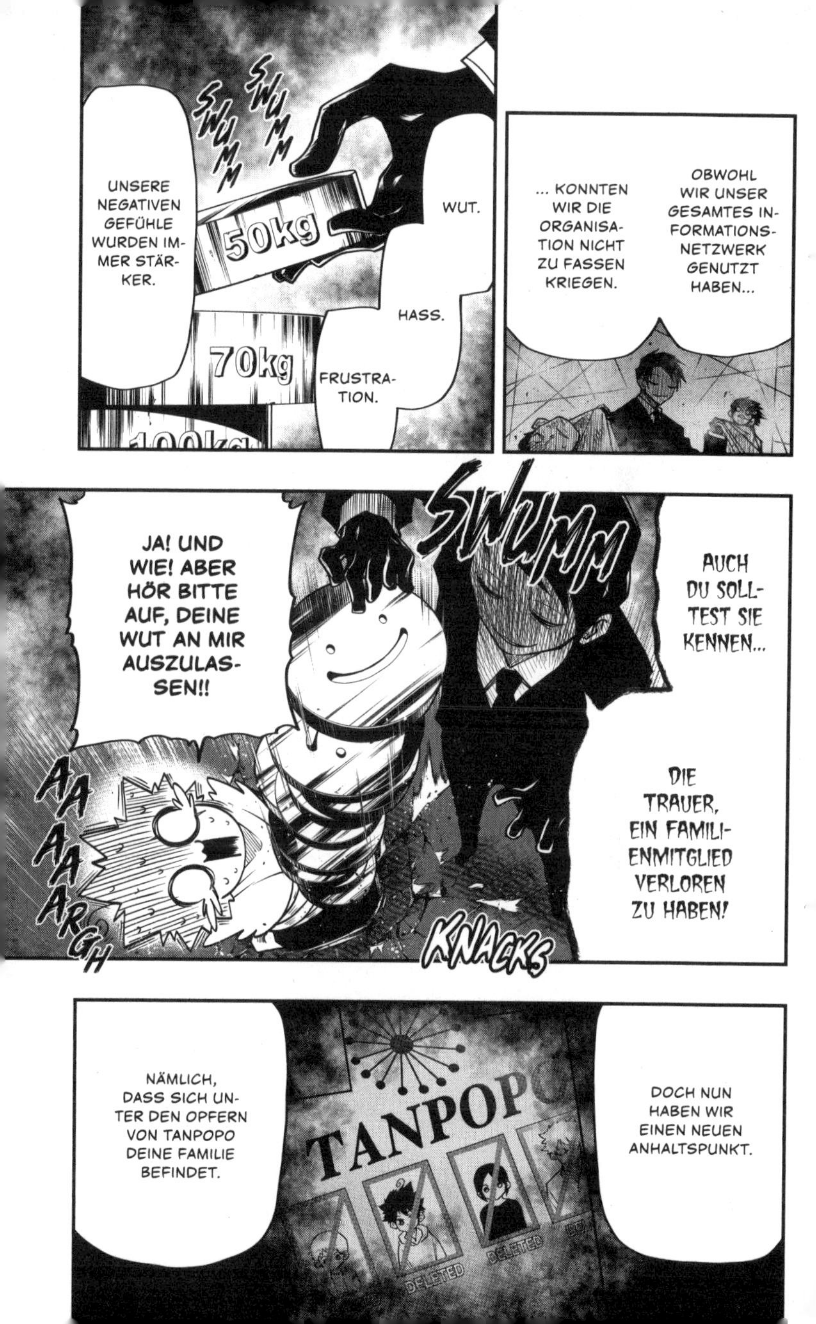

OBWOHL WIR UNSER GESAMTES INFORMATIONSNETZWERK GENUTZT HABEN...
... KONNTEN WIR DIE ORGANISATION NICHT ZU FASSEN KRIEGEN.
SWUMM
SWUMM
50kg
70kg
WUT.
HASS.
FRUSTRATION.
UNSERE NEGATIVEN GEFÜHLE WURDEN IMMER STÄRKER.
AUCH DU SOLLTEST SIE KENNEN...
SWUMM
DIE TRAUER, EIN FAMILIENMITGLIED VERLOREN ZU HABEN!
JA! UND WIE! ABER HÖR BITTE AUF, DEINE WUT AN MIR AUSZULASSEN!!
KNACKS
AAAAARGH
DOCH NUN HABEN WIR EINEN NEUEN ANHALTSPUNKT.
TANPOPO
DELETED
DELETED
NÄMLICH, DASS SICH UNTER DEN OPFERN VON TANPOPO DEINE FAMILIE BEFINDET.

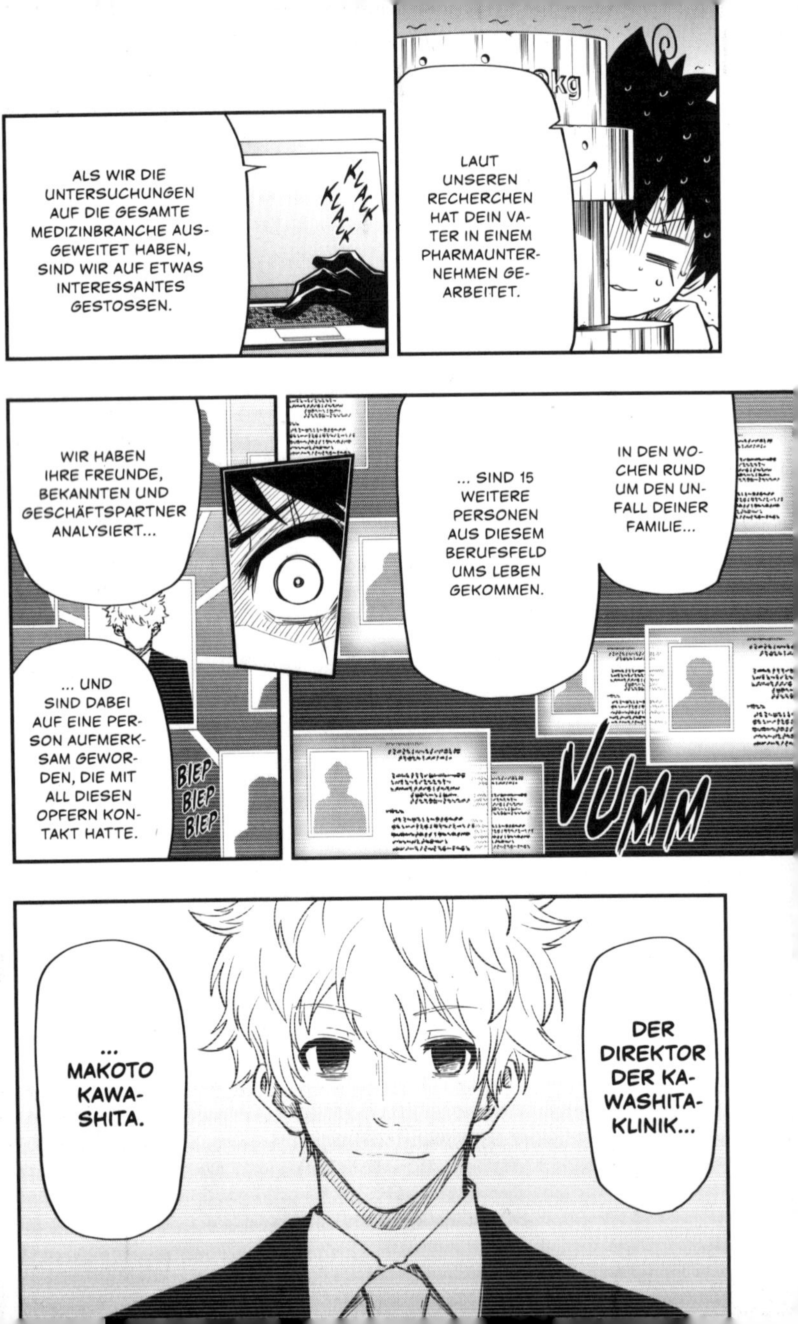
LAUT UNSEREN RECHERCHEN HAT DEIN VATER IN EINEM PHARMAUNTERNEHMEN GEARBEITET.
ALS WIR DIE UNTERSUCHUNGEN AUF DIE GESAMTE MEDIZINBRANCHE AUSGEWEITET HABEN, SIND WIR AUF ETWAS INTERESSANTES GESTOSSEN.
KLACK KLACK
IN DEN WOCHEN RUND UM DEN UNFALL DEINER FAMILIE...
... SIND 15 WEITERE PERSONEN AUS DIESEM BERUFSFELD UMS LEBEN GEKOMMEN.
VUMM
WIR HABEN IHRE FREUNDE, BEKANNTEN UND GESCHÄFTSPARTNER ANALYSIERT...
... UND SIND DABEI AUF EINE PERSON AUFMERKSAM GEWORDEN, DIE MIT ALL DIESEN OPFERN KONTAKT HATTE.
BIEP BIEP BIEP
DER DIREKTOR DER KAWASHITA-KLINIK...
... MAKOTO KAWASHITA.

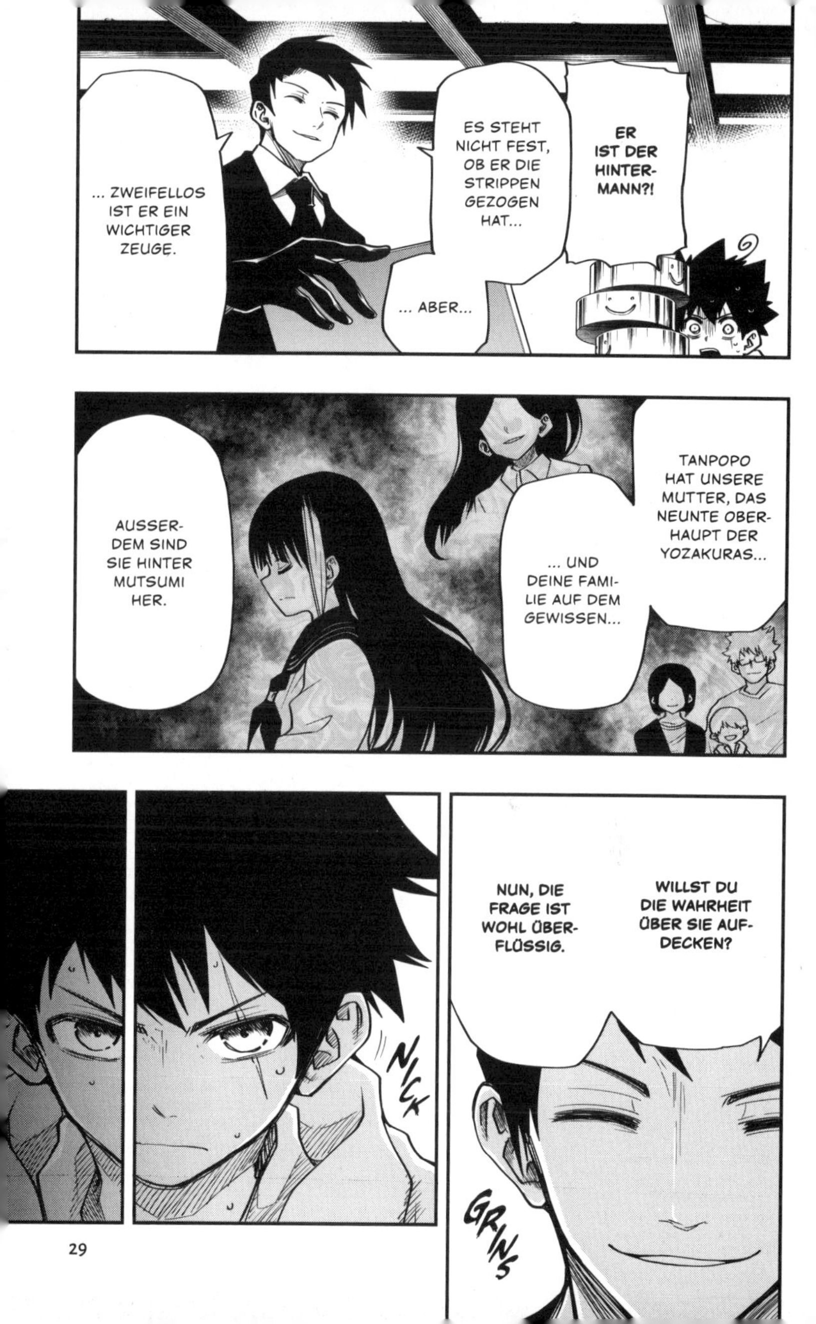

ER IST DER HINTER-MANN?!
ES STEHT NICHT FEST, OB ER DIE STRIPPEN GEZOGEN HAT...
... ABER...
... ZWEIFELLOS IST ER EIN WICHTIGER ZEUGE.
TANPOPO HAT UNSERE MUTTER, DAS NEUNTE OBER-HAUPT DER YOZAKURAS...
... UND DEINE FAMI-LIE AUF DEM GEWISSEN...
AUSSER-DEM SIND SIE HINTER MUTSUMI HER.
WILLST DU DIE WAHRHEIT ÜBER SIE AUF-DECKEN?
NUN, DIE FRAGE IST WOHL ÜBER-FLÜSSIG.
GRINS
NICK

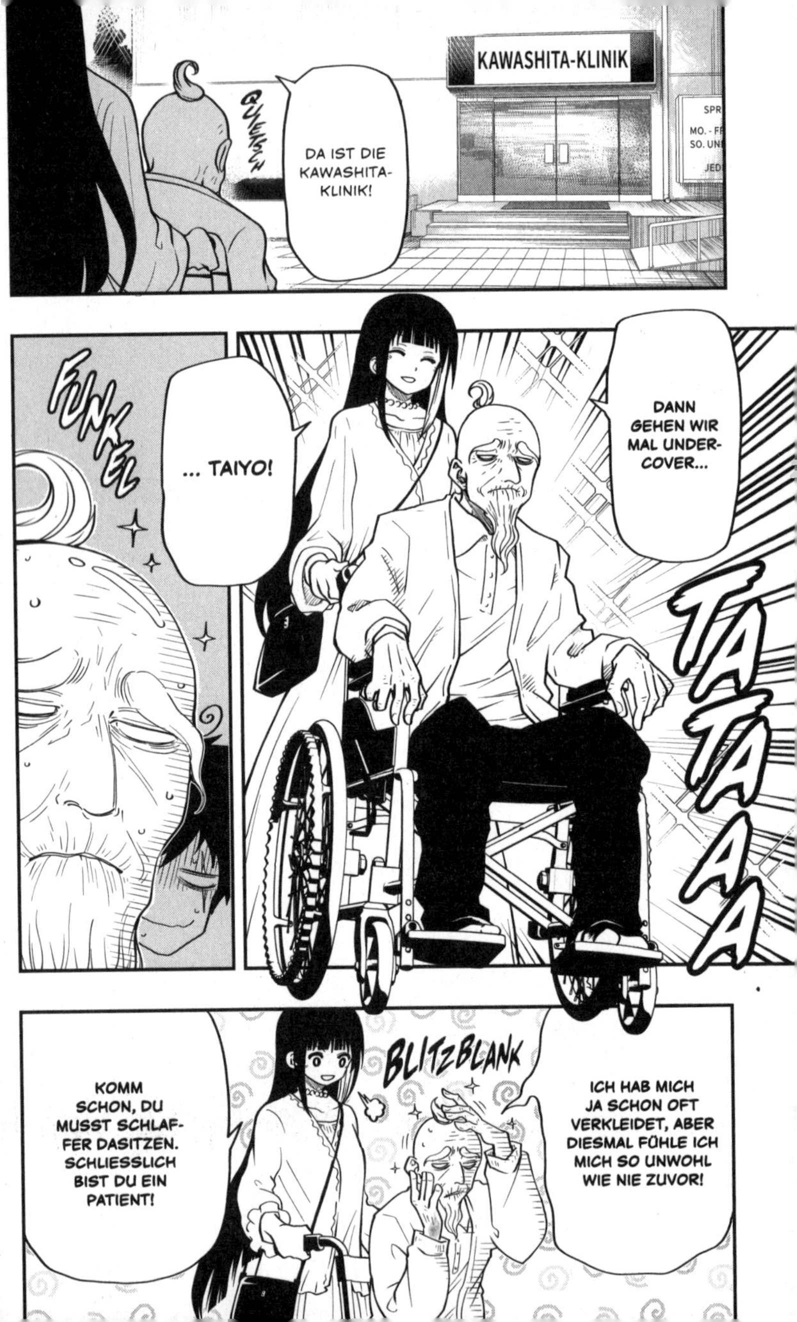
KAWASHITA-KLINIK
DA IST DIE KAWASHITA-KLINIK!
QUIETSCH
DANN GEHEN WIR MAL UNDERCOVER...
TATAAA
... TAIYO!
FUNKEL
ICH HAB MICH JA SCHON OFT VERKLEIDET, ABER DIESMAL FÜHLE ICH MICH SO UNWOHL WIE NIE ZUVOR!
BLITZBLANK
KOMM SCHON, DU MUSST SCHLAFFER DASITZEN. SCHLIESSLICH BIST DU EIN PATIENT!

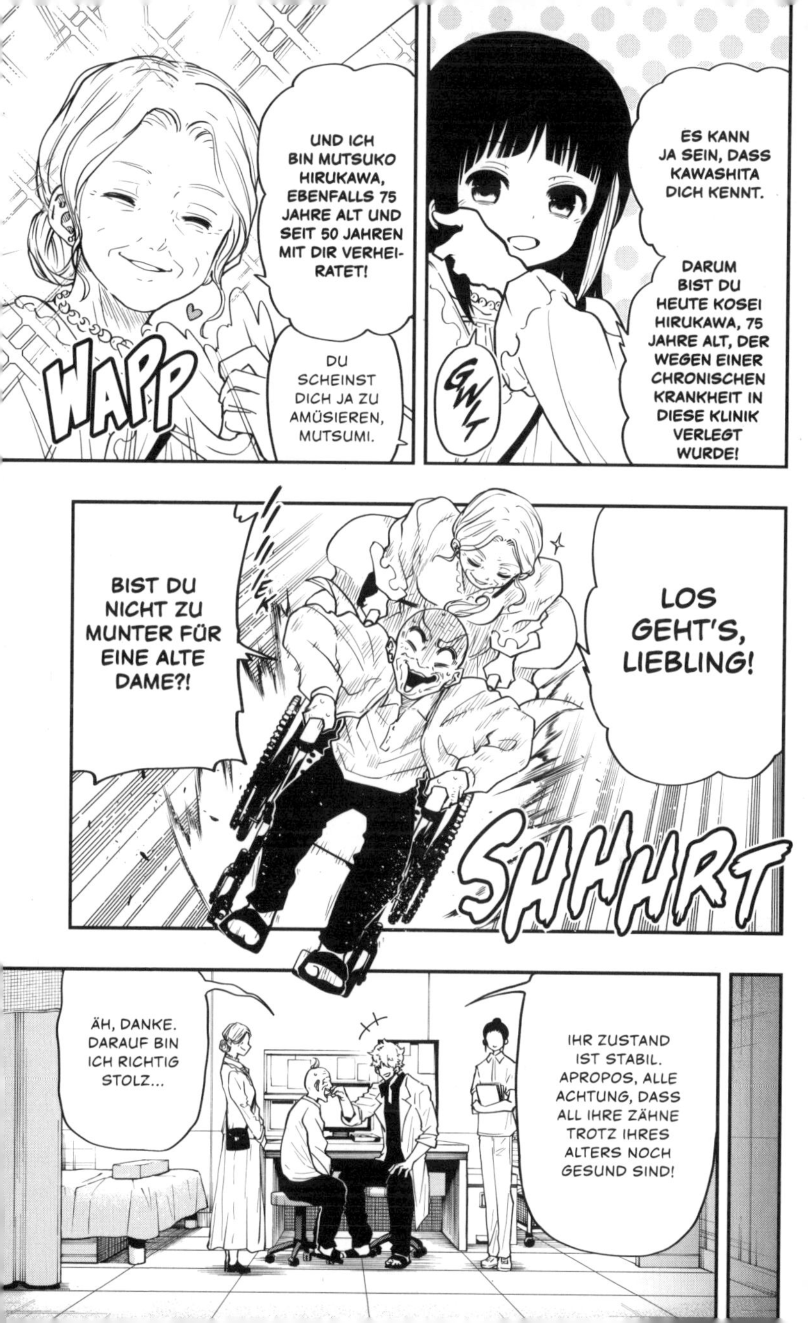

ES KANN JA SEIN, DASS KAWASHITA DICH KENNT.
DARUM BIST DU HEUTE KOSEI HIRUKAWA, 75 JAHRE ALT, DER WEGEN EINER CHRONISCHEN KRANKHEIT IN DIESE KLINIK VERLEGT WURDE!
UND ICH BIN MUTSUKO HIRUKAWA, EBENFALLS 75 JAHRE ALT UND SEIT 50 JAHREN MIT DIR VERHEIRATET!
WAPP
DU SCHEINST DICH JA ZU AMÜSIEREN, MUTSUMI.
LOS GEHT'S, LIEBLING!
BIST DU NICHT ZU MUNTER FÜR EINE ALTE DAME?!
SHHHRT
IHR ZUSTAND IST STABIL. APROPOS, ALLE ACHTUNG, DASS ALL IHRE ZÄHNE TROTZ IHRES ALTERS NOCH GESUND SIND!
ÄH, DANKE. DARAUF BIN ICH RICHTIG STOLZ...

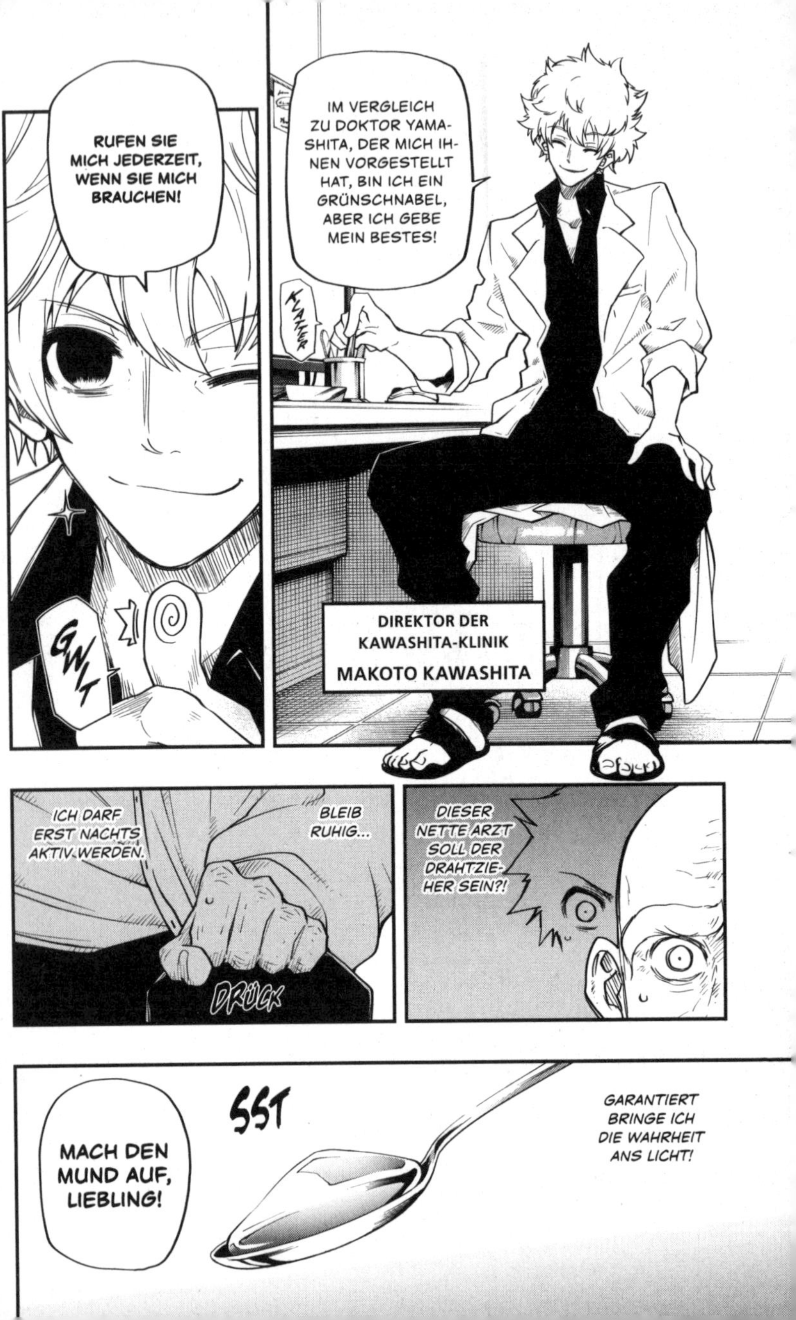
IM VERGLEICH ZU DOKTOR YAMA-SHITA, DER MICH IH-NEN VORGESTELLT HAT, BIN ICH EIN GRÜNSCHNABEL, ABER ICH GEBE MEIN BESTES!
DIREKTOR DER KAWASHITA-KLINIK
MAKOTO KAWASHITA
RUFEN SIE MICH JEDERZEIT, WENN SIE MICH BRAUCHEN!
DIESER NETTE ARZT SOLL DER DRAHTZIE-HER SEIN?!
BLEIB RUHIG...
ICH DARF ERST NACHTS AKTIV WERDEN.
DRÜCK
GARANTIERT BRINGE ICH DIE WAHRHEIT ANS LICHT!
SST
MACH DEN MUND AUF, LIEBLING!

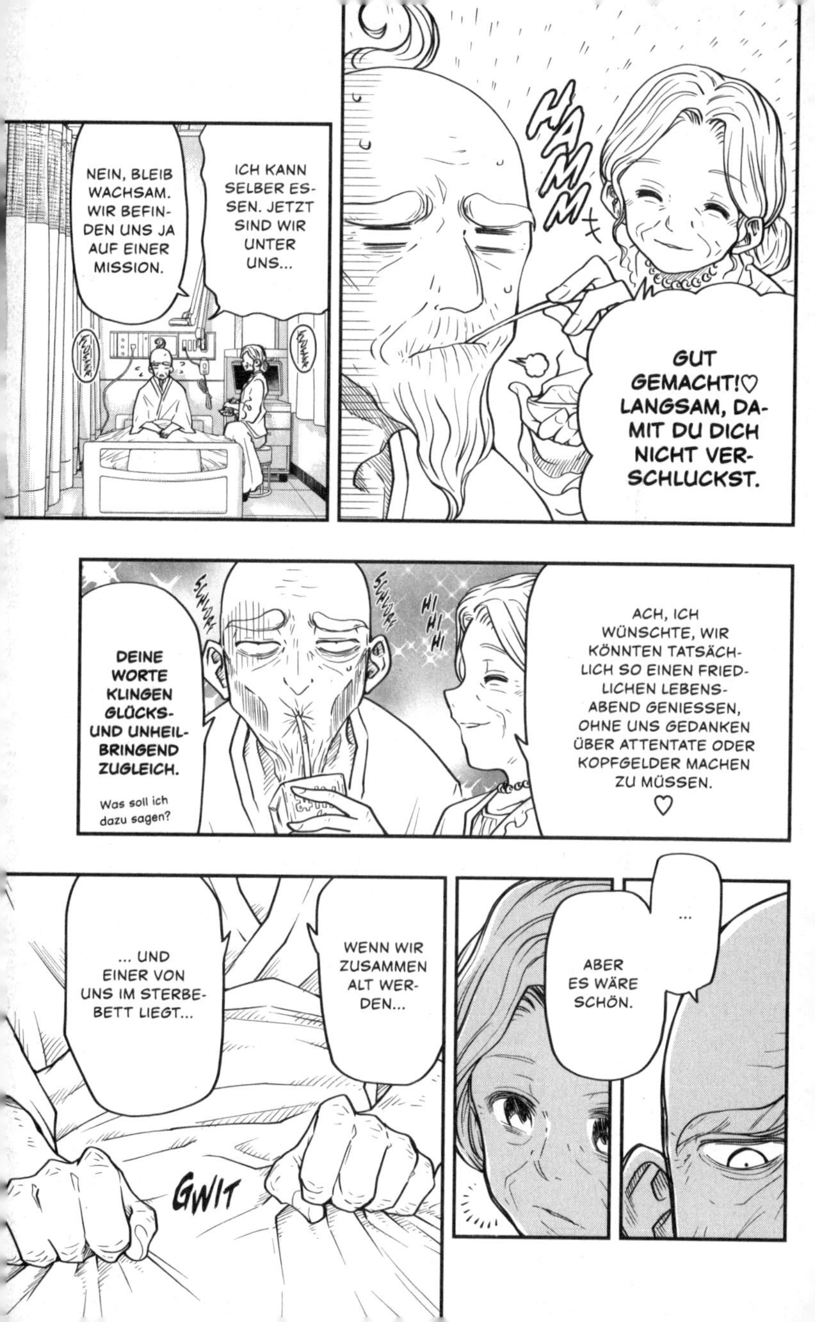
HAMM
GUT GEMACHT!♡ LANGSAM, DAMIT DU DICH NICHT VERSCHLUCKST.
ICH KANN SELBER ESSEN. JETZT SIND WIR UNTER UNS...
NEIN, BLEIB WACHSAM. WIR BEFINDEN UNS JA AUF EINER MISSION.
ACH, ICH WÜNSCHTE, WIR KÖNNTEN TATSÄCHLICH SO EINEN FRIEDLICHEN LEBENSABEND GENIESSEN, OHNE UNS GEDANKEN ÜBER ATTENTATE ODER KOPFGELDER MACHEN ZU MÜSSEN. ♡
HI HI HI
DEINE WORTE KLINGEN GLÜCKS- UND UNHEILBRINGEND ZUGLEICH.
Was soll ich dazu sagen?
...
ABER ES WÄRE SCHÖN.
WENN WIR ZUSAMMEN ALT WERDEN...
... UND EINER VON UNS IM STERBEBETT LIEGT...
GWIT

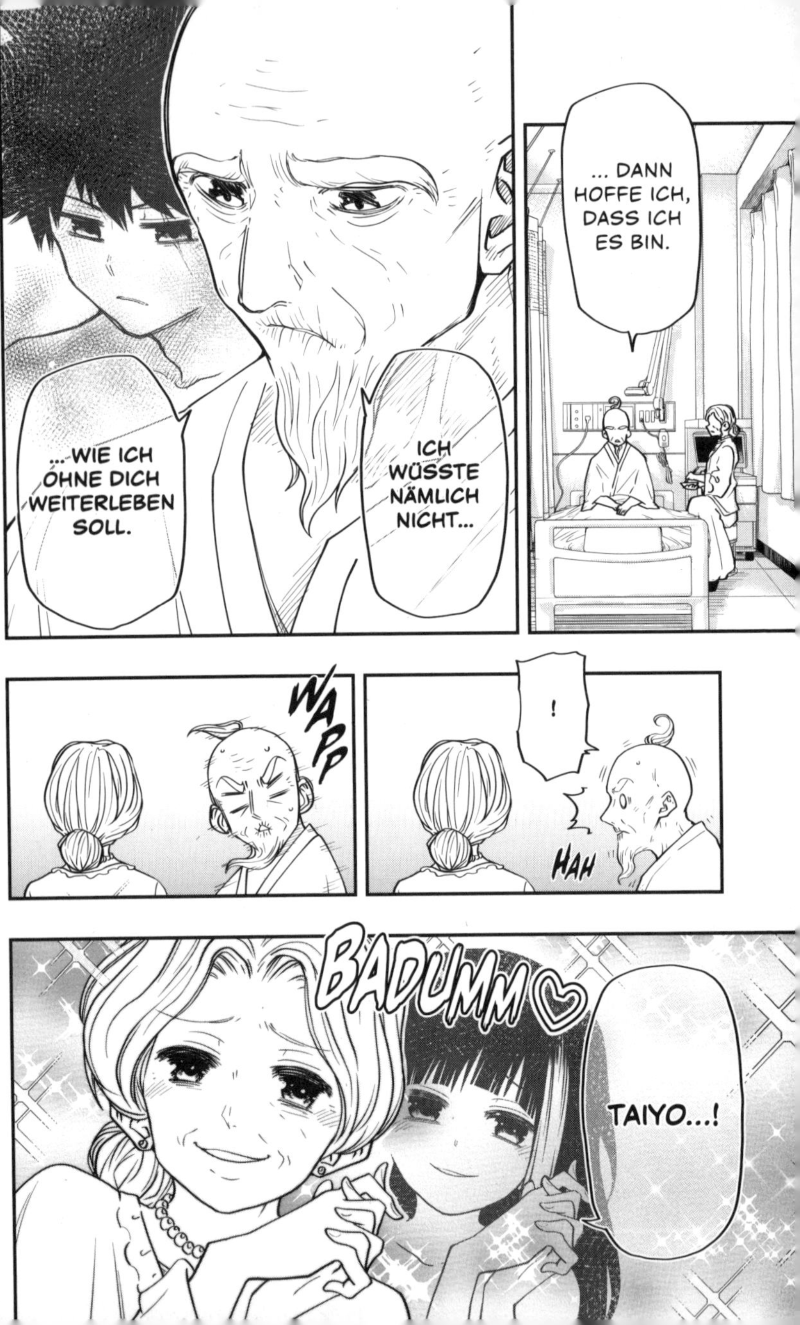
... DANN HOFFE ICH, DASS ICH ES BIN.
ICH WÜSSTE NÄMLICH NICHT...
... WIE ICH OHNE DICH WEITERLEBEN SOLL.
!
HAH
WAPP
BADUMM
TAIYO...!

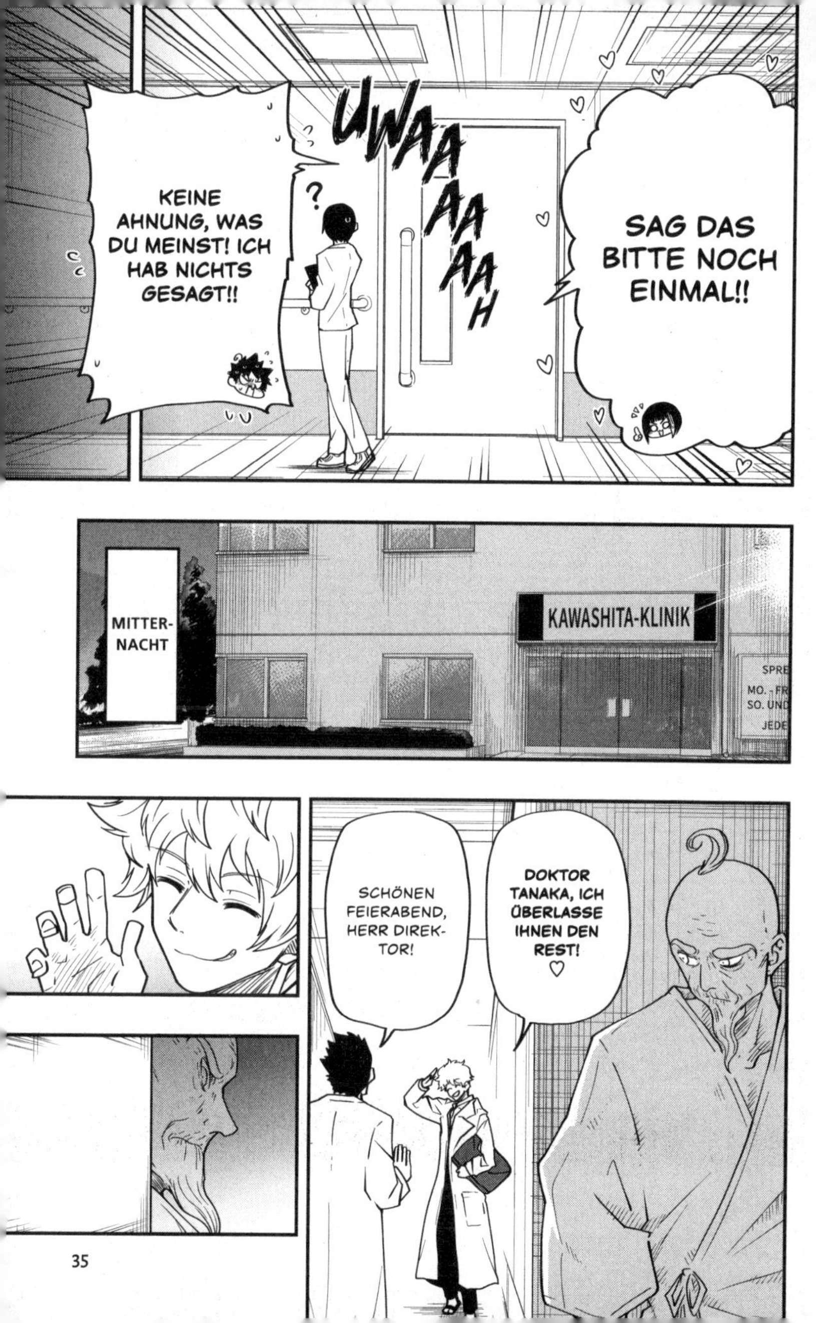
SAG DAS BITTE NOCH EINMAL!!
UWAAAAAAAH
KEINE AHNUNG, WAS DU MEINST! ICH HAB NICHTS GESAGT!!
KAWASHITA-KLINIK
MITTER-NACHT
DOKTOR TANAKA, ICH ÜBERLASSE IHNEN DEN REST! ♡
SCHÖNEN FEIERABEND, HERR DIREK-TOR!

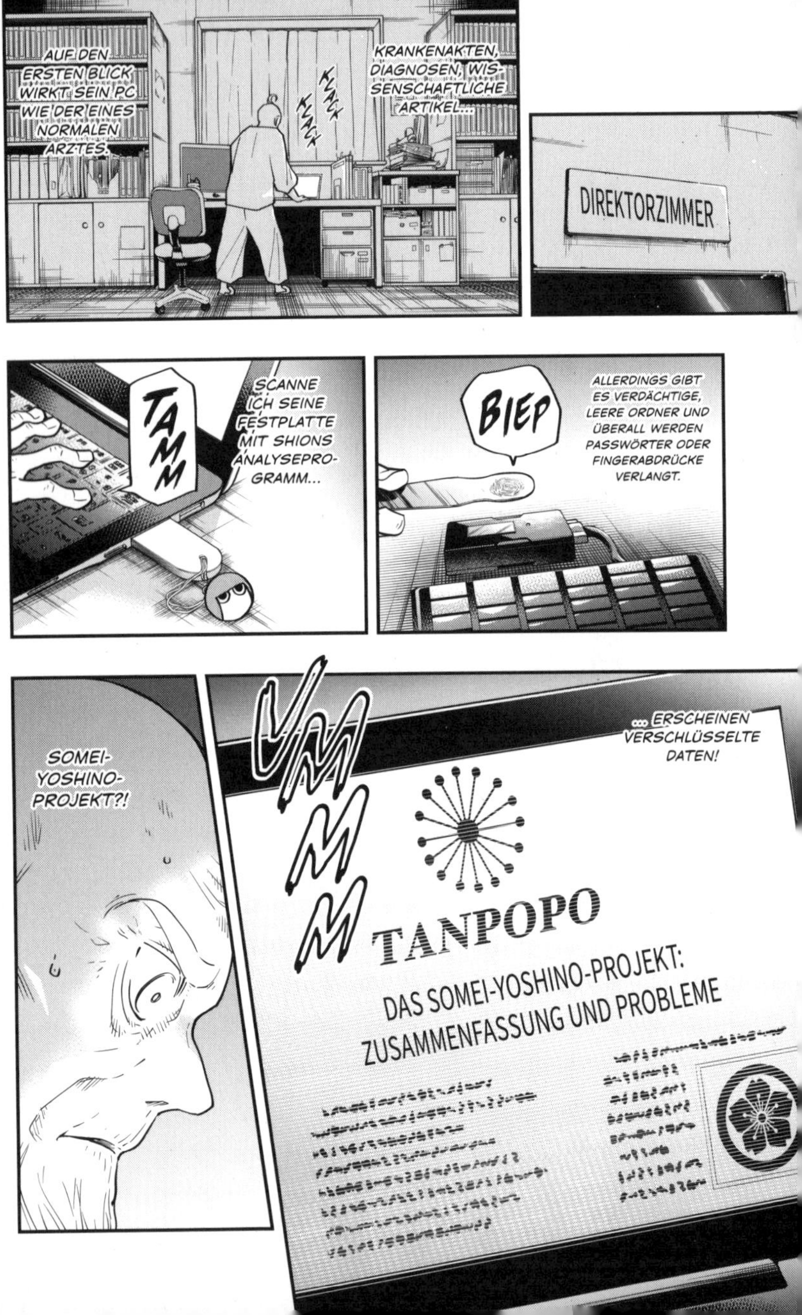

AUF DEN ERSTEN BLICK WIRKT SEIN PC WIE DER EINES NORMALEN ARZTES.
KLACK KLACK
KRANKENAKTEN, DIAGNOSEN, WISSENSCHAFTLICHE ARTIKEL...
DIREKTORZIMMER
TAMM
SCANNE ICH SEINE FESTPLATTE MIT SHIONS ANALYSEPROGRAMM...
BIEP
ALLERDINGS GIBT ES VERDÄCHTIGE, LEERE ORDNER UND ÜBERALL WERDEN PASSWÖRTER ODER FINGERABDRÜCKE VERLANGT.
VMMM
...ERSCHEINEN VERSCHLÜSSELTE DATEN!
TANPOPO
DAS SOMEI-YOSHINO-PROJEKT: ZUSAMMENFASSUNG UND PROBLEME
SOMEI-YOSHINO-PROJEKT?!

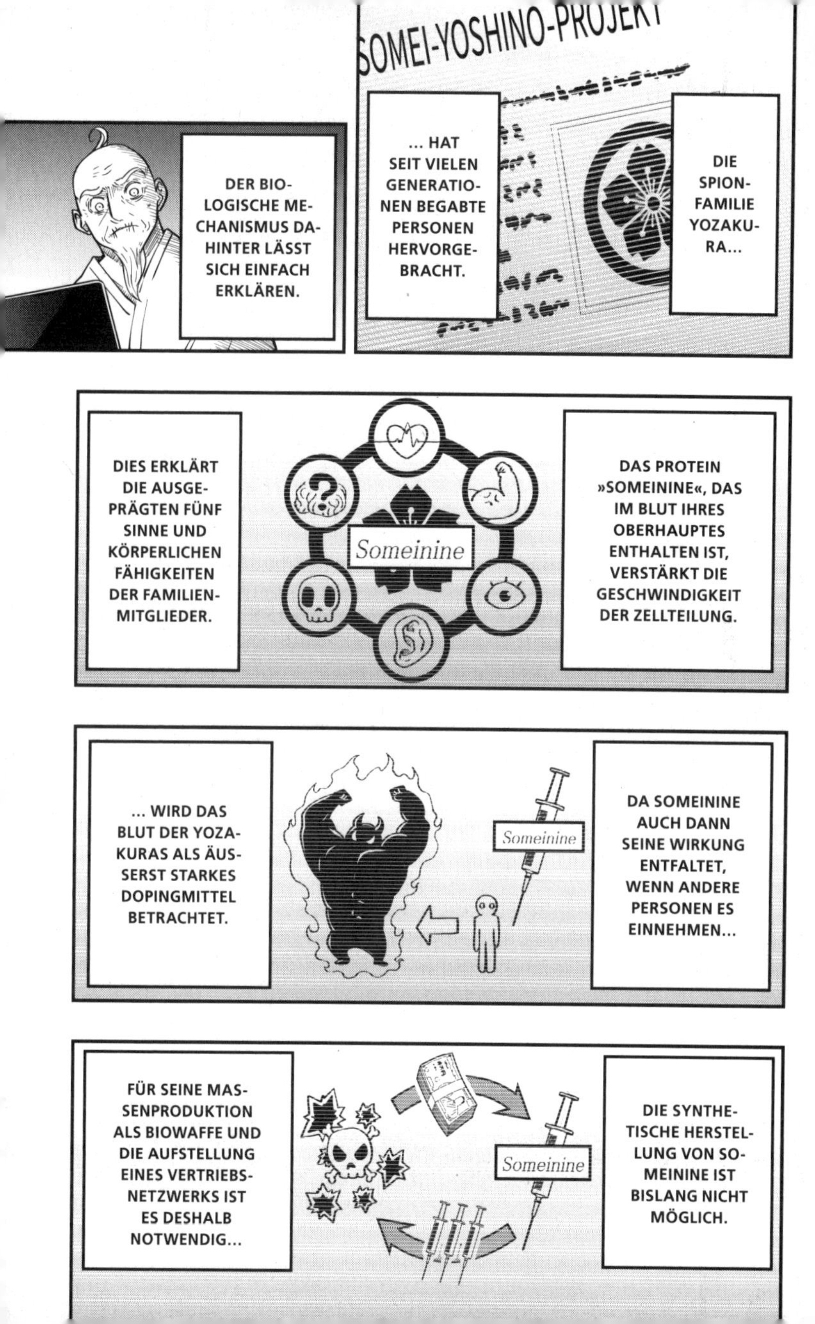
SOMEI-YOSHINO-PROJEKT
DIE SPION-FAMILIE YOZAKURA...
... HAT SEIT VIELEN GENERATIONEN BEGABTE PERSONEN HERVORGEBRACHT.
DER BIOLOGISCHE MECHANISMUS DAHINTER LÄSST SICH EINFACH ERKLÄREN.
DAS PROTEIN »SOMEININE«, DAS IM BLUT IHRES OBERHAUPTES ENTHALTEN IST, VERSTÄRKT DIE GESCHWINDIGKEIT DER ZELLTEILUNG.
Someinine
DIES ERKLÄRT DIE AUSGEPRÄGTEN FÜNF SINNE UND KÖRPERLICHEN FÄHIGKEITEN DER FAMILIENMITGLIEDER.
DA SOMEININE AUCH DANN SEINE WIRKUNG ENTFALTET, WENN ANDERE PERSONEN ES EINNEHMEN...
Someinine
... WIRD DAS BLUT DER YOZAKURAS ALS ÄUSSERST STARKES DOPINGMITTEL BETRACHTET.
DIE SYNTHETISCHE HERSTELLUNG VON SOMEININE IST BISLANG NICHT MÖGLICH.
Someinine
FÜR SEINE MASSENPRODUKTION ALS BIOWAFFE UND DIE AUFSTELLUNG EINES VERTRIEBSNETZWERKS IST ES DESHALB NOTWENDIG...

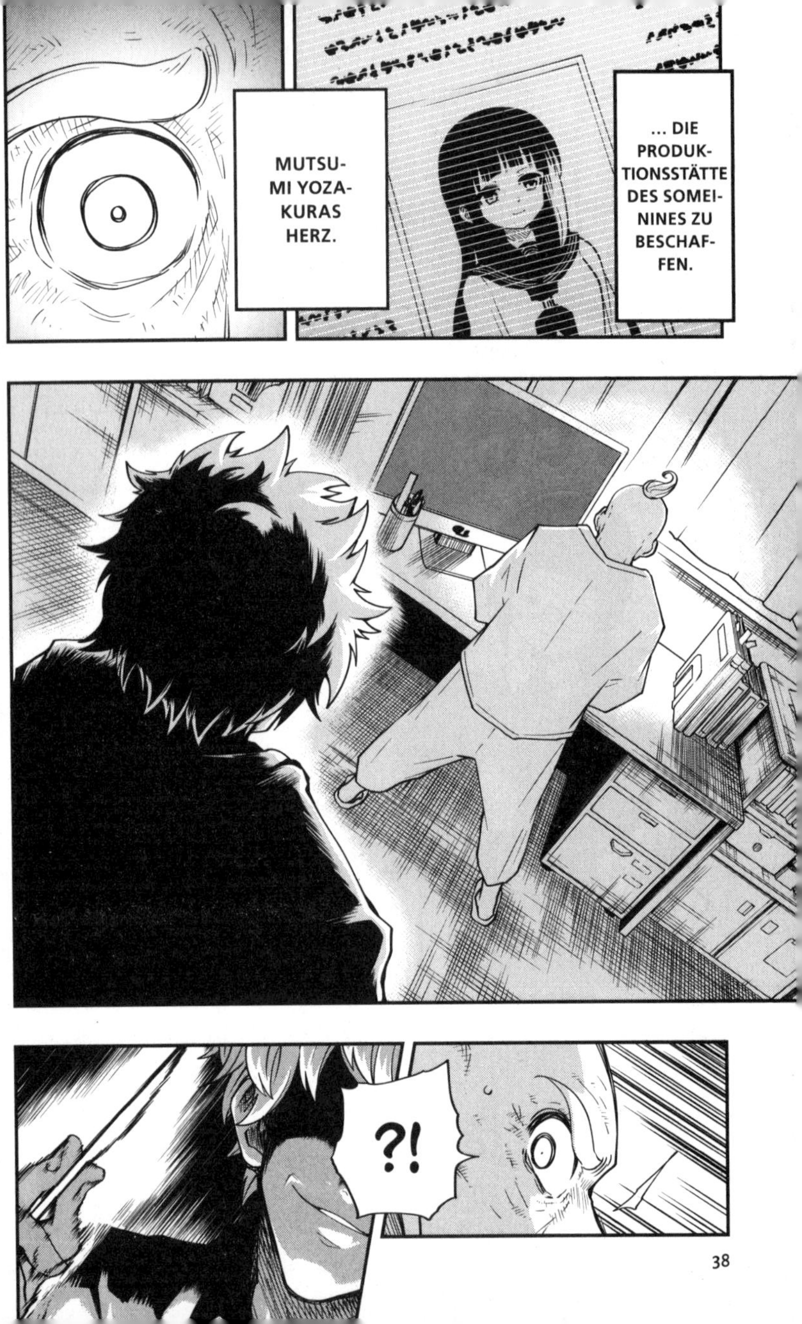
... DIE PRODUK-TIONSSTÄTTE DES SOMEI-NINES ZU BESCHAF-FEN.
MUTSU-MI YOZA-KURAS HERZ.
?!

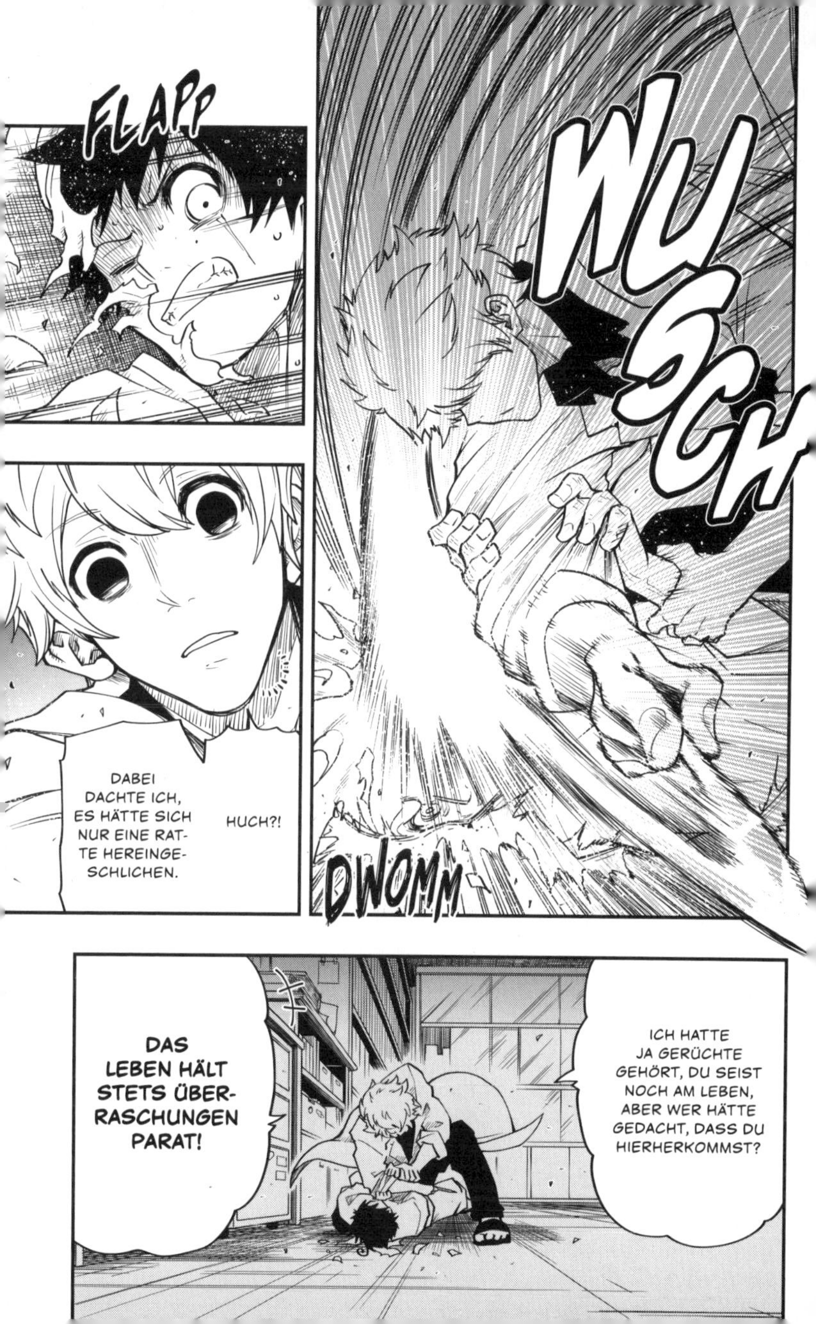
WUSCH
DWOMM
FLAPP
HUCH?!
DABEI DACHTE ICH, ES HÄTTE SICH NUR EINE RATTE HEREINGESCHLICHEN.
ICH HATTE JA GERÜCHTE GEHÖRT, DU SEIST NOCH AM LEBEN, ABER WER HÄTTE GEDACHT, DASS DU HIERHERKOMMST?
DAS LEBEN HÄLT STETS ÜBERRASCHUNGEN PARAT!

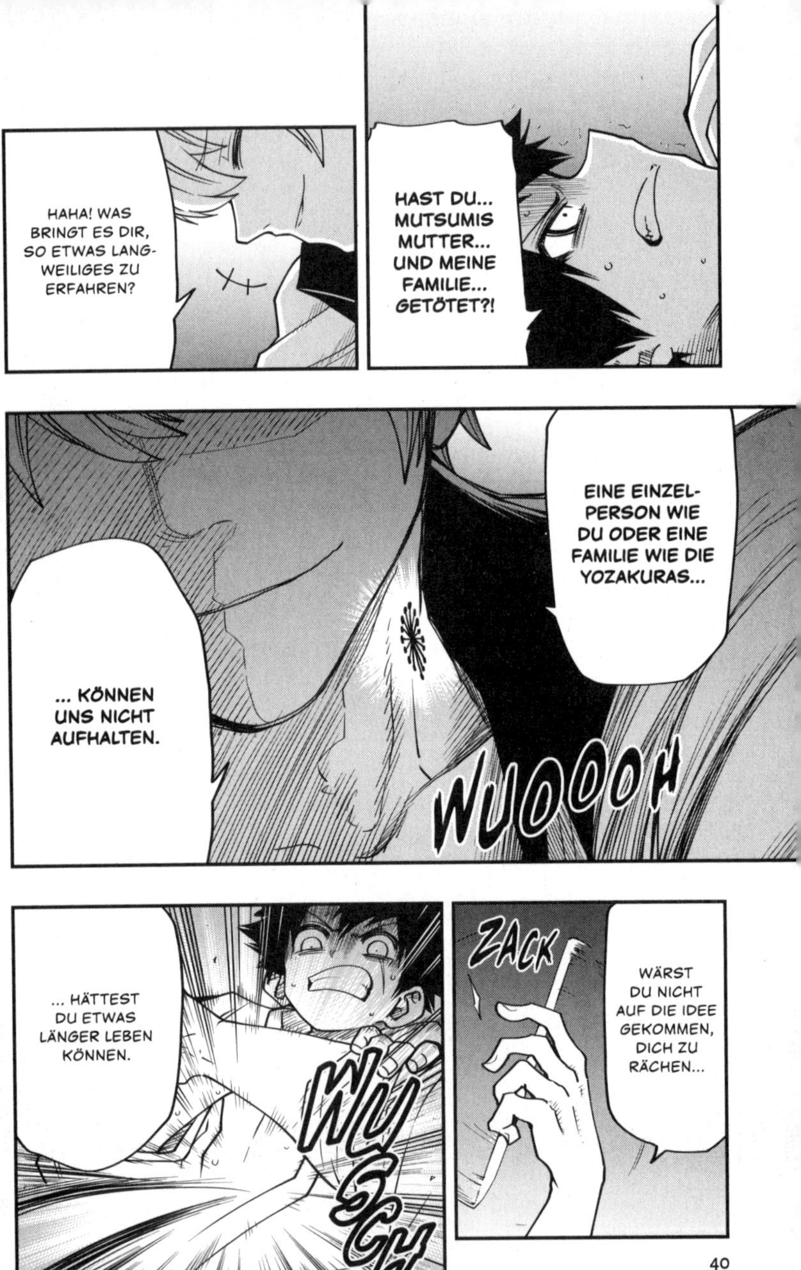
HAST DU... MUTSUMIS MUTTER... UND MEINE FAMILIE... GETÖTET?!
HAHA! WAS BRINGT ES DIR, SO ETWAS LANG-WEILIGES ZU ERFAHREN?
EINE EINZEL-PERSON WIE DU ODER EINE FAMILIE WIE DIE YOZAKURAS...
... KÖNNEN UNS NICHT AUFHALTEN.
WUOOOOH
ZACK
WÄRST DU NICHT AUF DIE IDEE GEKOMMEN, DICH ZU RÄCHEN...
... HÄTTEST DU ETWAS LÄNGER LEBEN KÖNNEN.
WUSCH

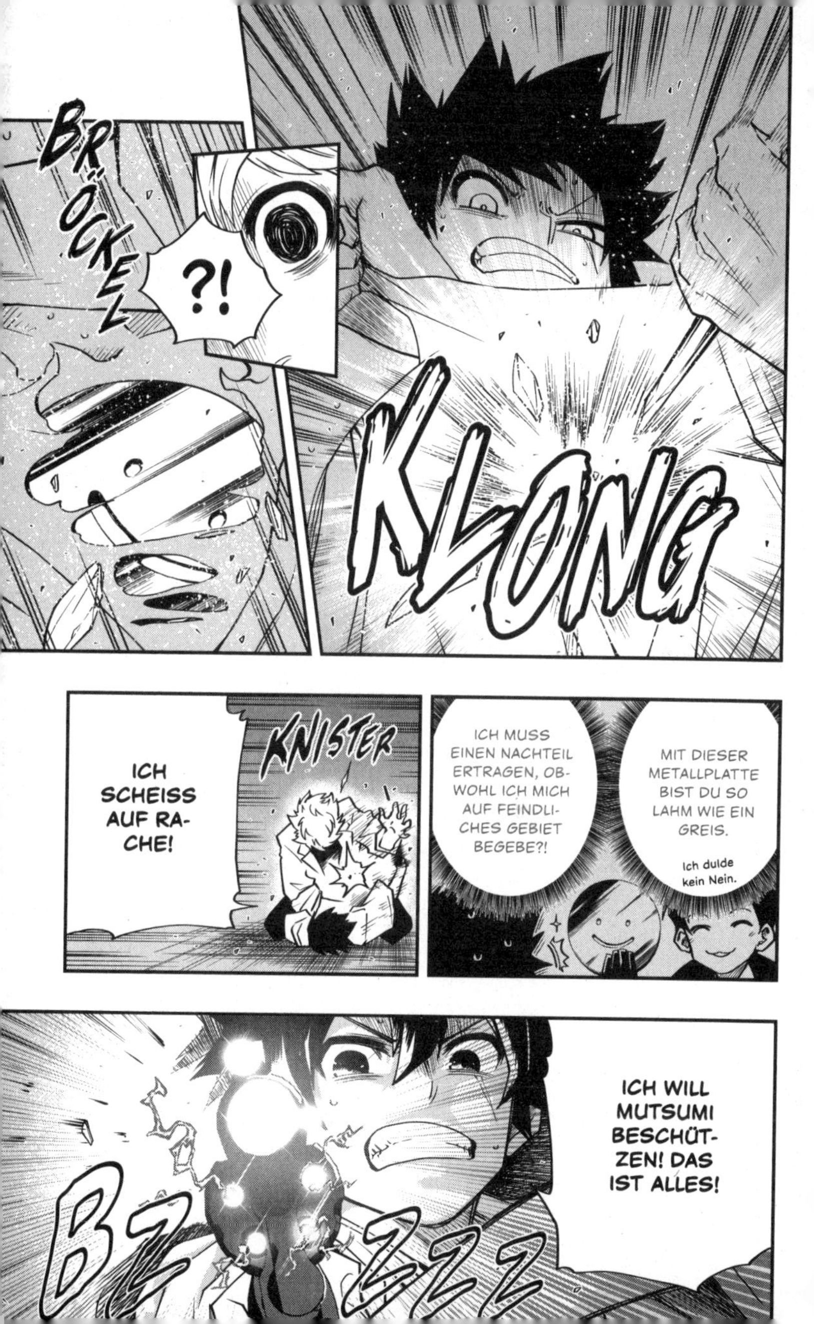

BRÖCKEL
?!
KLONG
ICH MUSS EINEN NACHTEIL ERTRAGEN, OBWOHL ICH MICH AUF FEINDLICHES GEBIET BEGEBE?!
MIT DIESER METALLPLATTE BIST DU SO LAHM WIE EIN GREIS.
Ich dulde kein Nein.
KNISTER
ICH SCHEISS AUF RACHE!
ICH WILL MUTSUMI BESCHÜTZEN! DAS IST ALLES!
BZZZZ

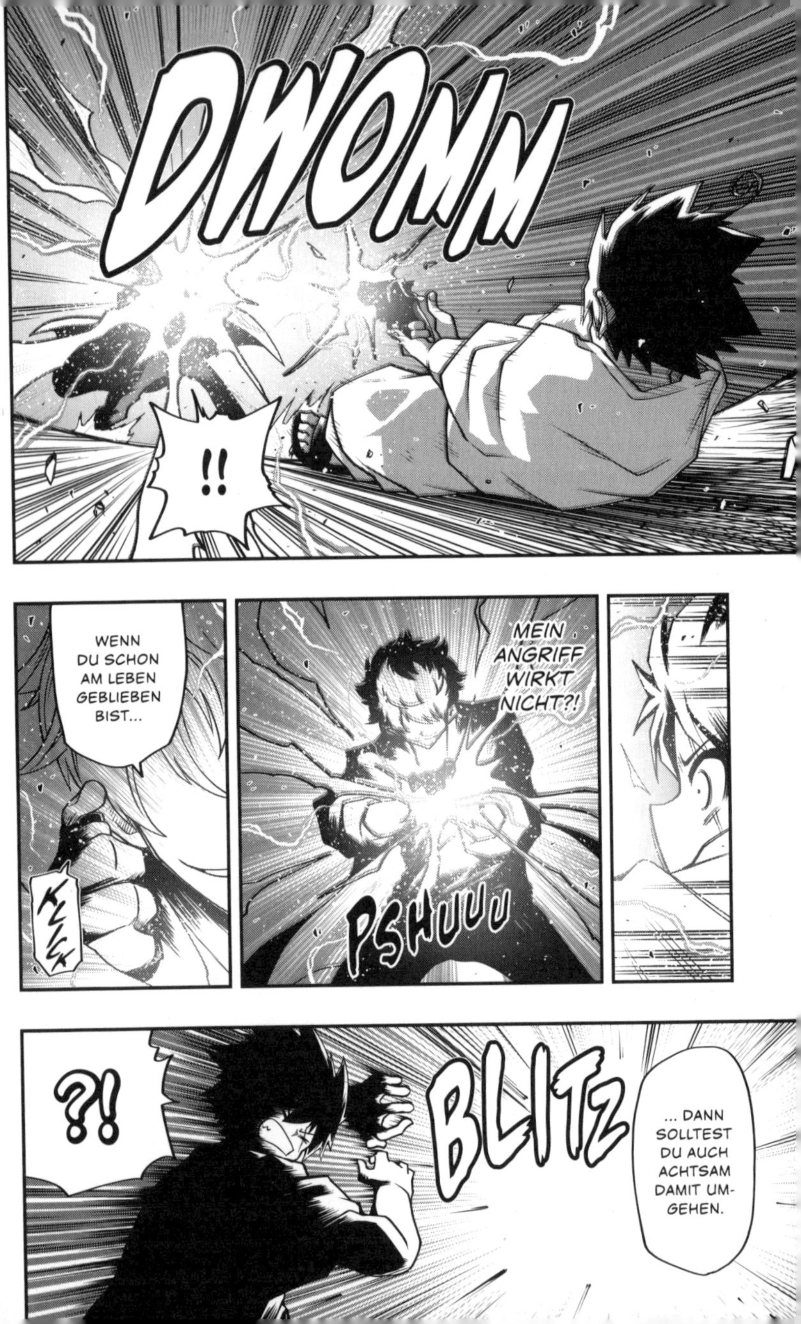
DWOMM
!!
WENN DU SCHON AM LEBEN GEBLIEBEN BIST...
MEIN ANGRIFF WIRKT NICHT?!
PSHUUU
KLICK
?!
BLITZ
... DANN SOLLTEST DU AUCH ACHTSAM DAMIT UM-GEHEN.

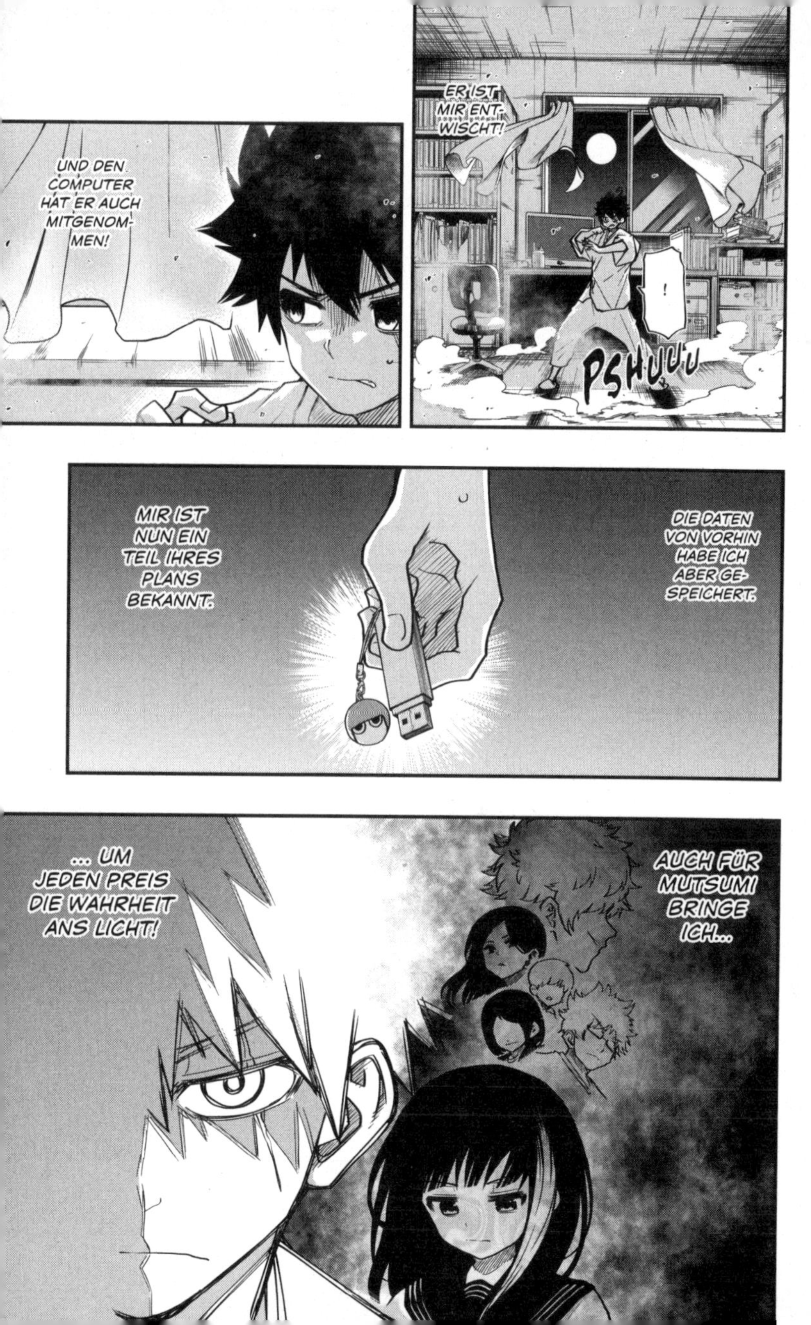
ER IST MIR ENT-WISCHT!
!
PSHUUU
UND DEN COMPUTER HAT ER AUCH MITGENOM-MEN!
DIE DATEN VON VORHIN HABE ICH ABER GE-SPEICHERT.
MIR IST NUN EIN TEIL IHRES PLANS BEKANNT.
AUCH FÜR MUTSUMI BRINGE ICH...
... UM JEDEN PREIS DIE WAHRHEIT ANS LICHT!

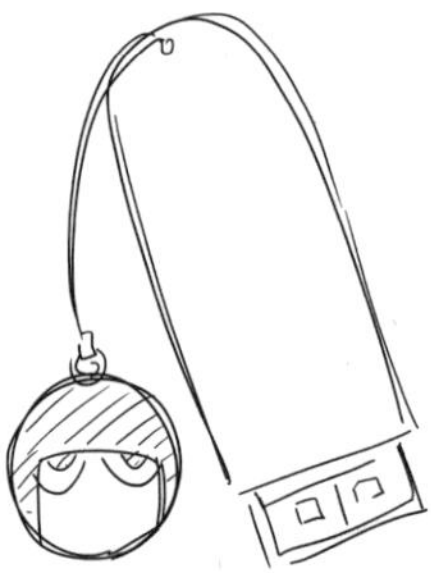

Universal Shion Bus (USB)

Ein USB-förmiger PC mit einem eingebauten, speziellen Betriebssystem. Er kann jedes Gerät knacken, ohne Spuren zu hinterlassen, und zerbricht selbst dann nicht, wenn ein Elefant über ihn trampelt.

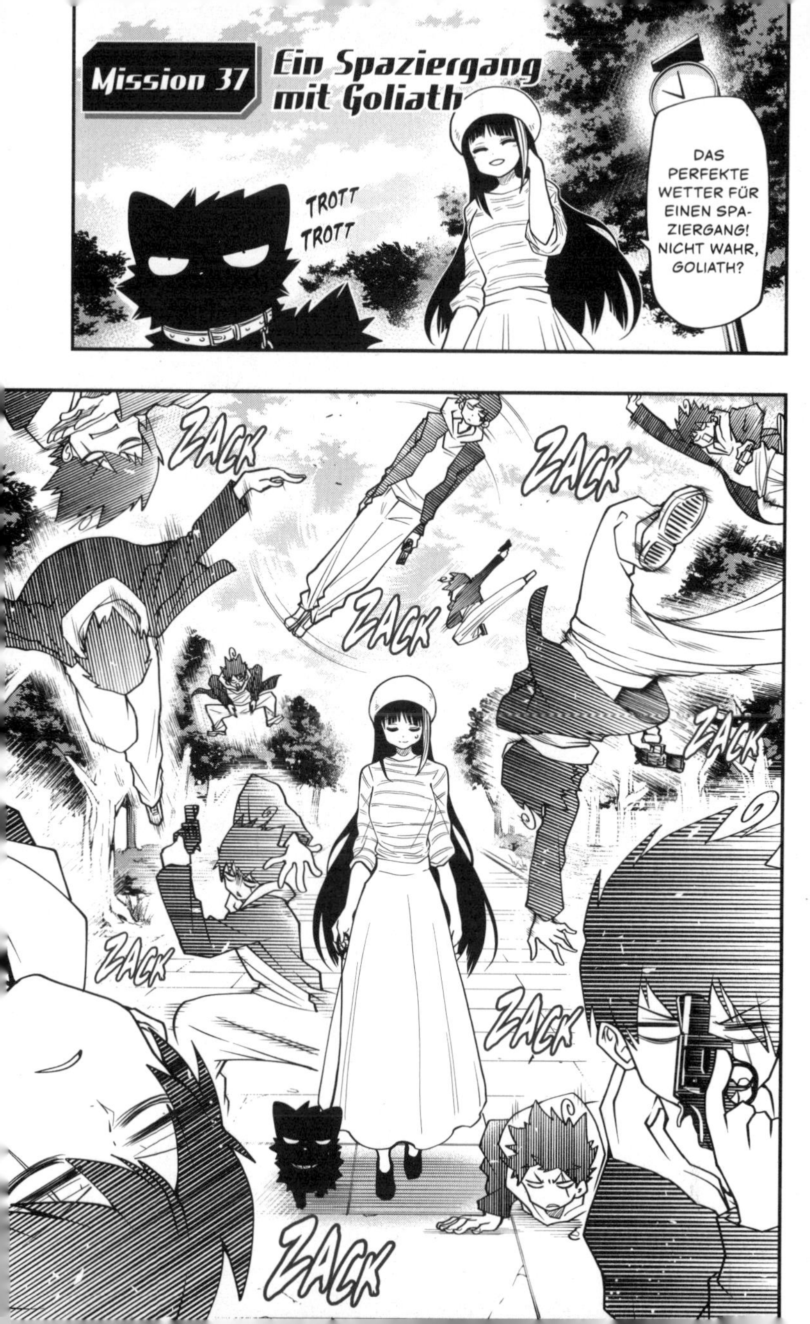

Mission 37
Ein Spaziergang mit Goliath
DAS PERFEKTE WETTER FÜR EINEN SPA-ZIERGANG! NICHT WAHR, GOLIATH?
TROTT TROTT
ZACK
ZACK
ZACK
ZACK
ZACK
ZACK
ZACK

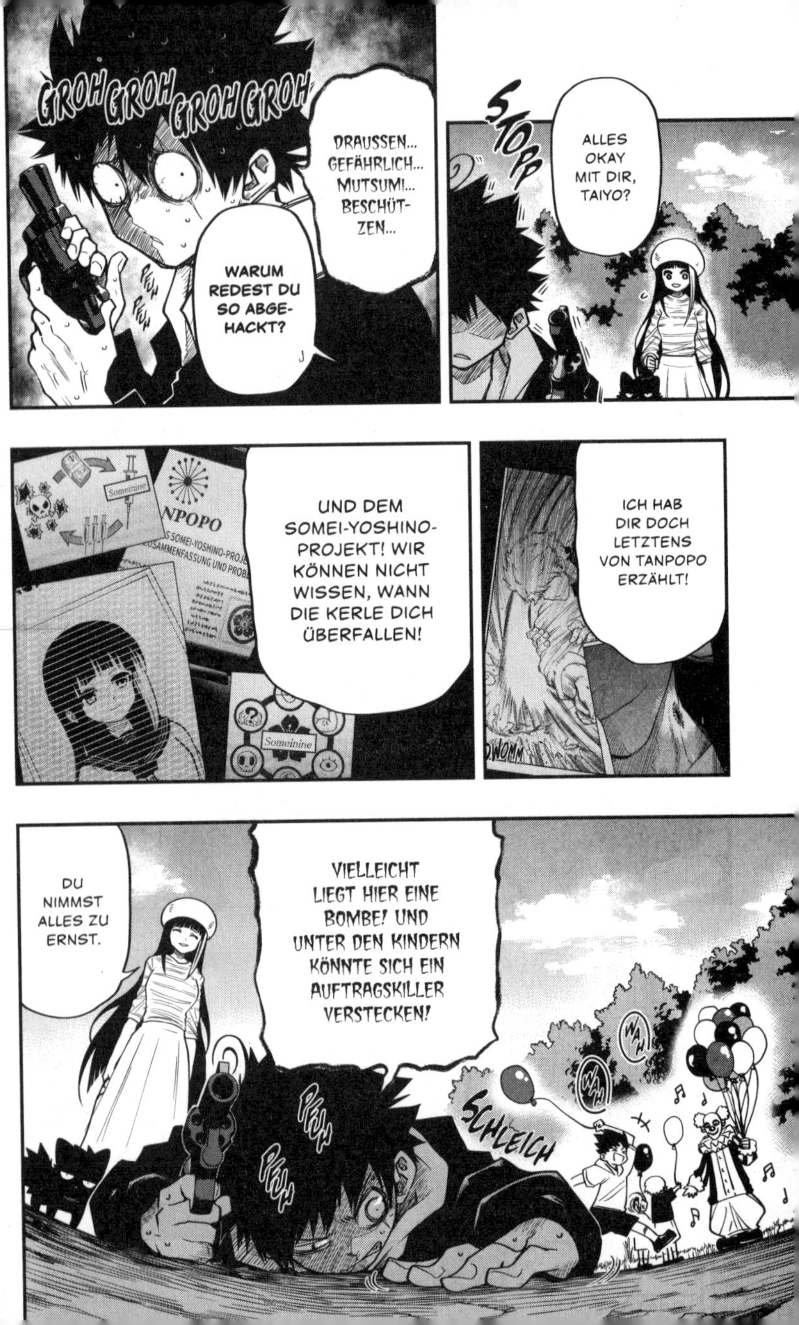
STOPP
ALLES OKAY MIT DIR, TAIYO?
GROH GROH GROH GROH
DRAUSSEN... GEFÄHRLICH... MUTSUMI... BESCHÜTZEN...
PFUH PFUH
WARUM REDEST DU SO ABGEHACKT?
ICH HAB DIR DOCH LETZTENS VON TANPOPO ERZÄHLT!
DWOMM
UND DEM SOMEI-YOSHINO-PROJEKT! WIR KÖNNEN NICHT WISSEN, WANN DIE KERLE DICH ÜBERFALLEN!
Someinine
Someinine
VIELLEICHT LIEGT HIER EINE BOMBE! UND UNTER DEN KINDERN KÖNNTE SICH EIN AUFTRAGSKILLER VERSTECKEN!
DU NIMMST ALLES ZU ERNST.
WAH
WAH
SCHLEICH
PFUH PFUH

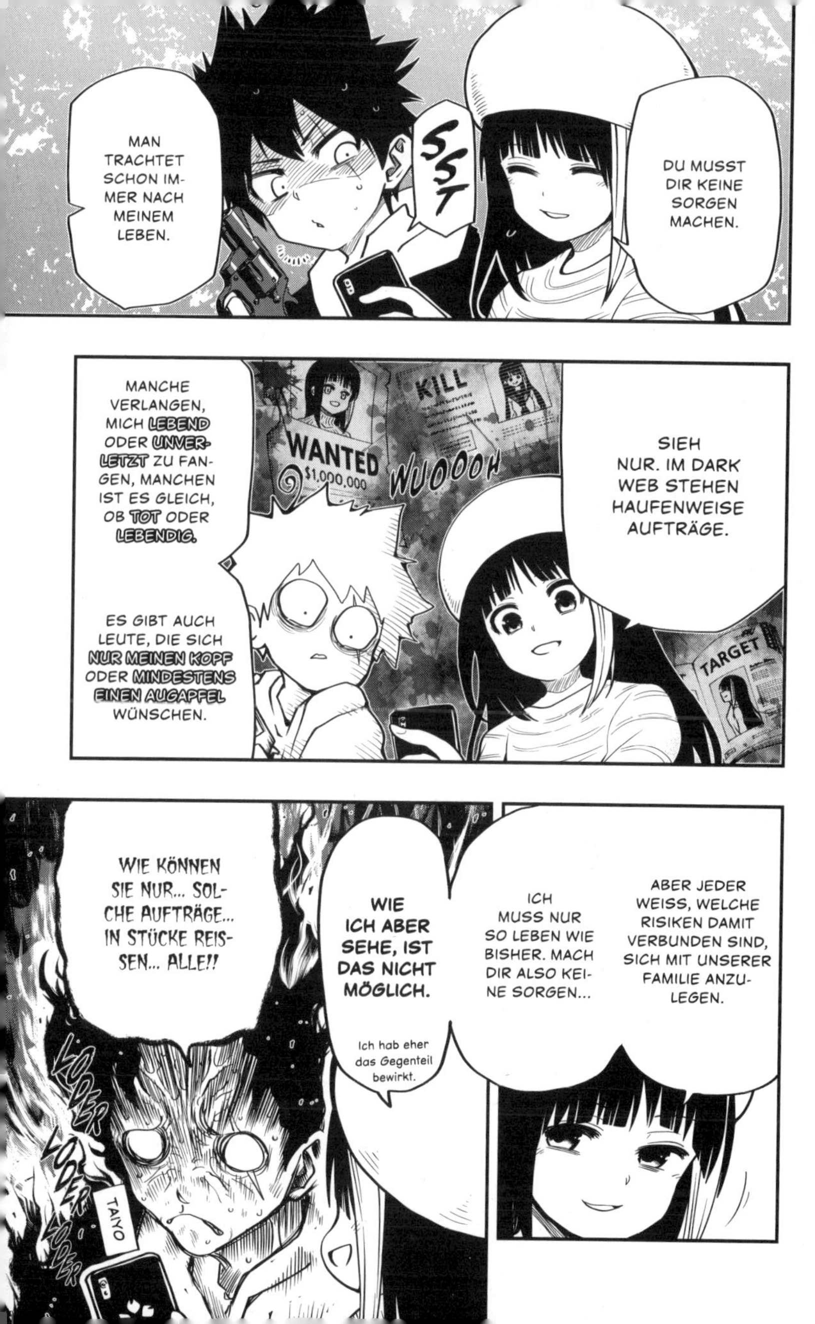
DU MUSST DIR KEINE SORGEN MACHEN.
SST
MAN TRACHTET SCHON IMMER NACH MEINEM LEBEN.
SIEH NUR. IM DARK WEB STEHEN HAUFENWEISE AUFTRÄGE.
KILL
WANTED
$1,000,000
WUOOOH
TARGET
MANCHE VERLANGEN, MICH LEBEND ODER UNVERLETZT ZU FANGEN, MANCHEN IST ES GLEICH, OB TOT ODER LEBENDIG.
ES GIBT AUCH LEUTE, DIE SICH NUR MEINEN KOPF ODER MINDESTENS EINEN AUGAPFEL WÜNSCHEN.
ABER JEDER WEISS, WELCHE RISIKEN DAMIT VERBUNDEN SIND, SICH MIT UNSERER FAMILIE ANZULEGEN.
ICH MUSS NUR SO LEBEN WIE BISHER. MACH DIR ALSO KEINE SORGEN...
WIE ICH ABER SEHE, IST DAS NICHT MÖGLICH.
Ich hab eher das Gegenteil bewirkt.
WIE KÖNNEN SIE NUR... SOLCHE AUFTRÄGE... IN STÜCKE REISSEN... ALLE!!
LODER LODER LODER LODER
TAIYO

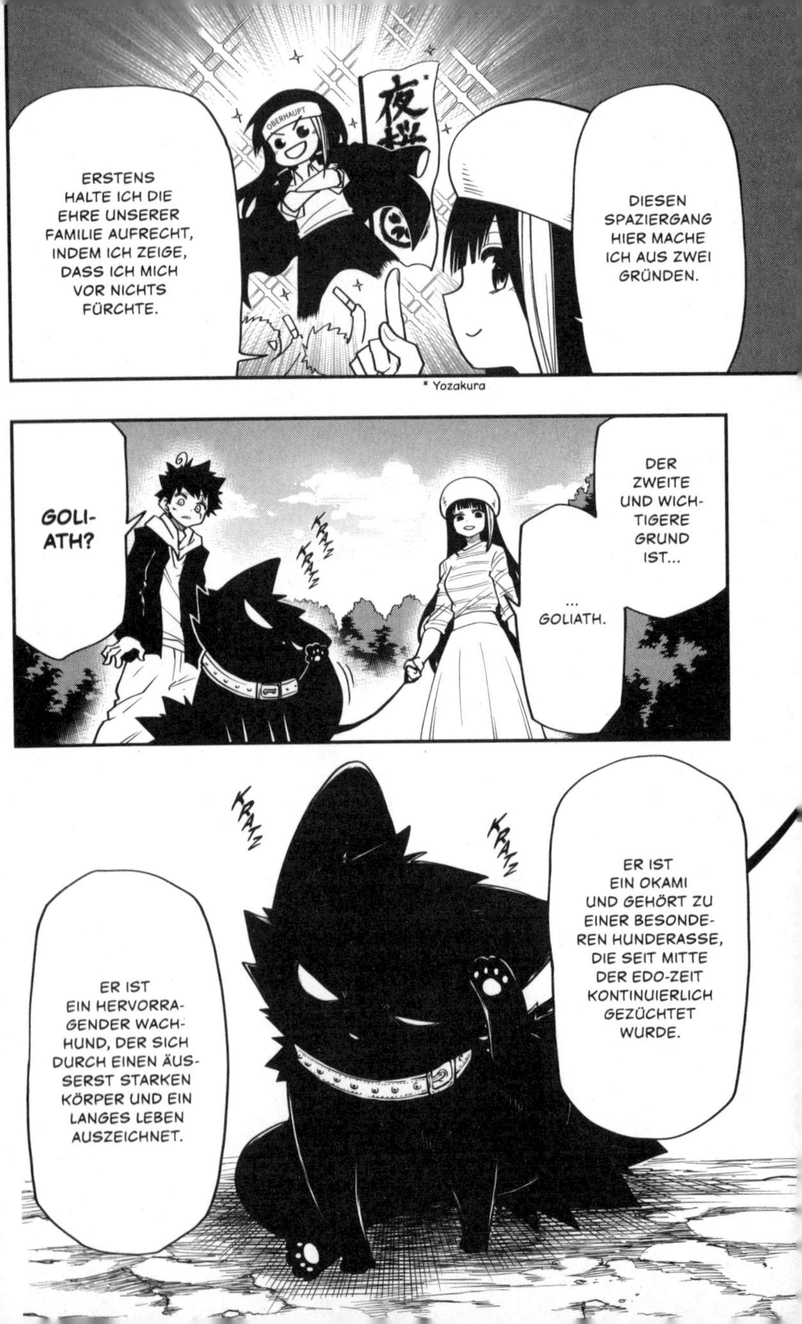
DIESEN SPAZIERGANG HIER MACHE ICH AUS ZWEI GRÜNDEN.
夜桜*
OBERHAUPT
ERSTENS HALTE ICH DIE EHRE UNSERER FAMILIE AUFRECHT, INDEM ICH ZEIGE, DASS ICH MICH VOR NICHTS FÜRCHTE.
DER ZWEITE UND WICHTIGERE GRUND IST...
... GOLIATH.
KRAAZ
KRAAZ
GOLIATH?
KRAAZ
KRAAZ
ER IST EIN OKAMI UND GEHÖRT ZU EINER BESONDEREN HUNDERASSE, DIE SEIT MITTE DER EDO-ZEIT KONTINUIERLICH GEZÜCHTET WURDE.
ER IST EIN HERVORRAGENDER WACHHUND, DER SICH DURCH EINEN ÄUSSERST STARKEN KÖRPER UND EIN LANGES LEBEN AUSZEICHNET.

* Yozakura

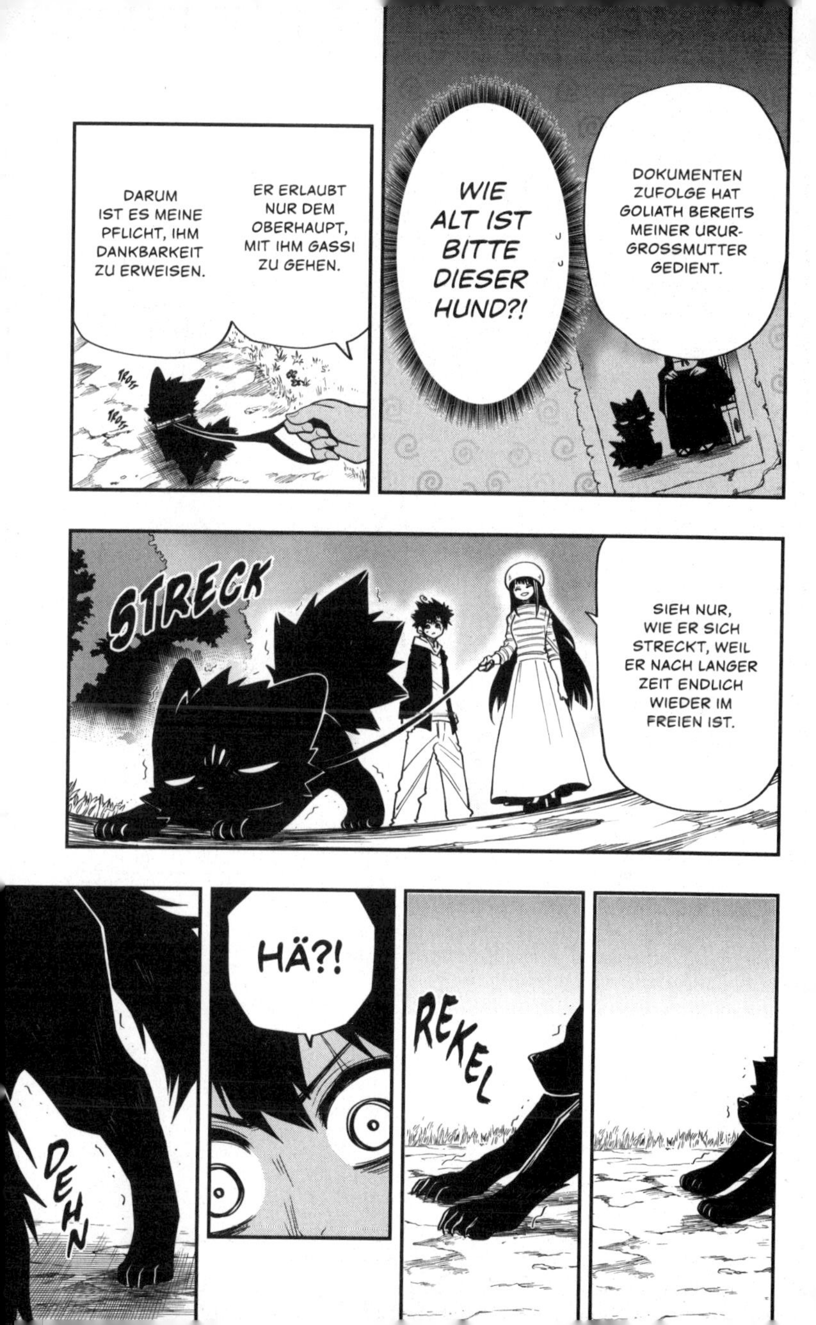

DOKUMENTEN ZUFOLGE HAT GOLIATH BEREITS MEINER URUR-GROSSMUTTER GEDIENT.
WIE ALT IST BITTE DIESER HUND?!
ER ERLAUBT NUR DEM OBERHAUPT, MIT IHM GASSI ZU GEHEN.
DARUM IST ES MEINE PFLICHT, IHM DANKBARKEIT ZU ERWEISEN.
SIEH NUR, WIE ER SICH STRECKT, WEIL ER NACH LANGER ZEIT ENDLICH WIEDER IM FREIEN IST.
STRECK
REKEL
HÄ?!
DEHN

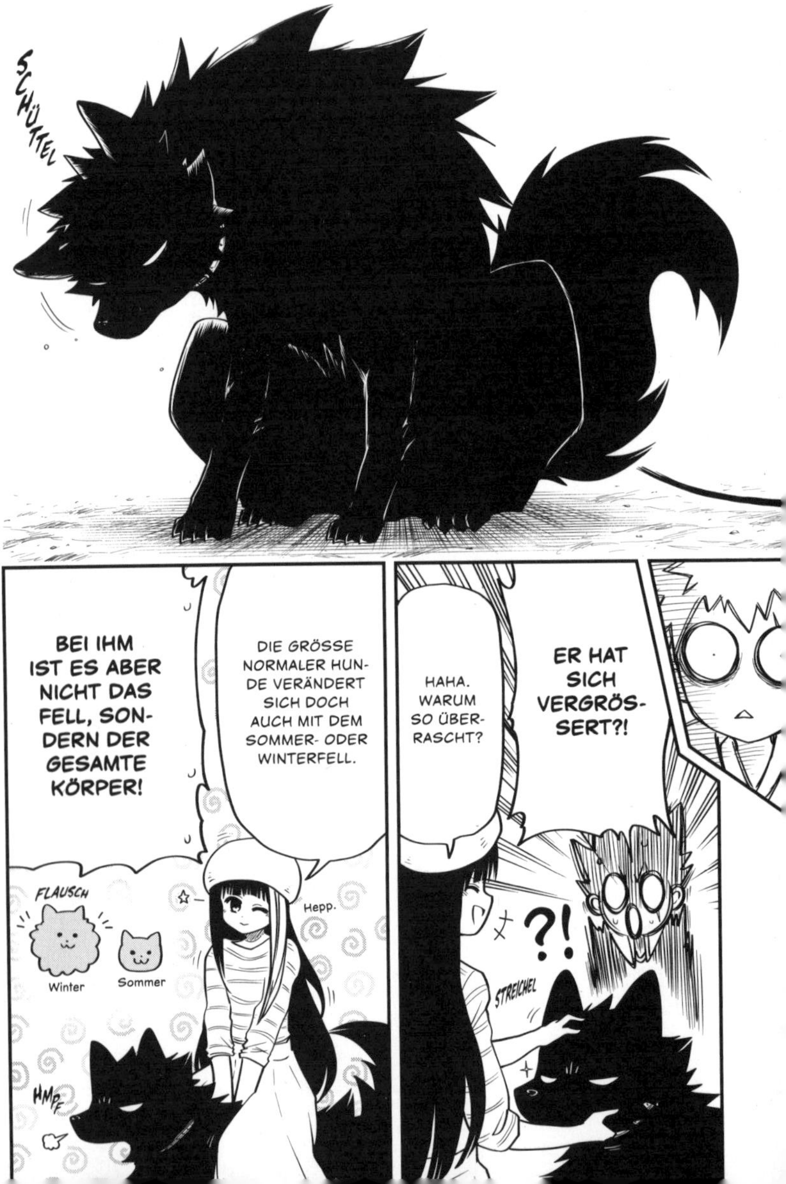
SCHÜTTEL
ER HAT SICH VERGRÖSSERT?!
HAHA. WARUM SO ÜBERRASCHT?
?!
STREICHEL
DIE GRÖSSE NORMALER HUNDE VERÄNDERT SICH DOCH AUCH MIT DEM SOMMER- ODER WINTERFELL.
Hepp.
BEI IHM IST ES ABER NICHT DAS FELL, SONDERN DER GESAMTE KÖRPER!
FLAUSCH
Winter
Sommer
HMPF

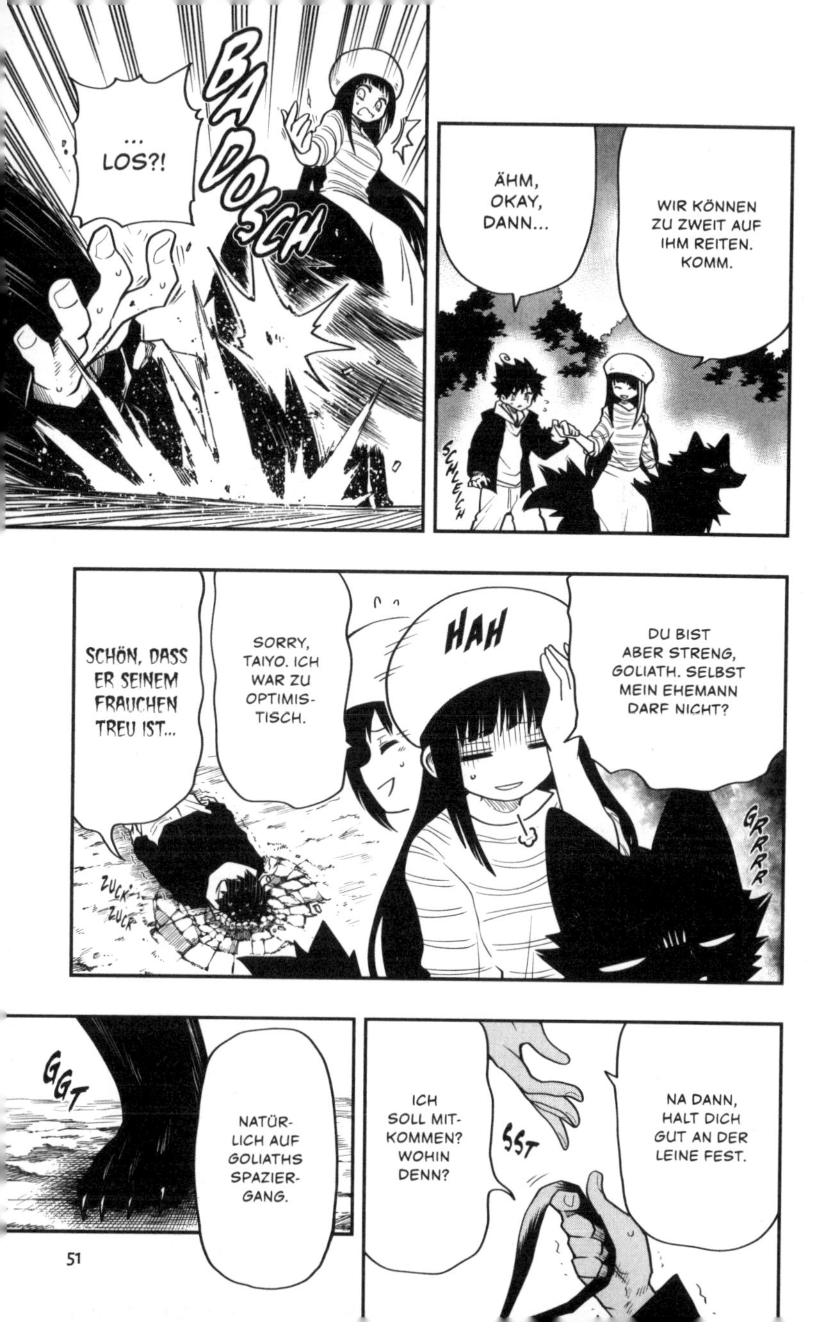
WIR KÖNNEN ZU ZWEIT AUF IHM REITEN. KOMM.
ÄHM, OKAY, DANN...
SCHLEICH
BADOSCH
... LOS?!
DU BIST ABER STRENG, GOLIATH. SELBST MEIN EHEMANN DARF NICHT?
HAH
SORRY, TAIYO. ICH WAR ZU OPTIMISTISCH.
SCHÖN, DASS ER SEINEM FRAUCHEN TREU IST...
GRRRR
ZUCK ZUCK
NA DANN, HALT DICH GUT AN DER LEINE FEST.
SST
ICH SOLL MITKOMMEN? WOHIN DENN?
NATÜRLICH AUF GOLIATHS SPAZIERGANG.
GGT

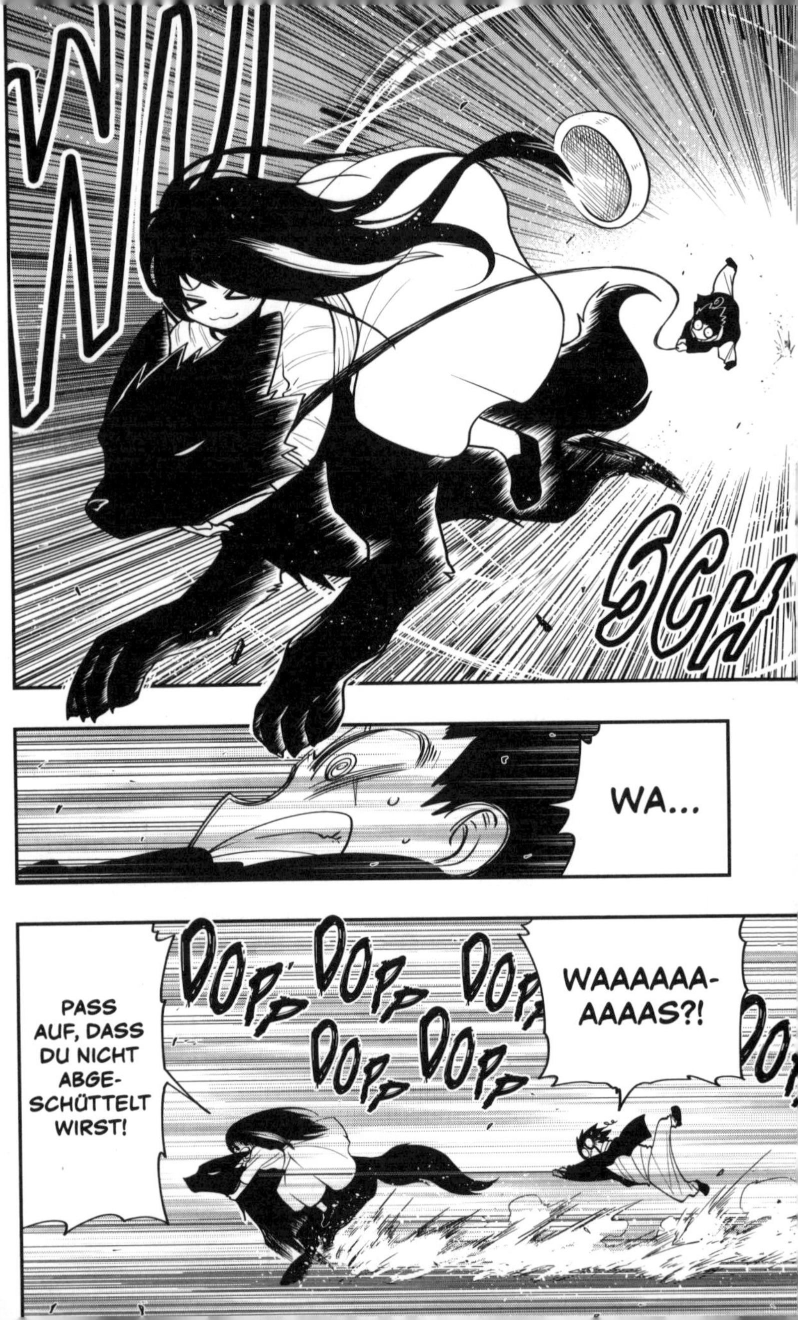
SCH
WA...
WAAAAAAA-AAAAS?!
DOPP DOPP DOPP
DOPP DOPP
PASS AUF, DASS DU NICHT ABGE-SCHÜTTELT WIRST!

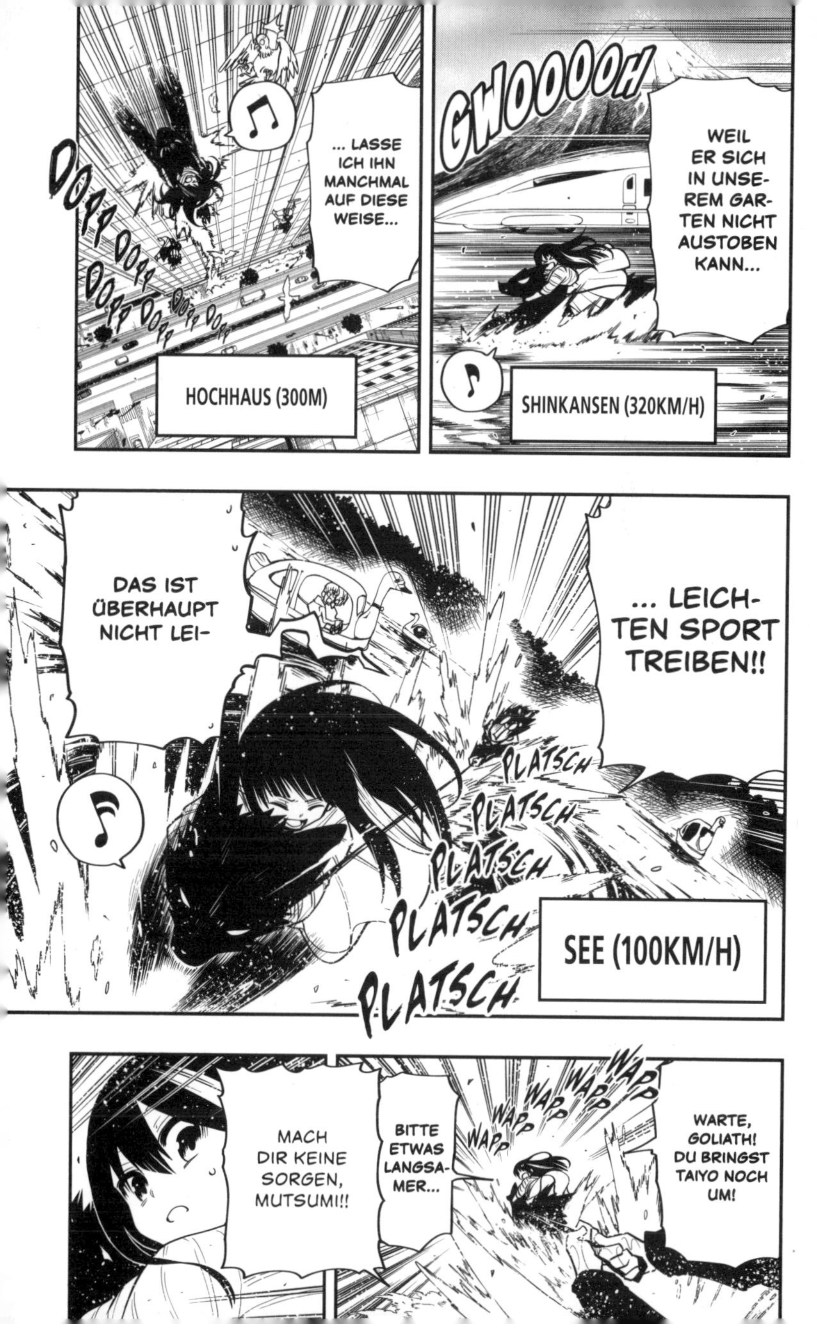
GWOOOOH
WEIL ER SICH IN UNSEREM GARTEN NICHT AUSTOBEN KANN...
SHINKANSEN (320KM/H)
... LASSE ICH IHN MANCHMAL AUF DIESE WEISE...
DOPP DOPP DOPP DOPP DOPP DOPP
HOCHHAUS (300M)
... LEICHTEN SPORT TREIBEN!!
DAS IST ÜBERHAUPT NICHT LEI-
PLATSCH PLATSCH PLATSCH PLATSCH PLATSCH
SEE (100KM/H)
WAPP WAPP WAPP WAPP
WARTE, GOLIATH! DU BRINGST TAIYO NOCH UM!
BITTE ETWAS LANGSAMER...
MACH DIR KEINE SORGEN, MUTSUMI!!

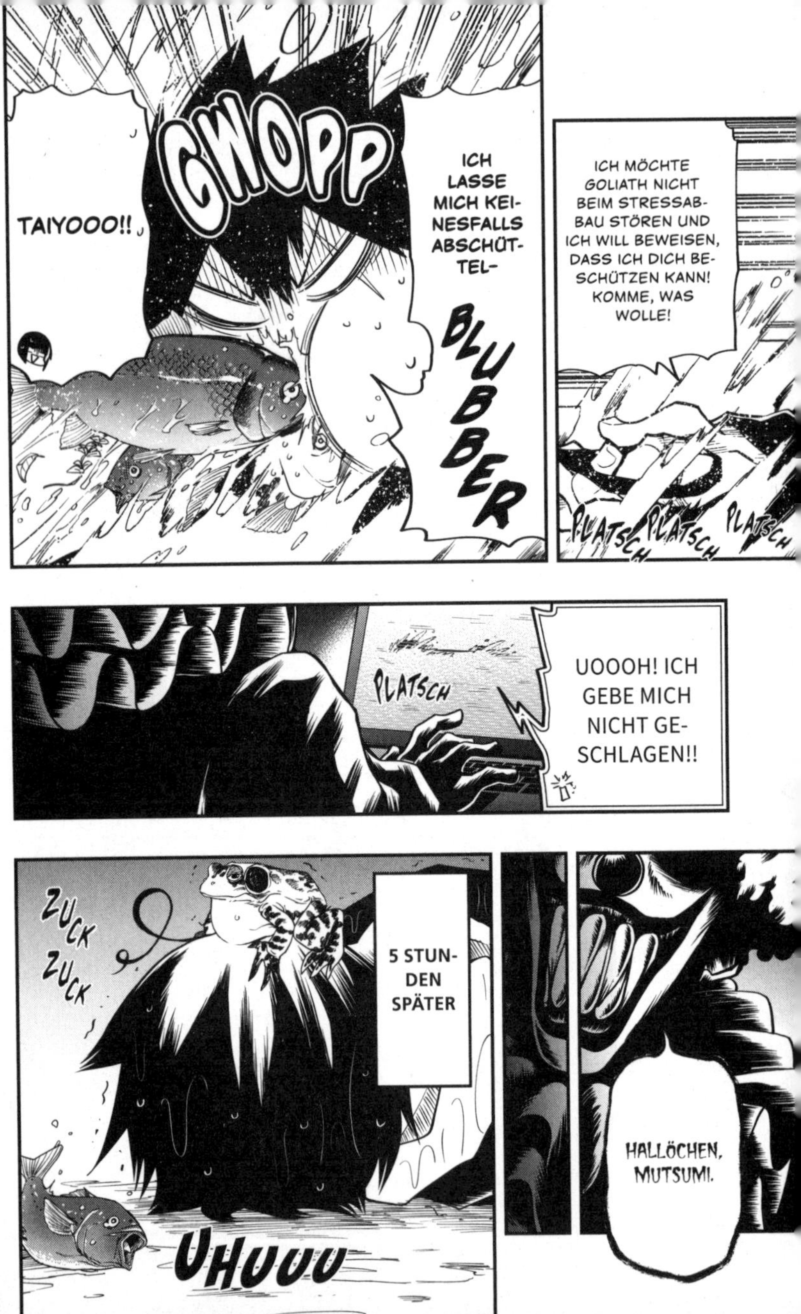
ICH MÖCHTE GOLIATH NICHT BEIM STRESSABBAU STÖREN UND ICH WILL BEWEISEN, DASS ICH DICH BESCHÜTZEN KANN! KOMME, WAS WOLLE!
PLATSCH PLATSCH PLATSCH
ICH LASSE MICH KEINESFALLS ABSCHÜTTEL-
GWOPP
TAIYOOO!!
BLUBBER
UOOOH! ICH GEBE MICH NICHT GESCHLAGEN!!
PLATSCH
HALLÖCHEN, MUTSUMI.
5 STUNDEN SPÄTER
ZUCK ZUCK
UHUUU

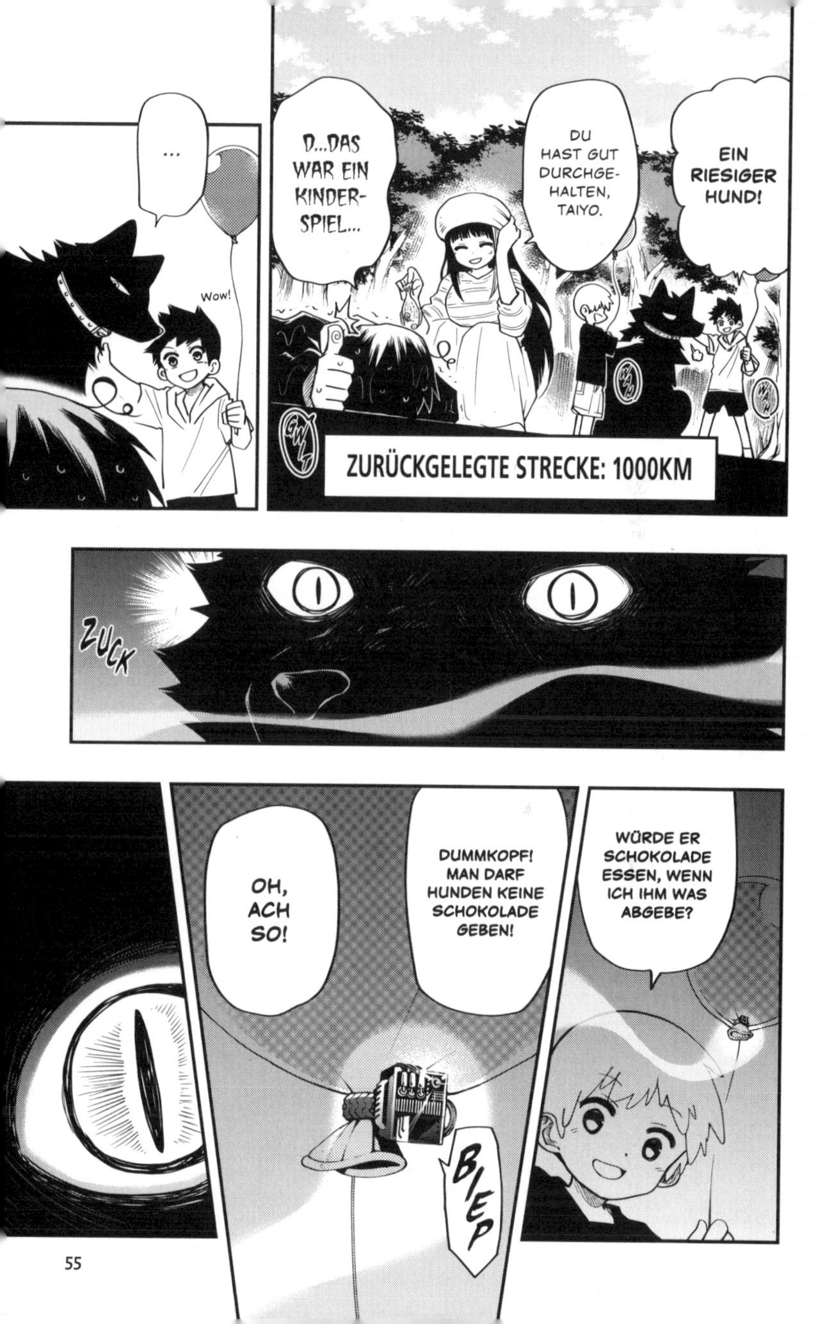
EIN RIESIGER HUND!
WAH
DU HAST GUT DURCHGE-HALTEN, TAIYO.
D...DAS WAR EIN KINDER-SPIEL...
ZURÜCKGELEGTE STRECKE: 1000KM
...
Wow!
ZUCK
WÜRDE ER SCHOKOLADE ESSEN, WENN ICH IHM WAS ABGEBE?
BIEP
DUMMKOPF! MAN DARF HUNDEN KEINE SCHOKOLADE GEBEN!
OH, ACH SO!

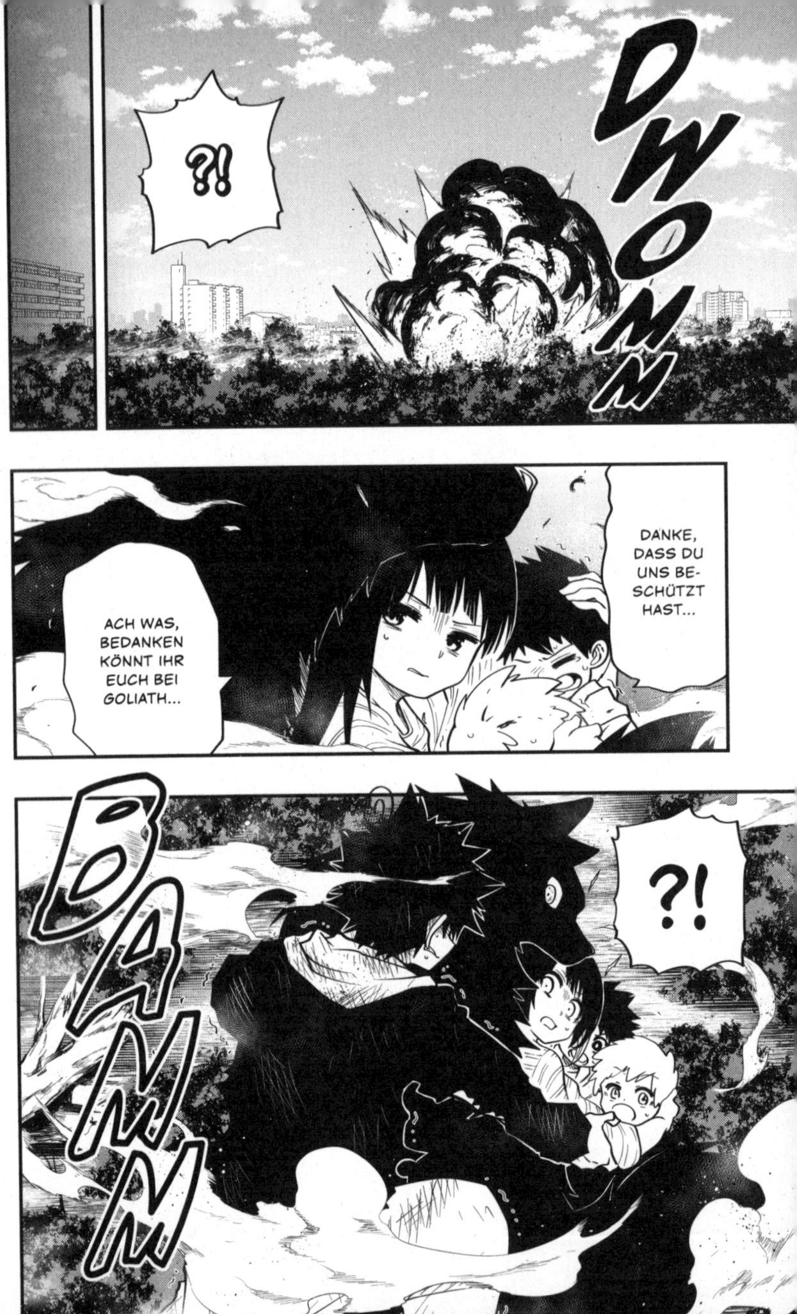
DWOMM
?!
DANKE, DASS DU UNS BESCHÜTZT HAST…
ACH WAS, BEDANKEN KÖNNT IHR EUCH BEI GOLIATH…
?!
BAMM

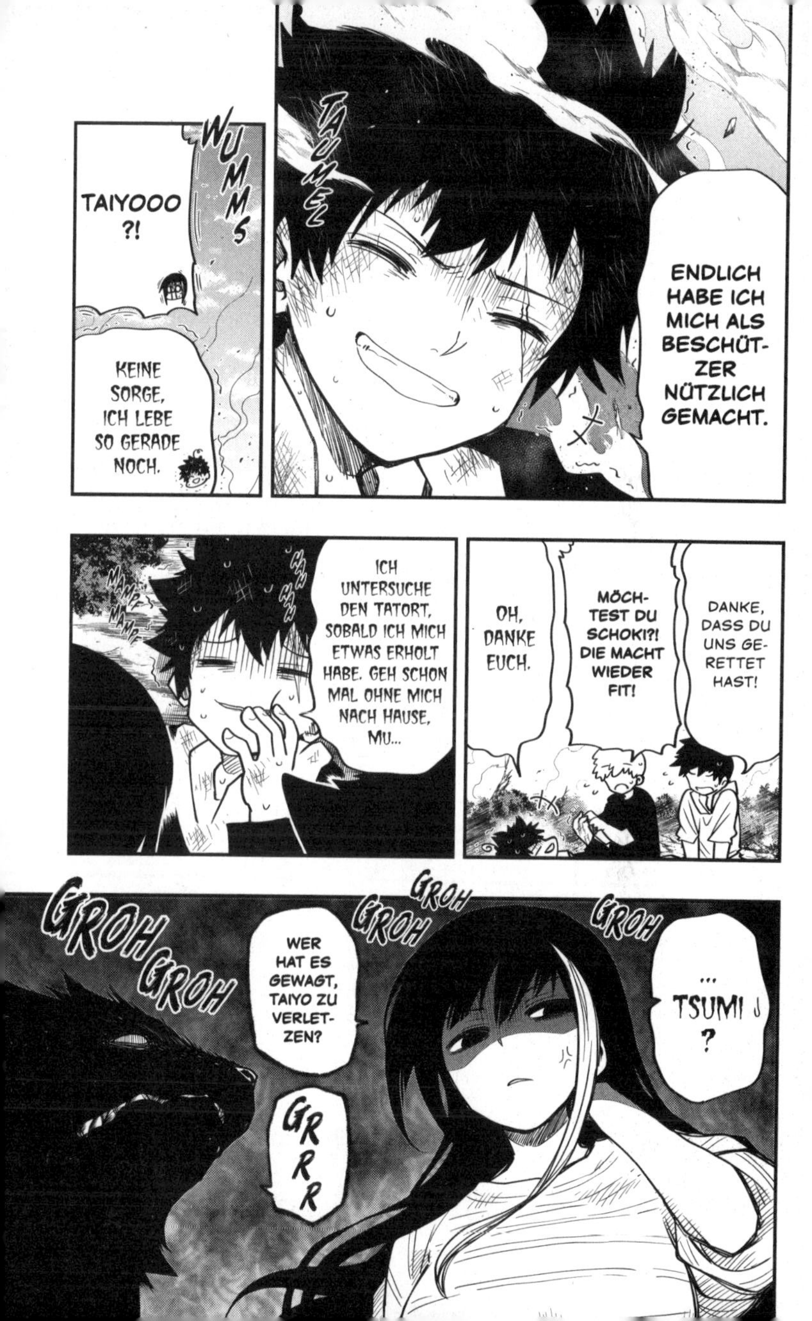
TAUMEL
ENDLICH HABE ICH MICH ALS BESCHÜTZER NÜTZLICH GEMACHT.
WUMMS
TAIYOOO ?!
KEINE SORGE, ICH LEBE SO GERADE NOCH.
DANKE, DASS DU UNS GERETTET HAST!
MÖCHTEST DU SCHOKI?! DIE MACHT WIEDER FIT!
OH, DANKE EUCH.
HAH HAH
MAMPF MAMPF
ICH UNTERSUCHE DEN TATORT, SOBALD ICH MICH ETWAS ERHOLT HABE. GEH SCHON MAL OHNE MICH NACH HAUSE, MU...
GROH
... TSUMI ?
GROH GROH
WER HAT ES GEWAGT, TAIYO ZU VERLETZEN?
GROH GROH
GRRR

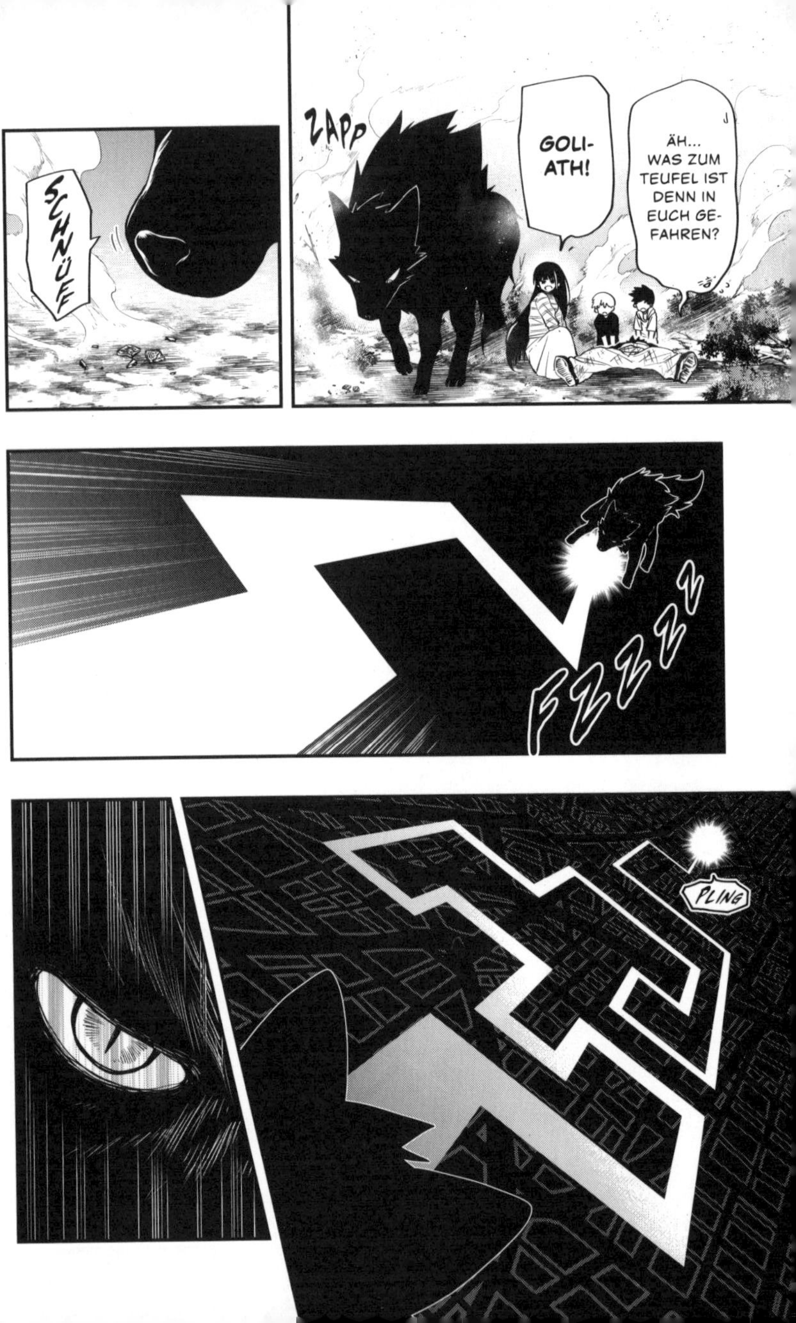
ZAPP
GOLI-
ATH!
ÄH...
WAS ZUM
TEUFEL IST
DENN IN
EUCH GE-
FAHREN?
SCHNÜFF
FZZZZZ
PLING

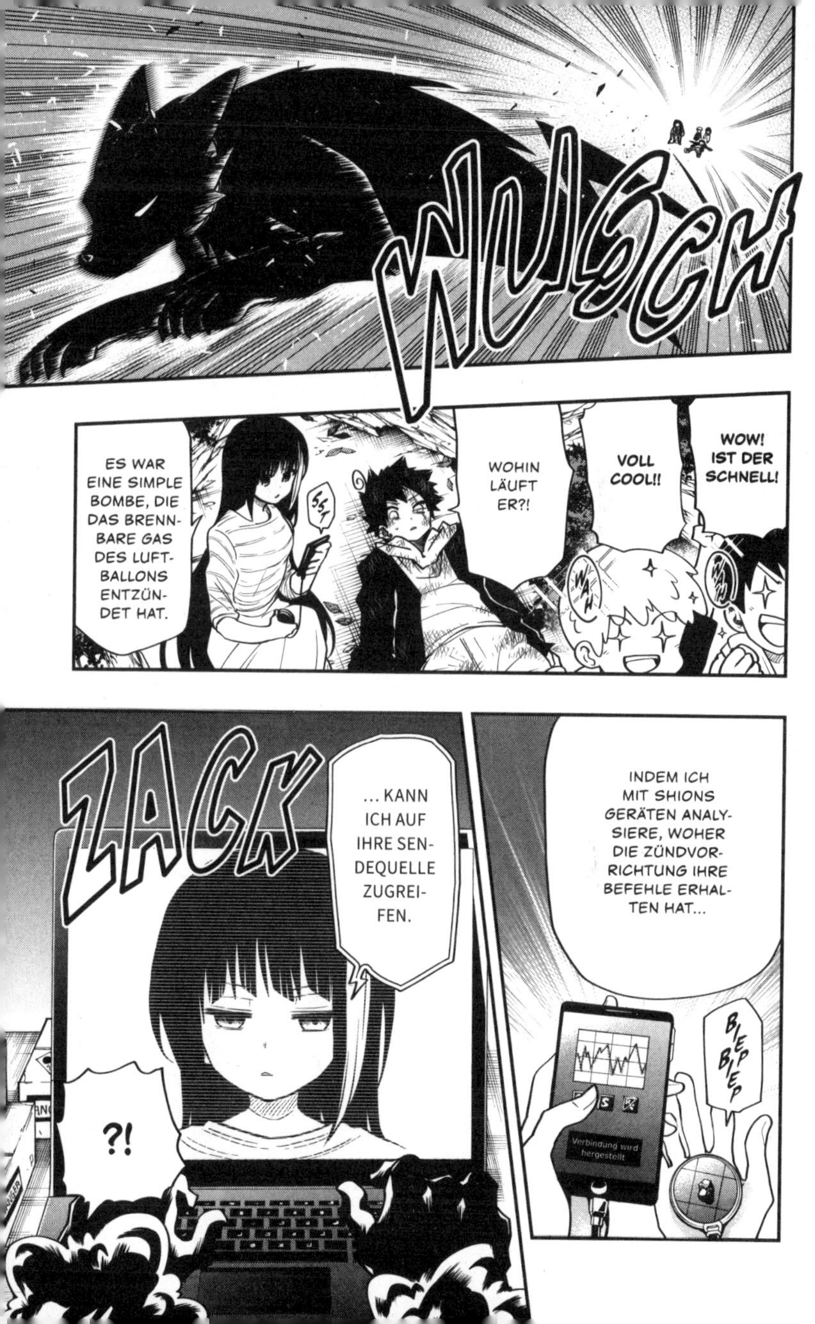
WUSCH
WOW! IST DER SCHNELL!
VOLL COOL!!
WOHIN LÄUFT ER?!
ES WAR EINE SIMPLE BOMBE, DIE DAS BRENNBARE GAS DES LUFTBALLONS ENTZÜNDET HAT.
INDEM ICH MIT SHIONS GERÄTEN ANALYSIERE, WOHER DIE ZÜNDVORRICHTUNG IHRE BEFEHLE ERHALTEN HAT...
BIEP BIEP
Verbindung wird hergestellt
ZACK
... KANN ICH AUF IHRE SENDEQUELLE ZUGREIFEN.
?!

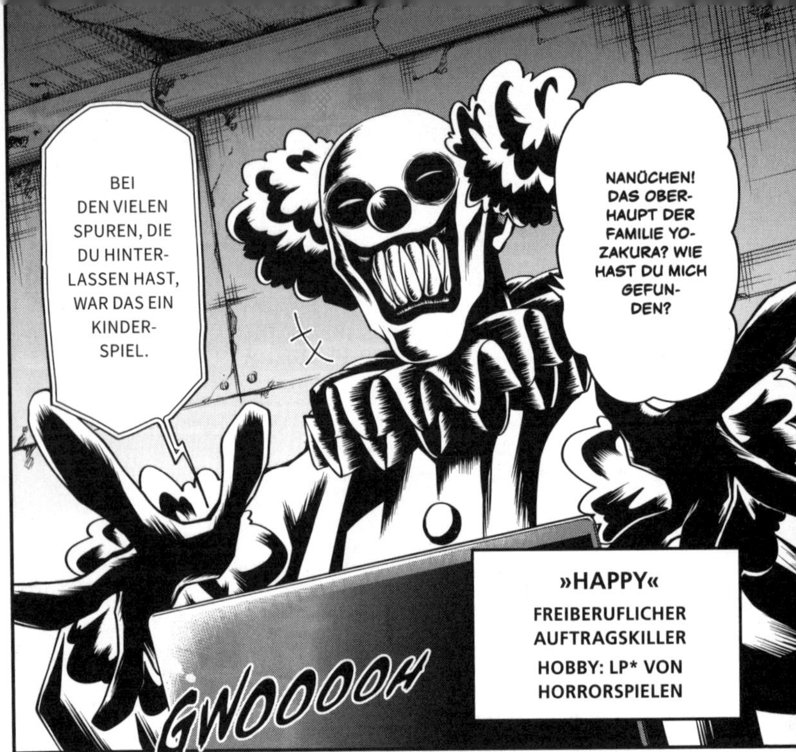

* Let's Play = Videos oder Live-Streams, in denen ein Computerspiel gespielt und kommentiert wird

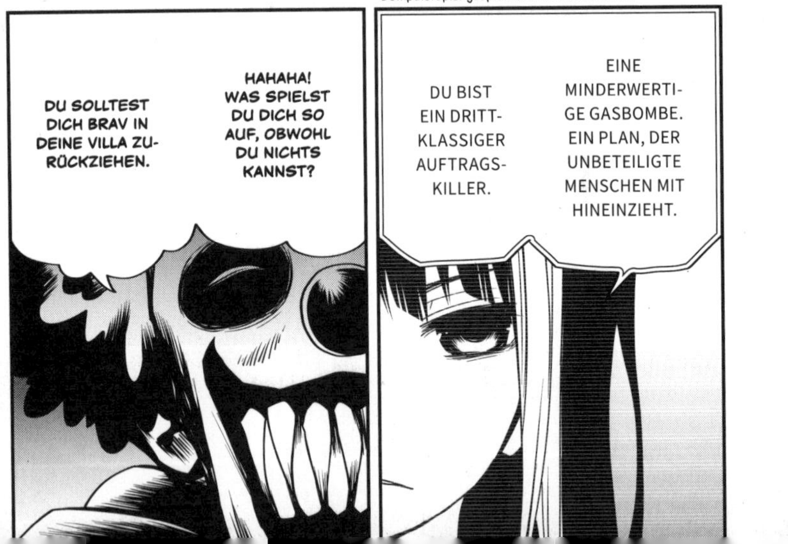

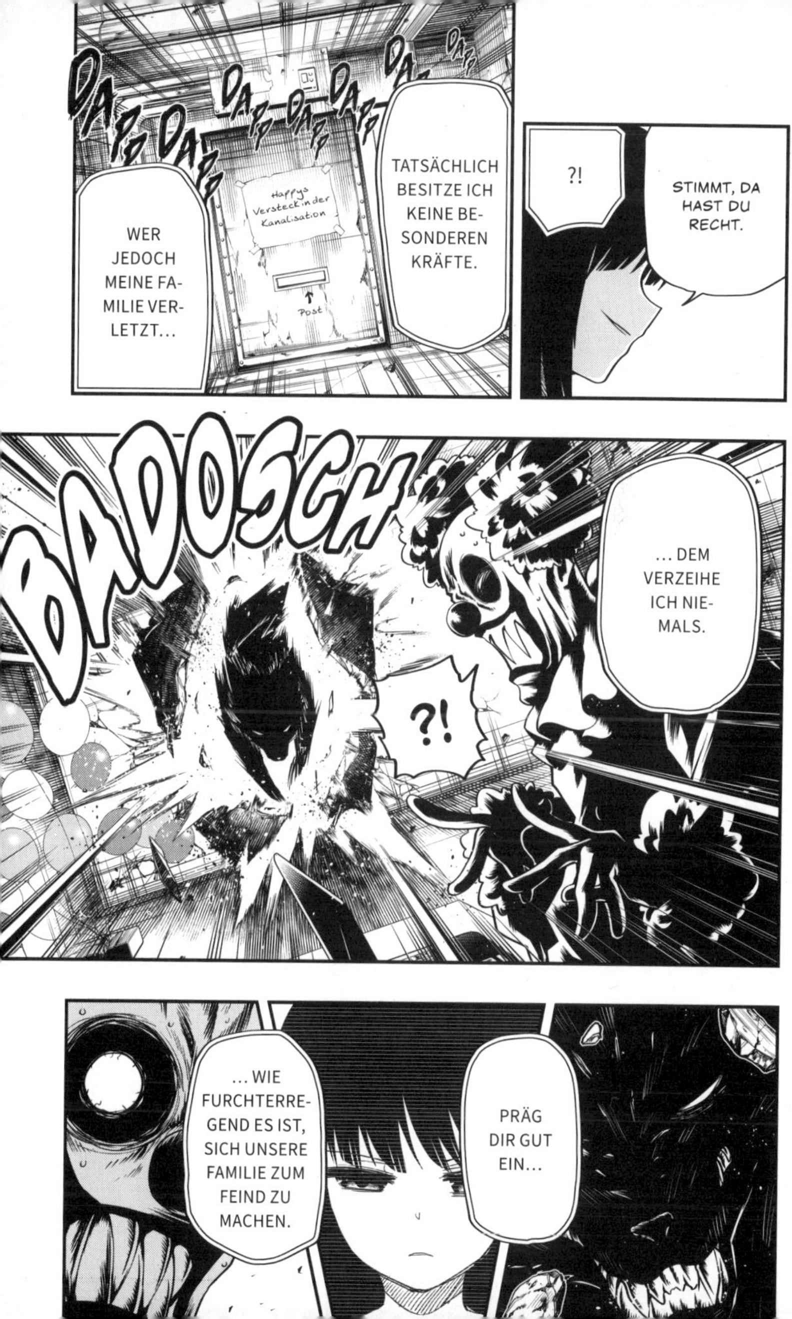
STIMMT, DA HAST DU RECHT.
?!
DAP DAP DAP DAP DAP DAP DAP DAP
Happys Versteck in der Kanalisation
Post
TATSÄCHLICH BESITZE ICH KEINE BESONDEREN KRÄFTE.
WER JEDOCH MEINE FAMILIE VERLETZT…
BADOSCH
… DEM VERZEIHE ICH NIEMALS.
?!
PRÄG DIR GUT EIN…
… WIE FURCHTERREGEND ES IST, SICH UNSERE FAMILIE ZUM FEIND ZU MACHEN.

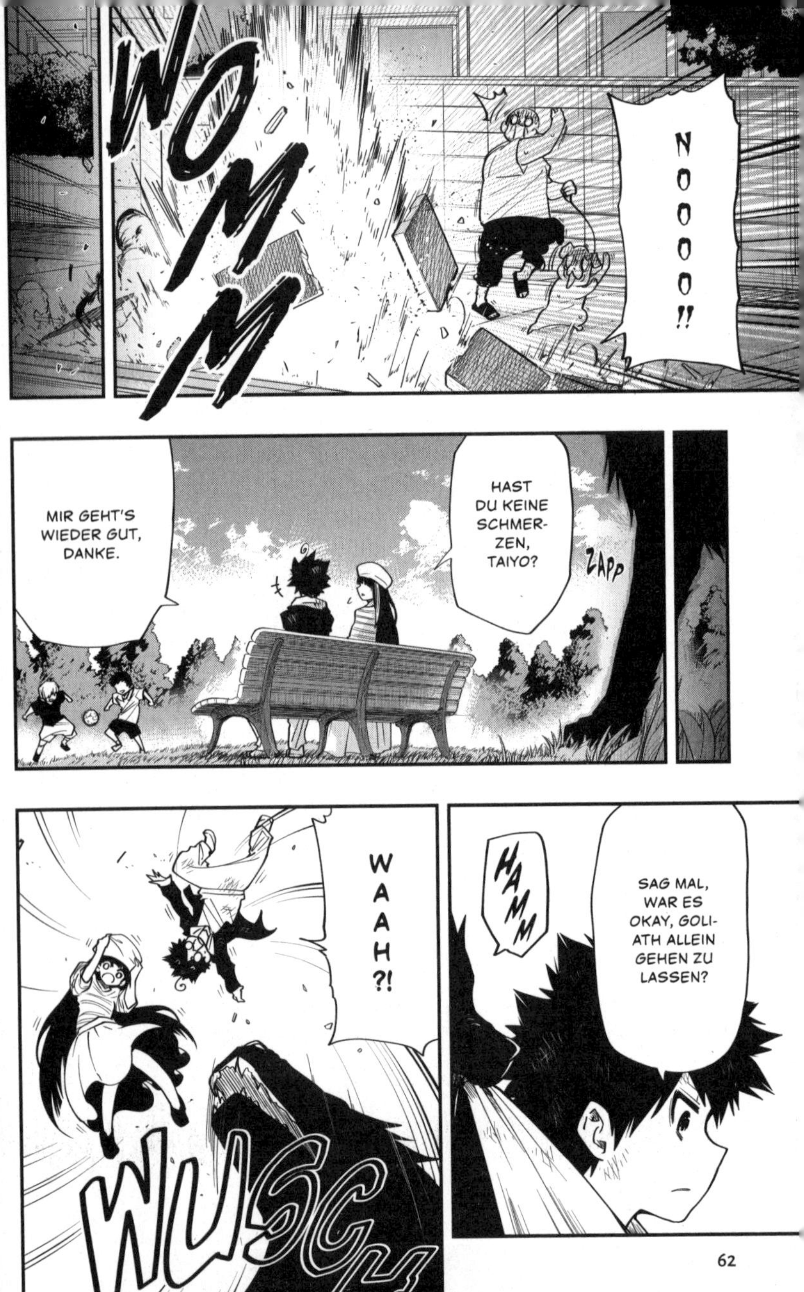
WOMM
NOOOOO!!
HAST DU KEINE SCHMER-ZEN, TAIYO?
ZAPP
MIR GEHT'S WIEDER GUT, DANKE.
HAMM
SAG MAL, WAR ES OKAY, GOLI-ATH ALLEIN GEHEN ZU LASSEN?
WAAH?!
WUSCH

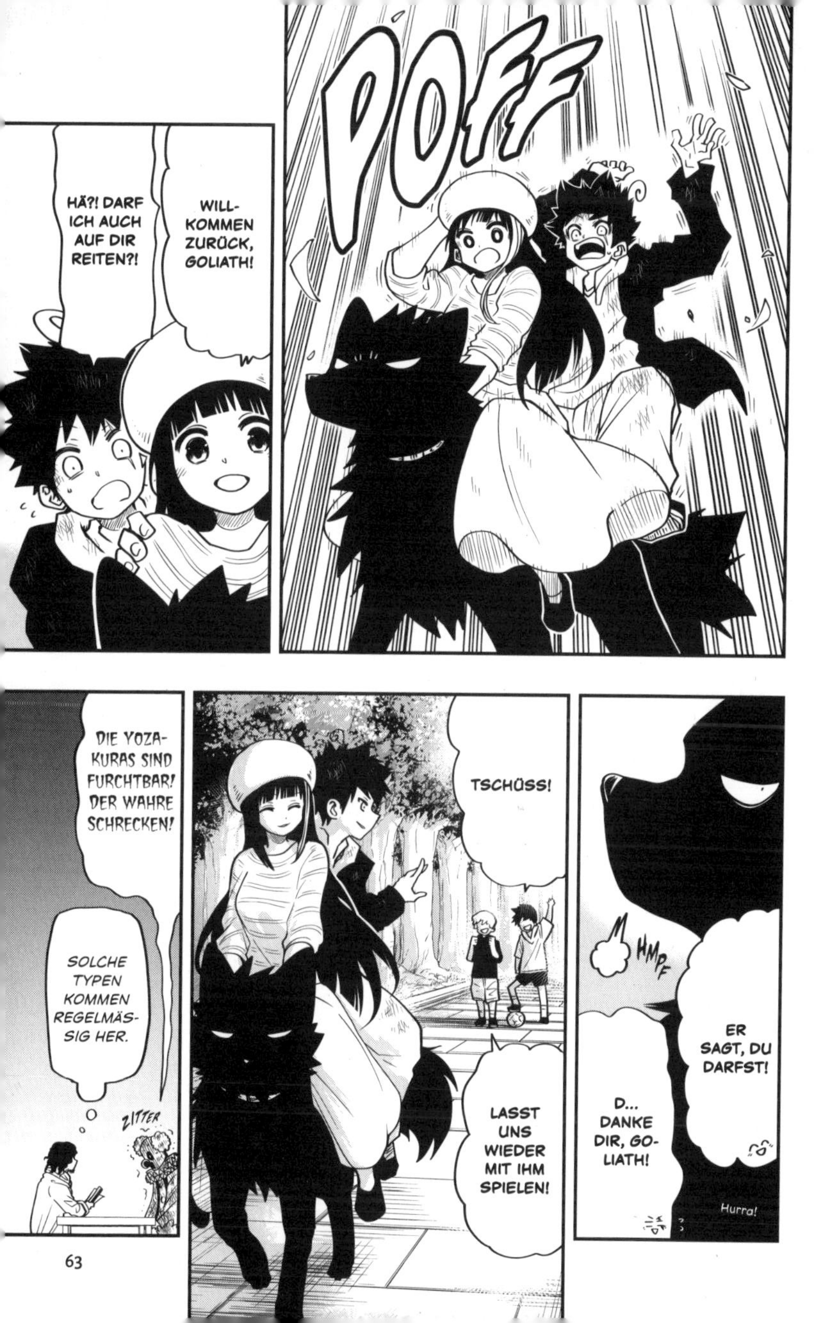
POFF
WILL-KOMMEN ZURÜCK, GOLIATH!
HÄ?! DARF ICH AUCH AUF DIR REITEN?!
HMPF
ER SAGT, DU DARFST!
D... DANKE DIR, GO-LIATH!
Hurra!
TSCHÜSS!
LASST UNS WIEDER MIT IHM SPIELEN!
DIE YOZA-KURAS SIND FURCHTBAR! DER WAHRE SCHRECKEN!
SOLCHE TYPEN KOMMEN REGELMÄS-SIG HER.
ZITTER

~ Verschiedene Formen von Goliath ~

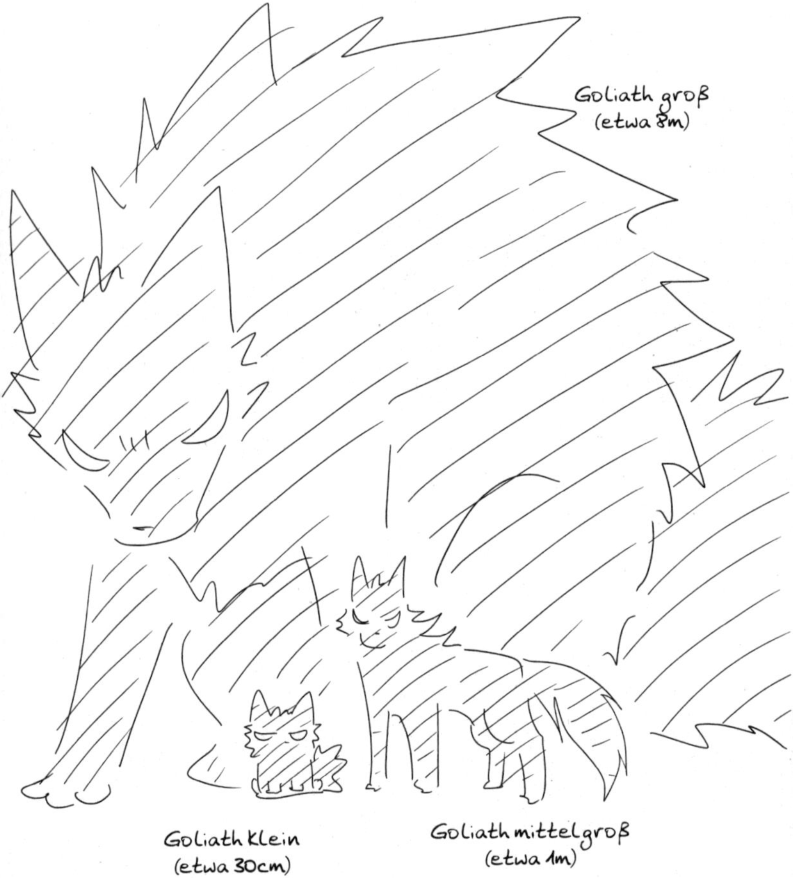

☆ Angeblich gibt's noch andere Größen und Variationen!

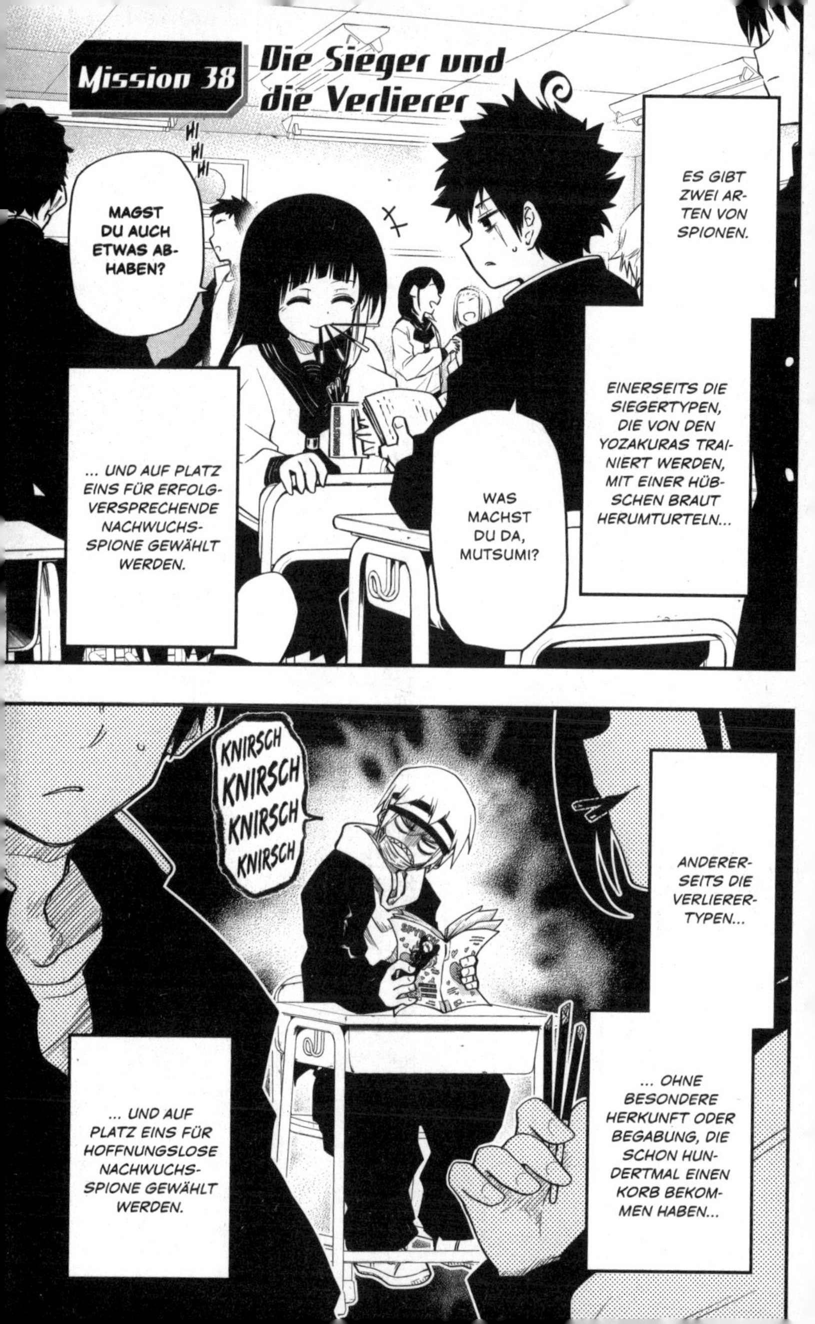
Mission 38
Die Sieger und die Verlierer
ES GIBT ZWEI ARTEN VON SPIONEN.
EINERSEITS DIE SIEGERTYPEN, DIE VON DEN YOZAKURAS TRAINIERT WERDEN, MIT EINER HÜBSCHEN BRAUT HERUMTURTELN...
WAS MACHST DU DA, MUTSUMI?
HI HI HI
MAGST DU AUCH ETWAS ABHABEN?
... UND AUF PLATZ EINS FÜR ERFOLGVERSPRECHENDE NACHWUCHSSPIONE GEWÄHLT WERDEN.
ANDERERSEITS DIE VERLIERERTYPEN...
... OHNE BESONDERE HERKUNFT ODER BEGABUNG, DIE SCHON HUNDERTMAL EINEN KORB BEKOMMEN HABEN...
KNIRSCH KNIRSCH KNIRSCH KNIRSCH
... UND AUF PLATZ EINS FÜR HOFFNUNGSLOSE NACHWUCHSSPIONE GEWÄHLT WERDEN.

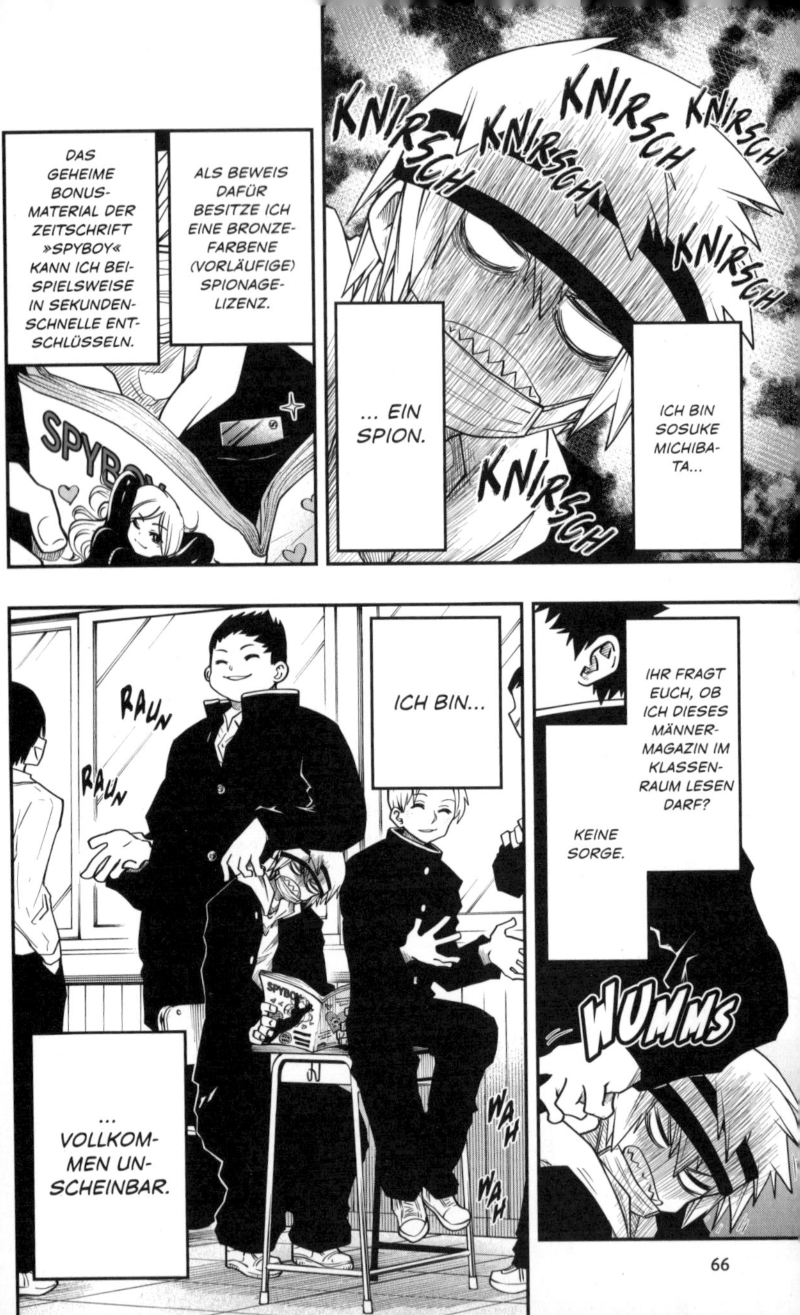
ICH BIN SOSUKE MICHIBA-TA...
... EIN SPION.
KNIRSCH KNIRSCH KNIRSCH KNIRSCH KNIRSCH KNIRSCH
ALS BEWEIS DAFÜR BESITZE ICH EINE BRONZE-FARBENE (VORLÄUFIGE) SPIONAGE-LIZENZ.
DAS GEHEIME BONUS-MATERIAL DER ZEITSCHRIFT »SPYBOY« KANN ICH BEI-SPIELSWEISE IN SEKUNDEN-SCHNELLE ENT-SCHLÜSSELN.
SPYBOY
IHR FRAGT EUCH, OB ICH DIESES MÄNNER-MAGAZIN IM KLASSEN-RAUM LESEN DARF?
KEINE SORGE.
WUMMS
ICH BIN...
RAUN RAUN
WAH WAH
SPYBOY
... VOLLKOM-MEN UN-SCHEINBAR.

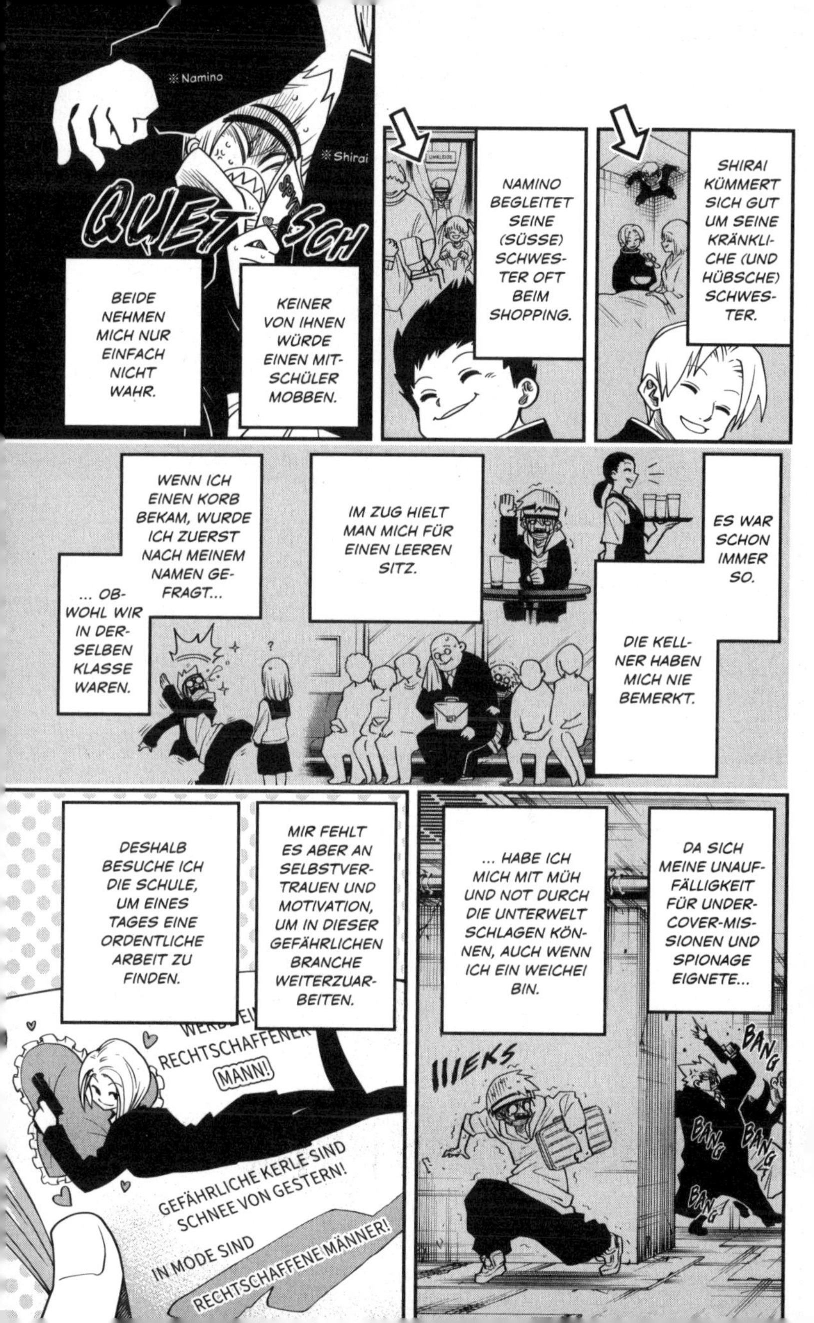
※Namino
※Shirai
QUETSCH
SHIRAI KÜMMERT SICH GUT UM SEINE KRÄNKLICHE (UND HÜBSCHE) SCHWESTER.
NAMINO BEGLEITET SEINE (SÜSSE) SCHWESTER OFT BEIM SHOPPING.
KEINER VON IHNEN WÜRDE EINEN MITSCHÜLER MOBBEN.
BEIDE NEHMEN MICH NUR EINFACH NICHT WAHR.
ES WAR SCHON IMMER SO.
DIE KELLNER HABEN MICH NIE BEMERKT.
IM ZUG HIELT MAN MICH FÜR EINEN LEEREN SITZ.
WENN ICH EINEN KORB BEKAM, WURDE ICH ZUERST NACH MEINEM NAMEN GEFRAGT...
... OBWOHL WIR IN DERSELBEN KLASSE WAREN.
DA SICH MEINE UNAUFFÄLLIGKEIT FÜR UNDERCOVER-MISSIONEN UND SPIONAGE EIGNETE...
... HABE ICH MICH MIT MÜH UND NOT DURCH DIE UNTERWELT SCHLAGEN KÖNNEN, AUCH WENN ICH EIN WEICHEI BIN.
IIIEKS
BANG
BANG
BANG
BANG
MIR FEHLT ES ABER AN SELBSTVERTRAUEN UND MOTIVATION, UM IN DIESER GEFÄHRLICHEN BRANCHE WEITERZUARBEITEN.
DESHALB BESUCHE ICH DIE SCHULE, UM EINES TAGES EINE ORDENTLICHE ARBEIT ZU FINDEN.
RECHTSCHAFFENER MANN!
GEFÄHRLICHE KERLE SIND SCHNEE VON GESTERN!
IN MODE SIND RECHTSCHAFFENE MÄNNER!

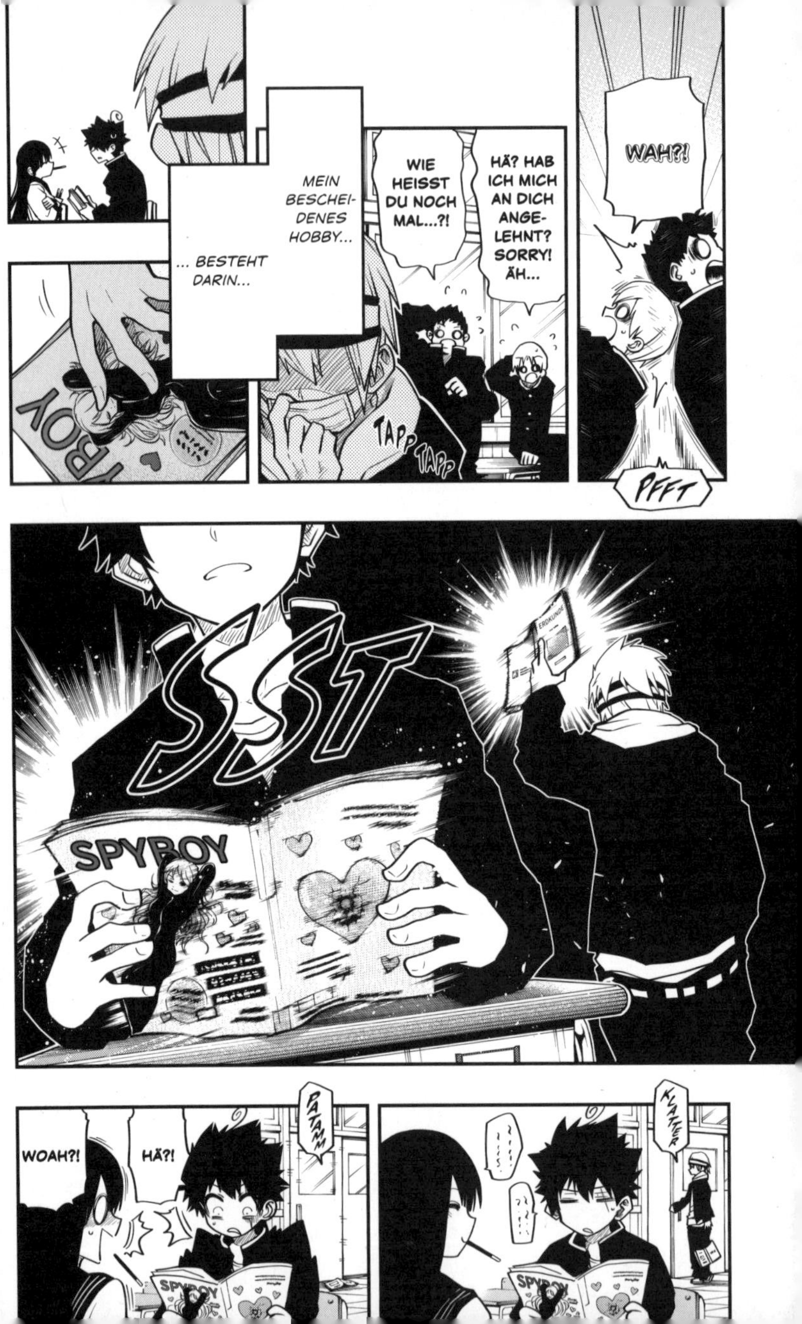

MEIN BESCHEI-DENES HOBBY...
... BESTEHT DARIN...
WIE HEISST DU NOCH MAL...?!
HÄ? HAB ICH MICH AN DICH ANGE-LEHNT? SORRY! ÄH...
TAPP TAPP
WAH?!
PFFT
SSST
SPYBOY
ERDKUNDE
PATAMM
HÄ?!
WOAH?!
KLAPPER
SPYBOY
SPYBOY

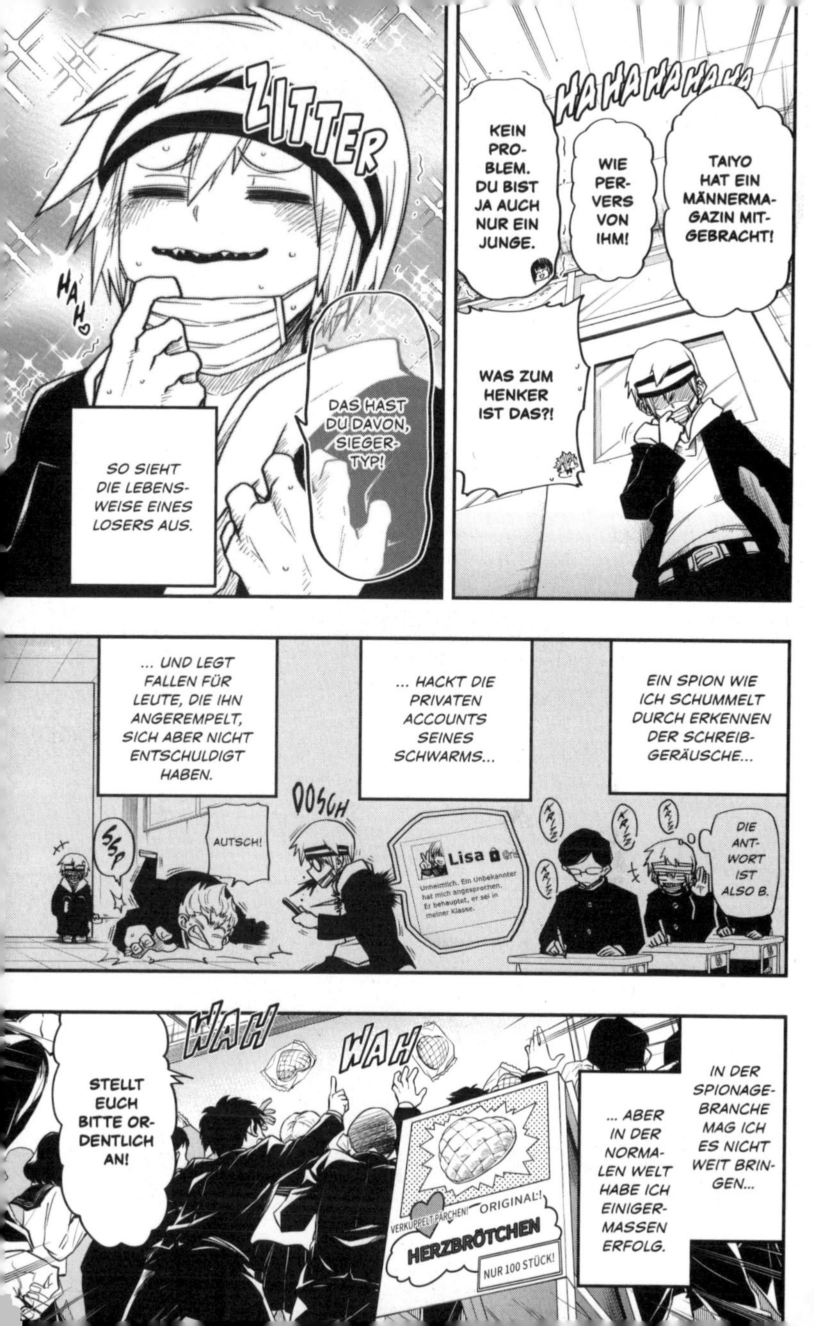
HAHAHAHAHAHA
TAIYO HAT EIN MÄNNERMAGAZIN MITGEBRACHT!
WIE PERVERS VON IHM!
KEIN PROBLEM. DU BIST JA AUCH NUR EIN JUNGE.
WAS ZUM HENKER IST DAS?!
ZITTER
HAH♡
DAS HAST DU DAVON, SIEGERTYP!
SO SIEHT DIE LEBENSWEISE EINES LOSERS AUS.
EIN SPION WIE ICH SCHUMMELT DURCH ERKENNEN DER SCHREIBGERÄUSCHE...
KRITZ
DIE ANTWORT IST ALSO B.
... HACKT DIE PRIVATEN ACCOUNTS SEINES SCHWARMS...
Lisa
Unheimlich. Ein Unbekannter hat mich angesprochen. Er behauptet, er sei in meiner Klasse.
DOSCH
... UND LEGT FALLEN FÜR LEUTE, DIE IHN ANGEREMPELT, SICH ABER NICHT ENTSCHULDIGT HABEN.
AUTSCH!
SSP
IN DER SPIONAGEBRANCHE MAG ICH ES NICHT WEIT BRINGEN...
... ABER IN DER NORMALEN WELT HABE ICH EINIGERMASSEN ERFOLG.
ORIGINAL!
VERKUPPELT PÄRCHEN!
HERZBRÖTCHEN
NUR 100 STÜCK!
WAH
WAH
STELLT EUCH BITTE ORDENTLICH AN!

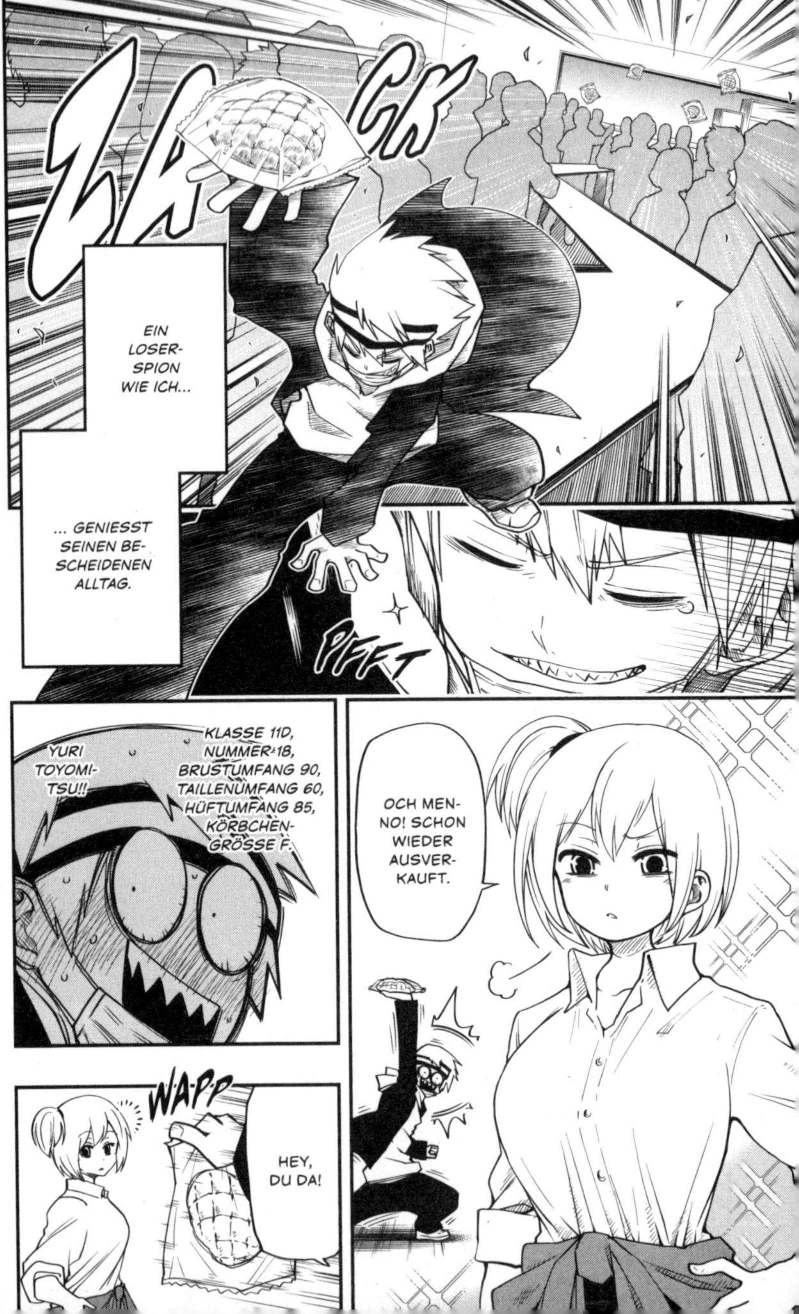
ZACK
EIN LOSER-SPION WIE ICH...
... GENIESST SEINEN BESCHEIDENEN ALLTAG.
PFFT
OCH MENNO! SCHON WIEDER AUSVERKAUFT.
KLASSE 11D, NUMMER 18, BRUSTUMFANG 90, TAILLENUMFANG 60, HÜFTUMFANG 85, KÖRBCHENGRÖSSE F.
YURI TOYOMITSU!!
WAPP
HEY, DU DA!

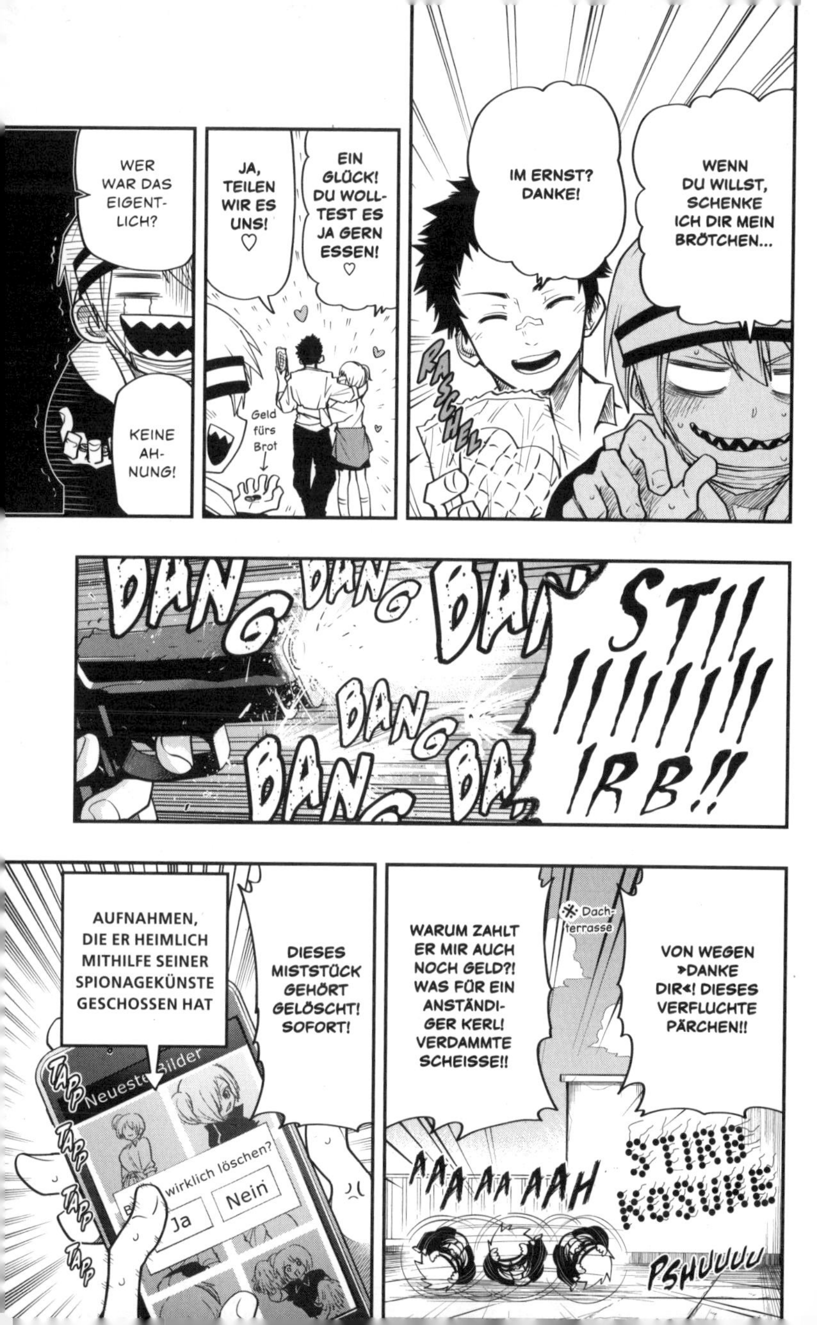

WENN DU WILLST, SCHENKE ICH DIR MEIN BRÖTCHEN...
IM ERNST? DANKE!
RASCHEL
EIN GLÜCK! DU WOLLTEST ES JA GERN ESSEN! ♡
JA, TEILEN WIR ES UNS! ♡
Geld fürs Brot
WER WAR DAS EIGENTLICH?
KEINE AHNUNG!
ST!!!!!!!!!!RB!!
DANG DANG DAN
BANG
BAN BA
VON WEGEN »DANKE DIR«! DIESES VERFLUCHTE PÄRCHEN!!
※ Dachterrasse
WARUM ZAHLT ER MIR AUCH NOCH GELD?! WAS FÜR EIN ANSTÄNDIGER KERL! VERDAMMTE SCHEISSE!!
STIRB KOSUKE
AAAAAAH
PSHUUUU
DIESES MISTSTÜCK GEHÖRT GELÖSCHT! SOFORT!
AUFNAHMEN, DIE ER HEIMLICH MITHILFE SEINER SPIONAGEKÜNSTE GESCHOSSEN HAT
Neueste Bilder
wirklich löschen?
Ja
Nein
TAPP TAPP TAPP TAPP

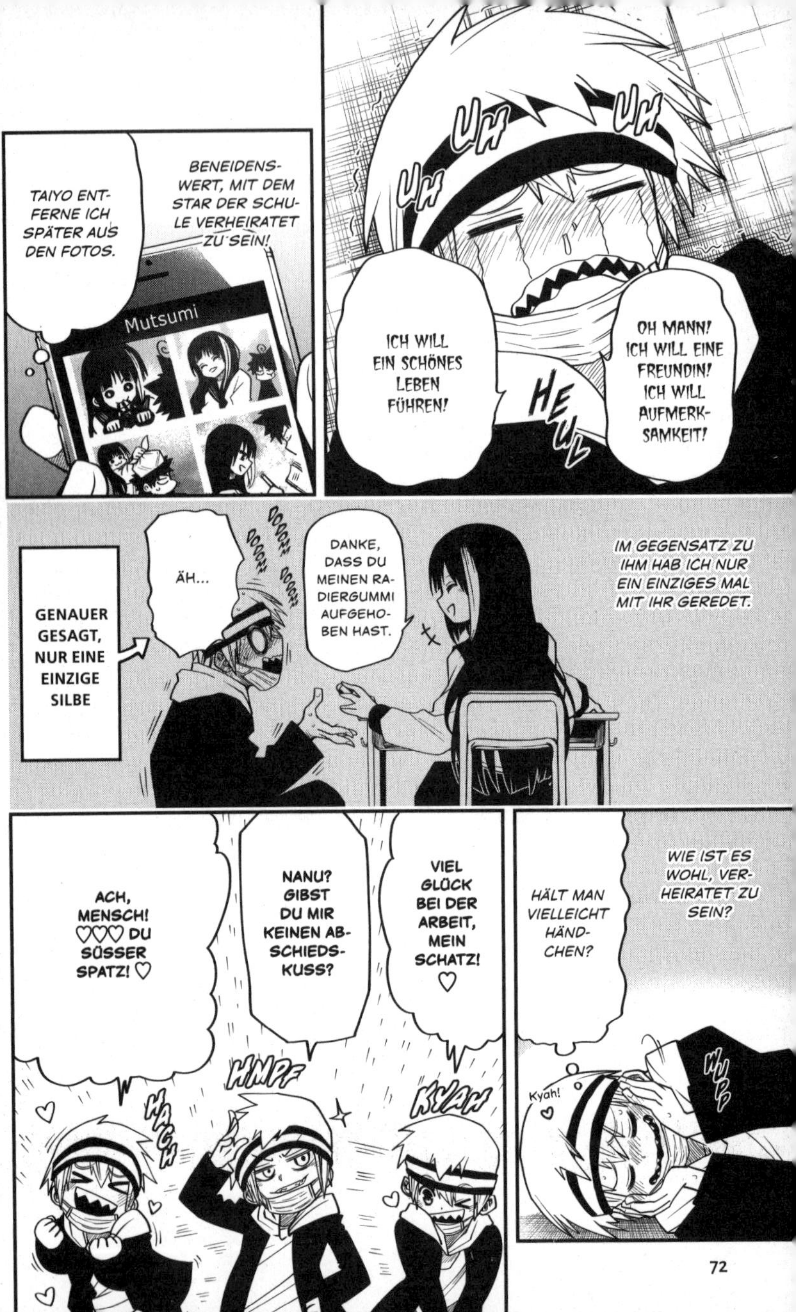
UH UH UH
OH MANN! ICH WILL EINE FREUNDIN! ICH WILL AUFMERKSAMKEIT!
ICH WILL EIN SCHÖNES LEBEN FÜHREN!
HEUL
BENEIDENSWERT, MIT DEM STAR DER SCHULE VERHEIRATET ZU SEIN!
TAIYO ENTFERNE ICH SPÄTER AUS DEN FOTOS.
Mutsumi
IM GEGENSATZ ZU IHM HAB ICH NUR EIN EINZIGES MAL MIT IHR GEREDET.
DANKE, DASS DU MEINEN RADIERGUMMI AUFGEHOBEN HAST.
ÄH...
GENAUER GESAGT, NUR EINE EINZIGE SILBE
WIE IST ES WOHL, VERHEIRATET ZU SEIN?
HÄLT MAN VIELLEICHT HÄNDCHEN?
Kyah!
WUPP
VIEL GLÜCK BEI DER ARBEIT, MEIN SCHATZ! ♡
KYAH
NANU? GIBST DU MIR KEINEN ABSCHIEDSKUSS?
HMPF
ACH, MENSCH! ♡♡♡ DU SÜSSER SPATZ! ♡
HACH

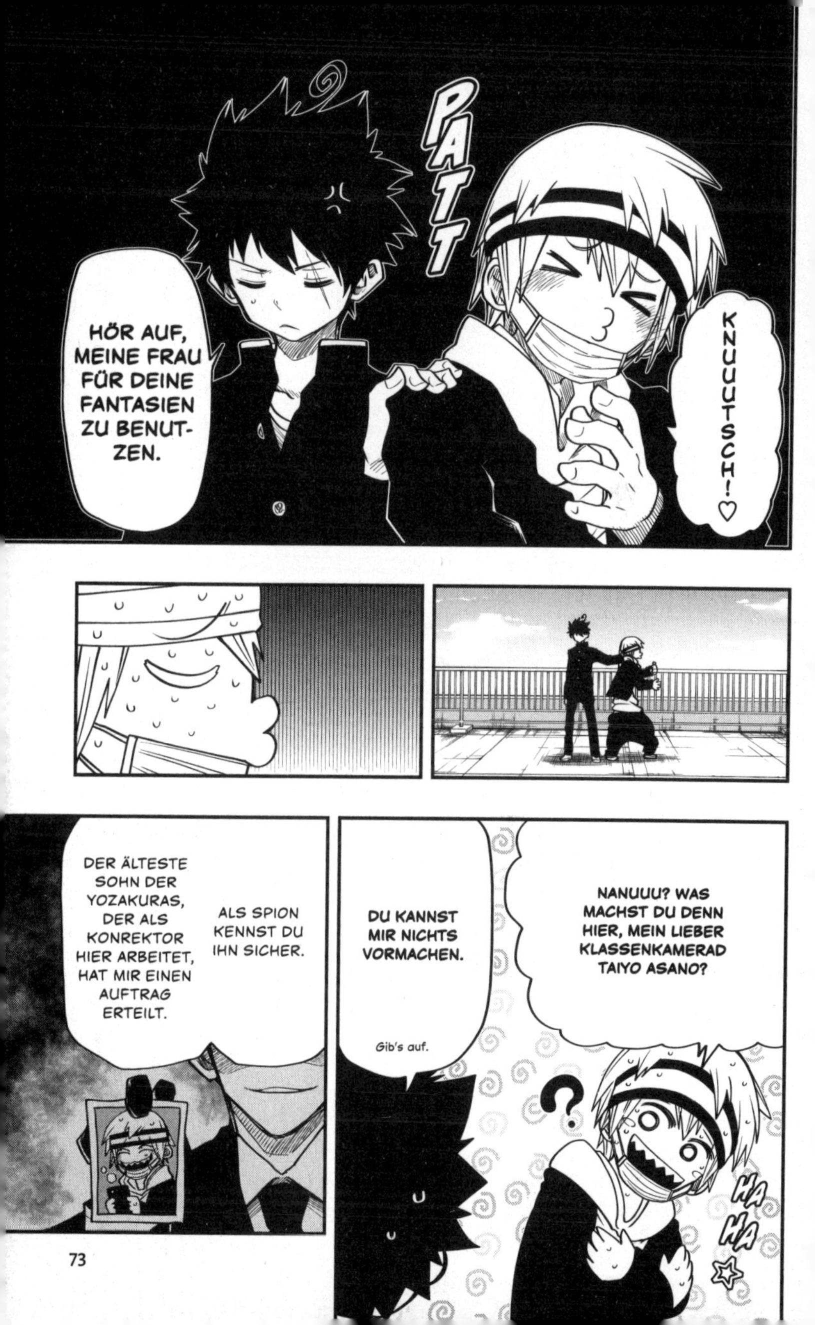
PATT
HÖR AUF, MEINE FRAU FÜR DEINE FANTASIEN ZU BENUT-ZEN.
KNUUUTSCH!♡
NANUUU? WAS MACHST DU DENN HIER, MEIN LIEBER KLASSENKAMERAD TAIYO ASANO?
DU KANNST MIR NICHTS VORMACHEN.
Gib's auf.
ALS SPION KENNST DU IHN SICHER.
DER ÄLTESTE SOHN DER YOZAKURAS, DER ALS KONREKTOR HIER ARBEITET, HAT MIR EINEN AUFTRAG ERTEILT.
HAHA

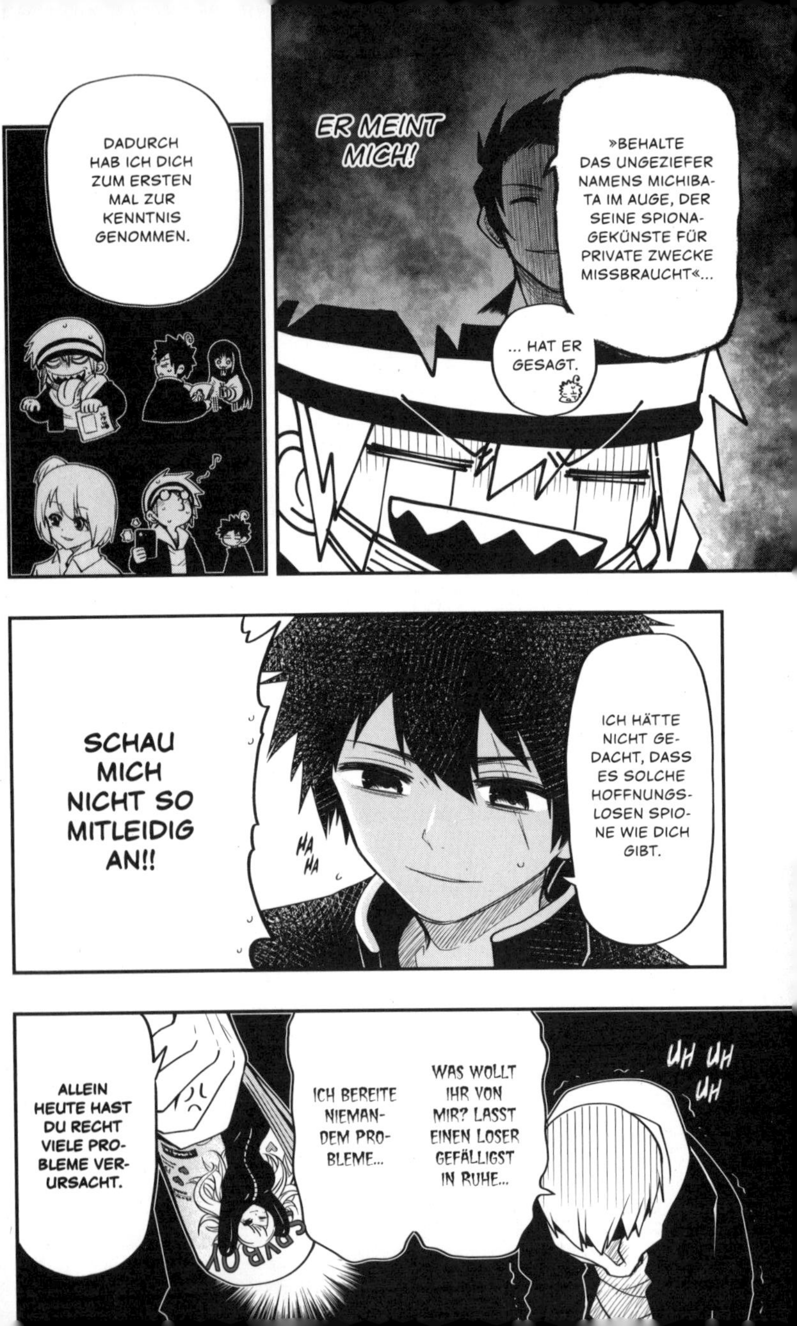
ER MEINT MICH!
»BEHALTE DAS UNGEZIEFER NAMENS MICHIBATA IM AUGE, DER SEINE SPIONAGEKÜNSTE FÜR PRIVATE ZWECKE MISSBRAUCHT«...
... HAT ER GESAGT.
DADURCH HAB ICH DICH ZUM ERSTEN MAL ZUR KENNTNIS GENOMMEN.
ICH HÄTTE NICHT GEDACHT, DASS ES SOLCHE HOFFNUNGSLOSEN SPIONE WIE DICH GIBT.
HA HA
SCHAU MICH NICHT SO MITLEIDIG AN!!
UH UH UH
WAS WOLLT IHR VON MIR? LASST EINEN LOSER GEFÄLLIGST IN RUHE...
ICH BEREITE NIEMANDEM PROBLEME...
ALLEIN HEUTE HAST DU RECHT VIELE PROBLEME VERURSACHT.

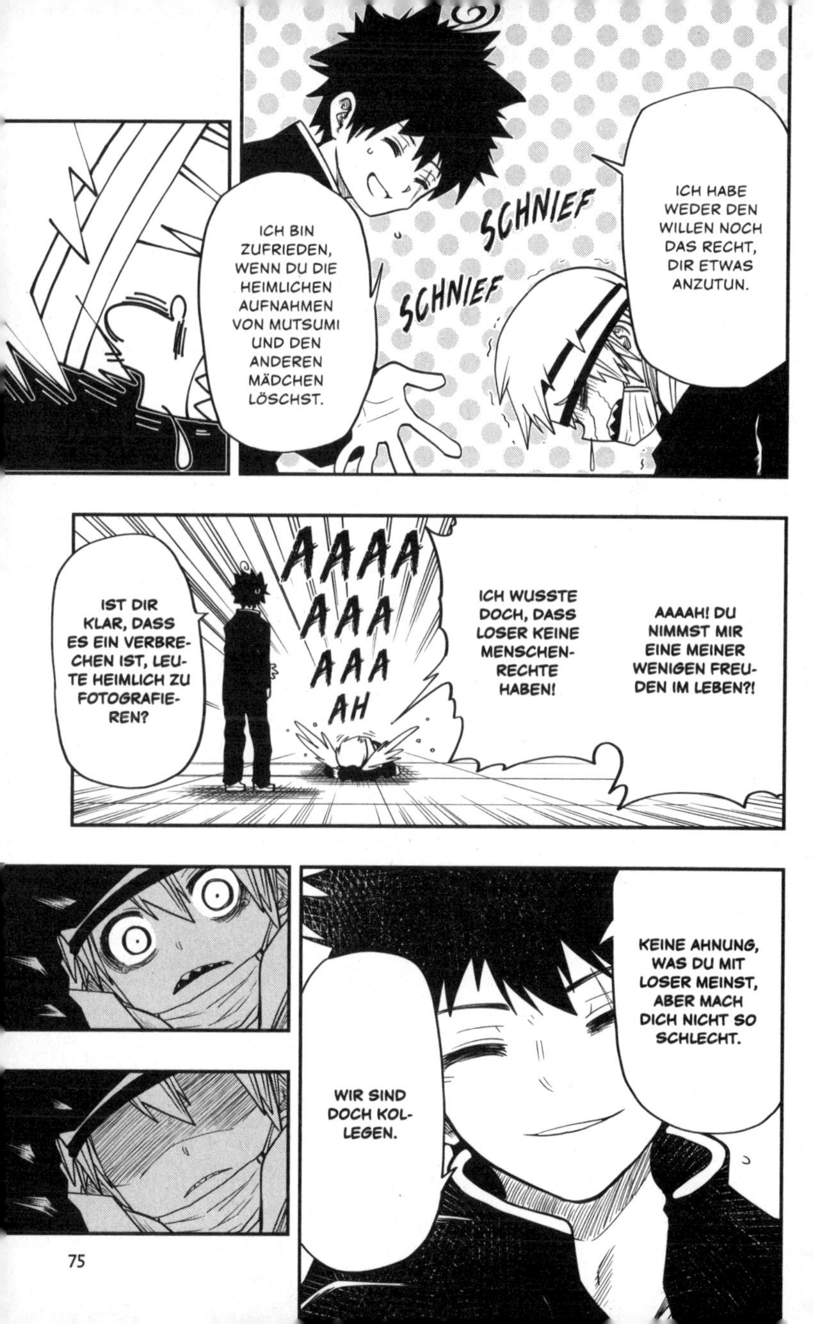
ICH HABE WEDER DEN WILLEN NOCH DAS RECHT, DIR ETWAS ANZUTUN.
SCHNIEF
SCHNIEF
ICH BIN ZUFRIEDEN, WENN DU DIE HEIMLICHEN AUFNAHMEN VON MUTSUMI UND DEN ANDEREN MÄDCHEN LÖSCHST.
AAAAH! DU NIMMST MIR EINE MEINER WENIGEN FREUDEN IM LEBEN?!
ICH WUSSTE DOCH, DASS LOSER KEINE MENSCHENRECHTE HABEN!
AAAAAAAAAAAAH
IST DIR KLAR, DASS ES EIN VERBRECHEN IST, LEUTE HEIMLICH ZU FOTOGRAFIEREN?
KEINE AHNUNG, WAS DU MIT LOSER MEINST, ABER MACH DICH NICHT SO SCHLECHT.
WIR SIND DOCH KOLLEGEN.

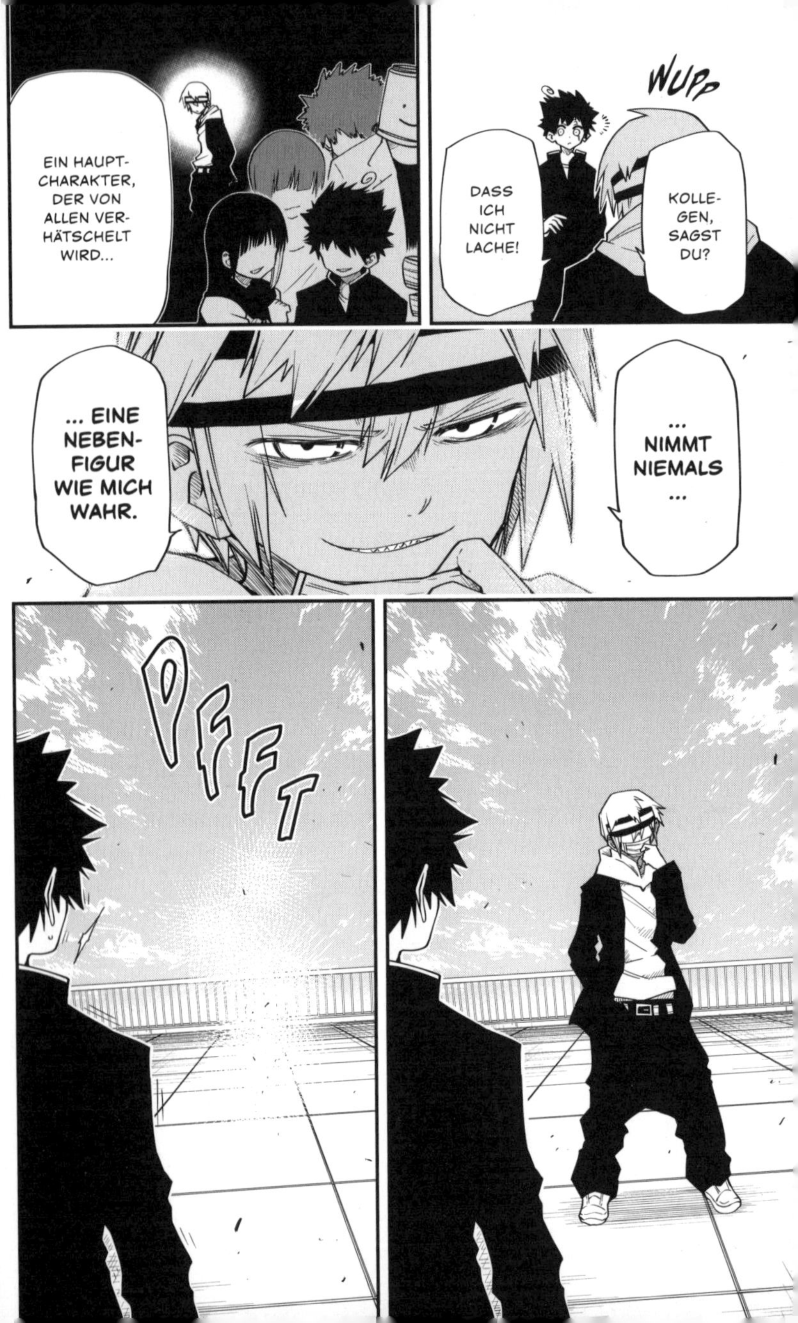
WUPP
KOLLE-GEN, SAGST DU?
DASS ICH NICHT LACHE!
EIN HAUPT-CHARAKTER, DER VON ALLEN VER-HÄTSCHELT WIRD...
... NIMMT NIEMALS ...
... EINE NEBEN-FIGUR WIE MICH WAHR.
PFFT

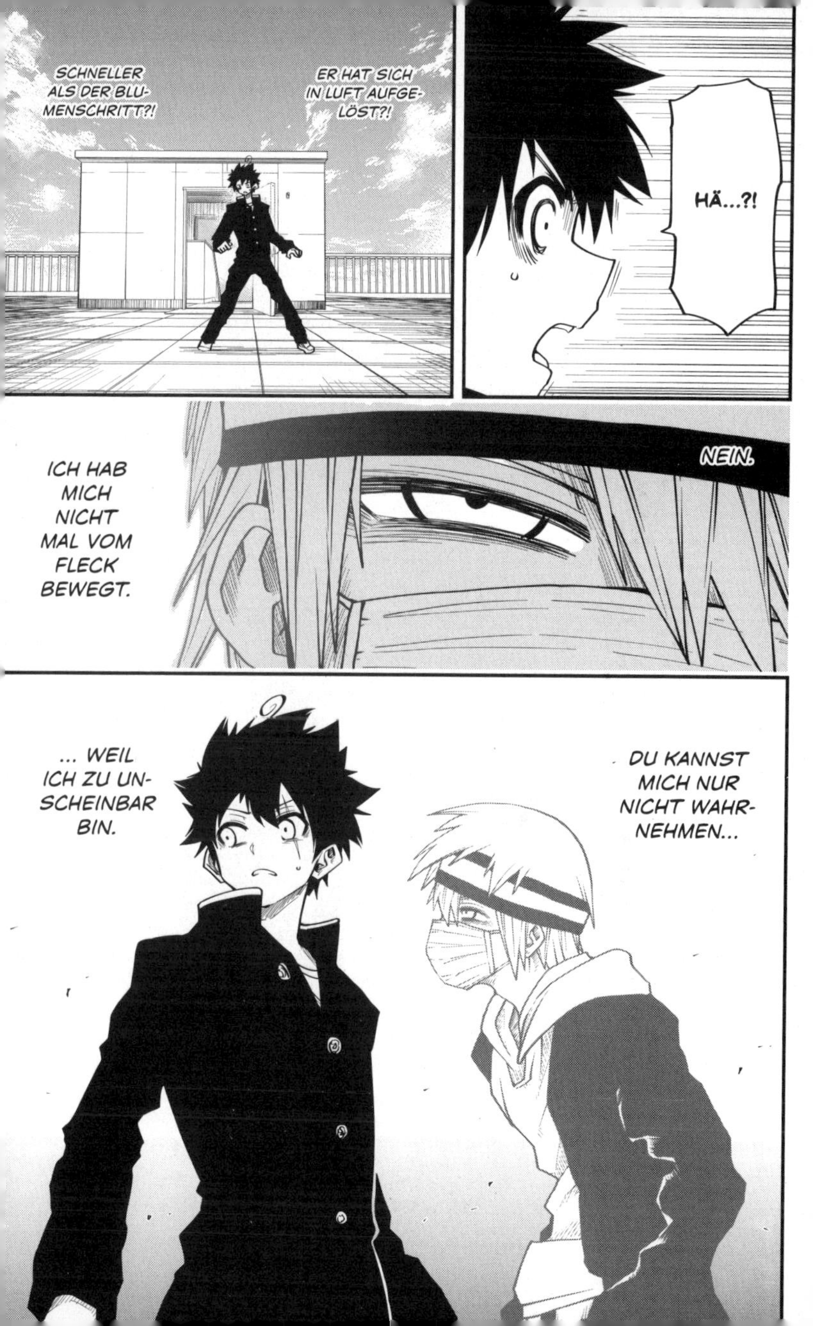
ER HAT SICH IN LUFT AUFGE-LÖST?!
SCHNELLER ALS DER BLU-MENSCHRITT?!
HÄ...?!
NEIN.
ICH HAB MICH NICHT MAL VOM FLECK BEWEGT.
DU KANNST MICH NUR NICHT WAHR-NEHMEN...
... WEIL ICH ZU UN-SCHEINBAR BIN.

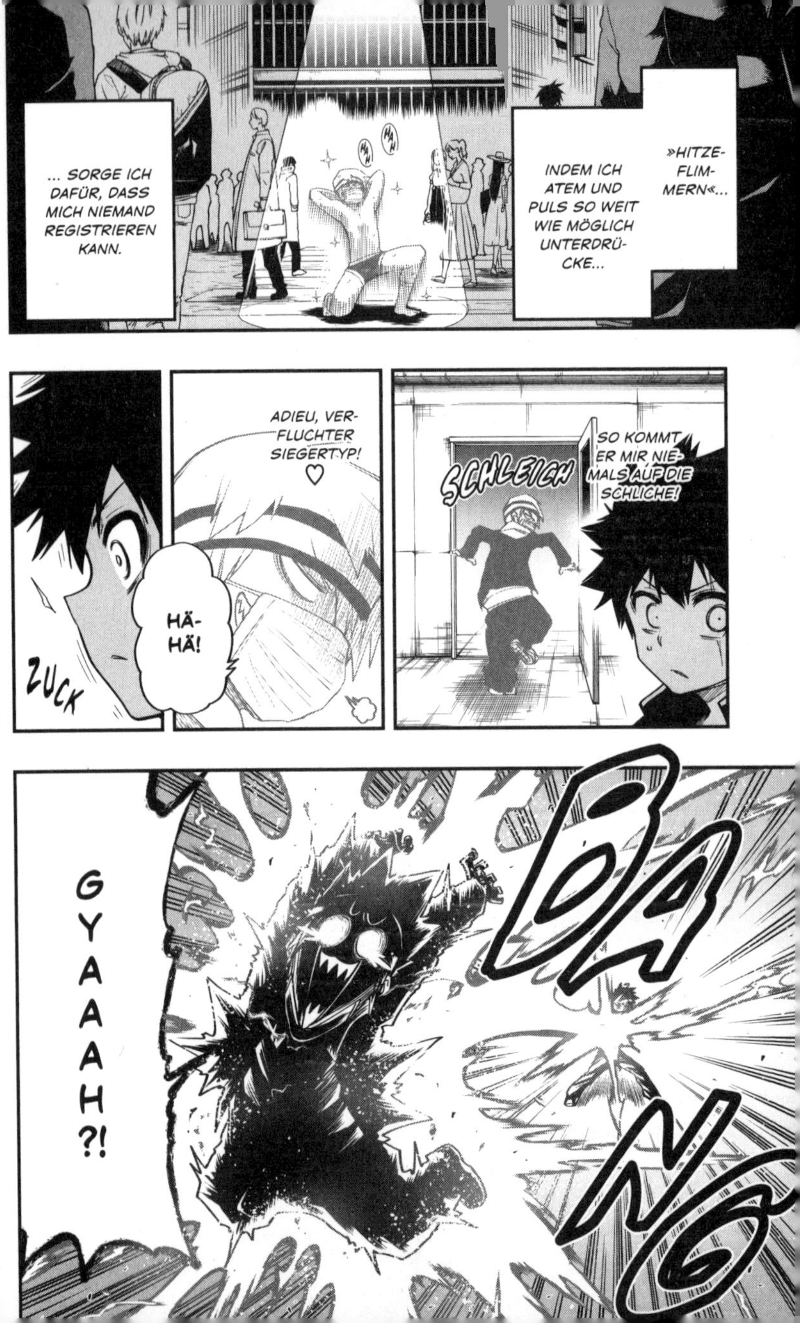
»HITZE-FLIM-MERN«...
INDEM ICH ATEM UND PULS SO WEIT WIE MÖGLICH UNTERDRÜ-CKE...
... SORGE ICH DAFÜR, DASS MICH NIEMAND REGISTRIEREN KANN.
SCHLEICH
SO KOMMT ER MIR NIE-MALS AUF DIE SCHLICHE!
ADIEU, VER-FLUCHTER SIEGERTYP! ♡
HÄ-HÄ!
ZUCK
DANG
GYAAAAH?!

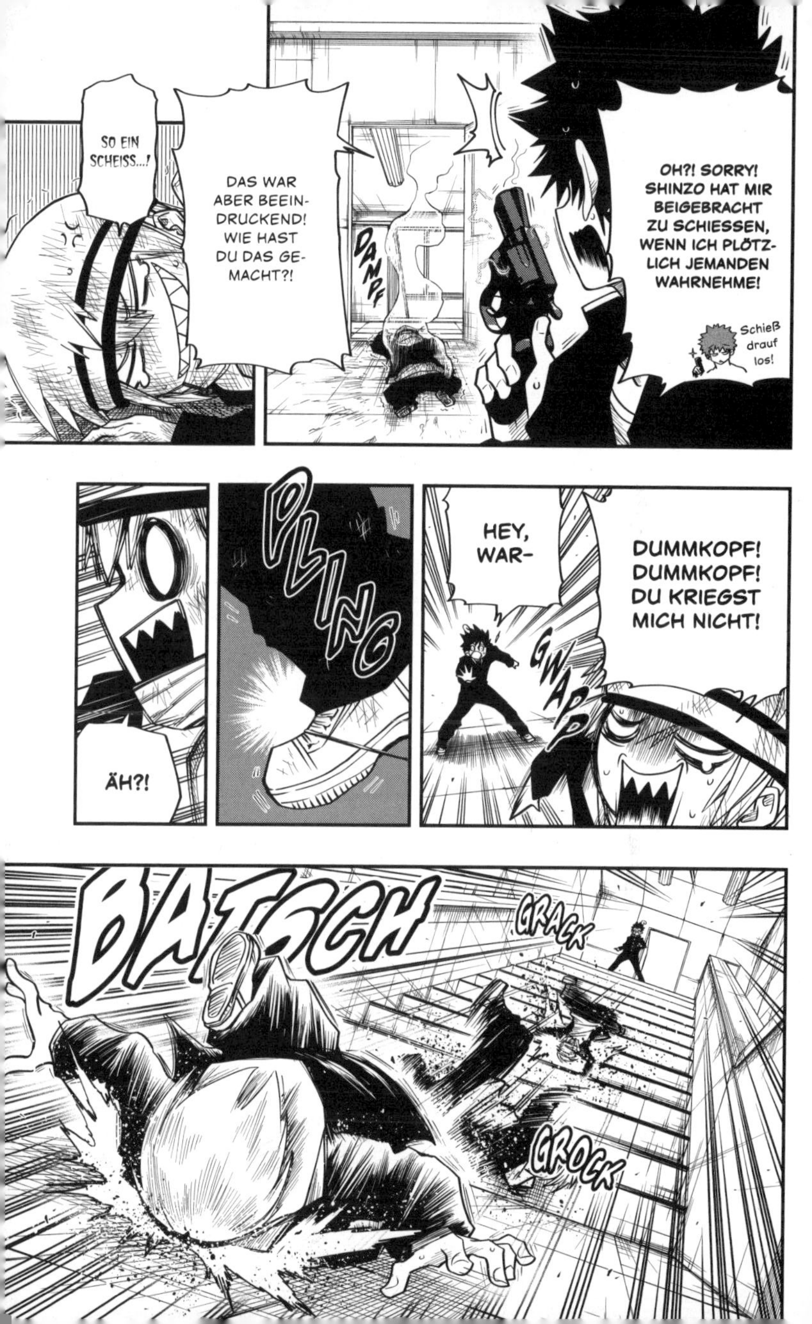
OH?! SORRY! SHINZO HAT MIR BEIGEBRACHT ZU SCHIESSEN, WENN ICH PLÖTZLICH JEMANDEN WAHRNEHME!
Schieß drauf los!
DAMPF
DAS WAR ABER BEEINDRUCKEND! WIE HAST DU DAS GEMACHT?!
SO EIN SCHEISS...!
DUMMKOPF! DUMMKOPF! DU KRIEGST MICH NICHT!
HEY, WAR-
GWAPP
PLING
ÄH?!
BATSCH
GRACK
GROCK

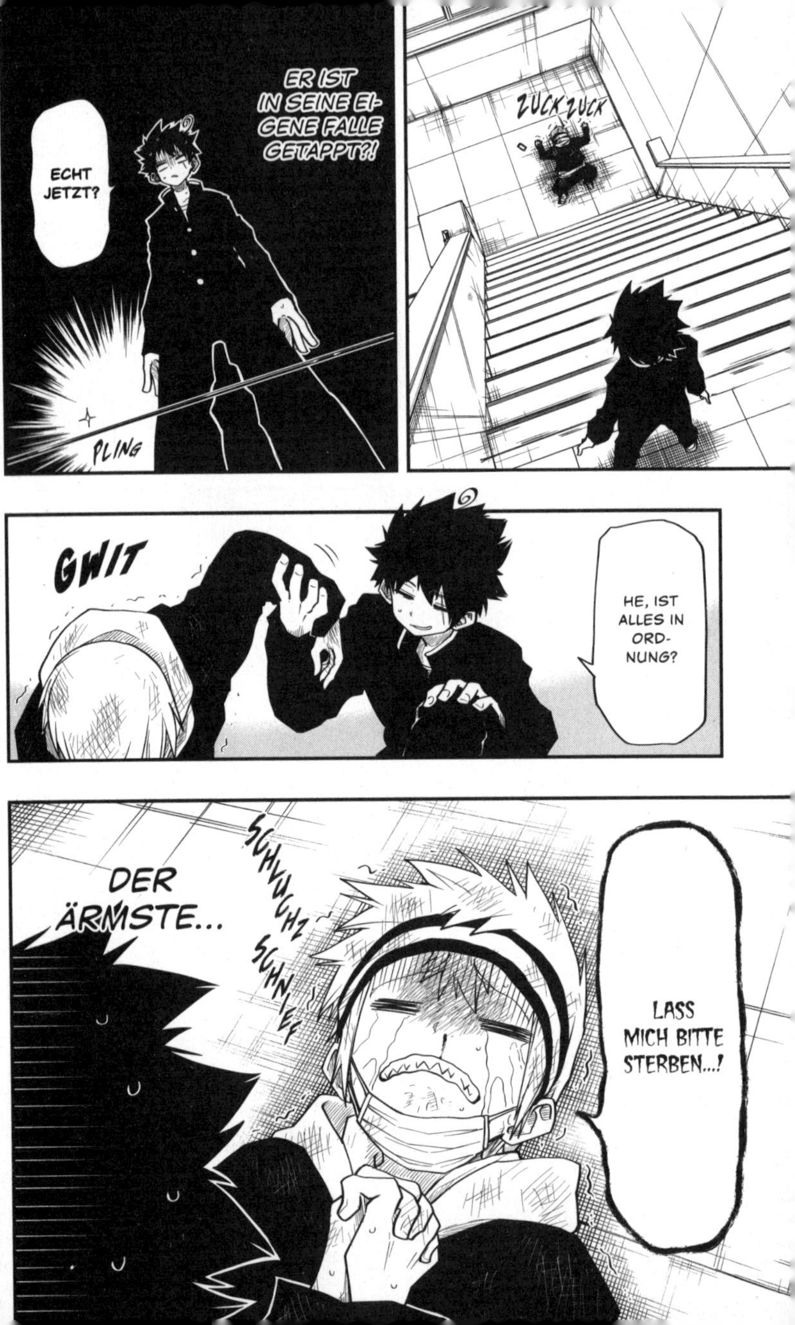

ZUCK ZUCK
ER IST IN SEINE EIGENE FALLE GETAPPT?!
ECHT JETZT?
PLING
HE, IST ALLES IN ORDNUNG?
GWIT
LASS MICH BITTE STERBEN...!
SCHNUCHZ
SCHNIEF
DER ÄRMSTE...

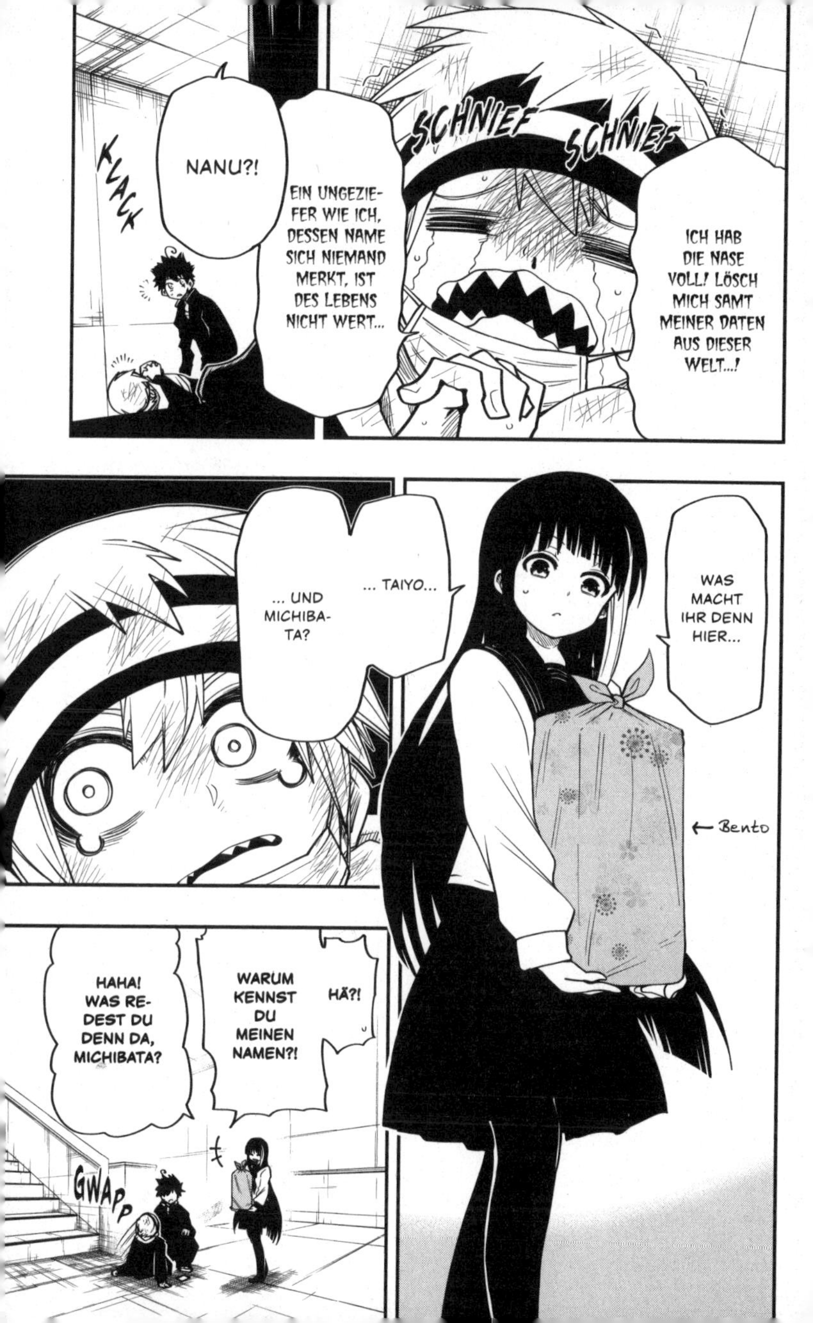
SCHNIEF
SCHNIEF
ICH HAB DIE NASE VOLL! LÖSCH MICH SAMT MEINER DATEN AUS DIESER WELT...!
EIN UNGEZIEFER WIE ICH, DESSEN NAME SICH NIEMAND MERKT, IST DES LEBENS NICHT WERT...
NANU?!
KLACK
WAS MACHT IHR DENN HIER...
← Bento
... TAIYO...
... UND MICHIBATA?
HÄ?!
WARUM KENNST DU MEINEN NAMEN?!
HAHA! WAS REDEST DU DENN DA, MICHIBATA?
GWAPP

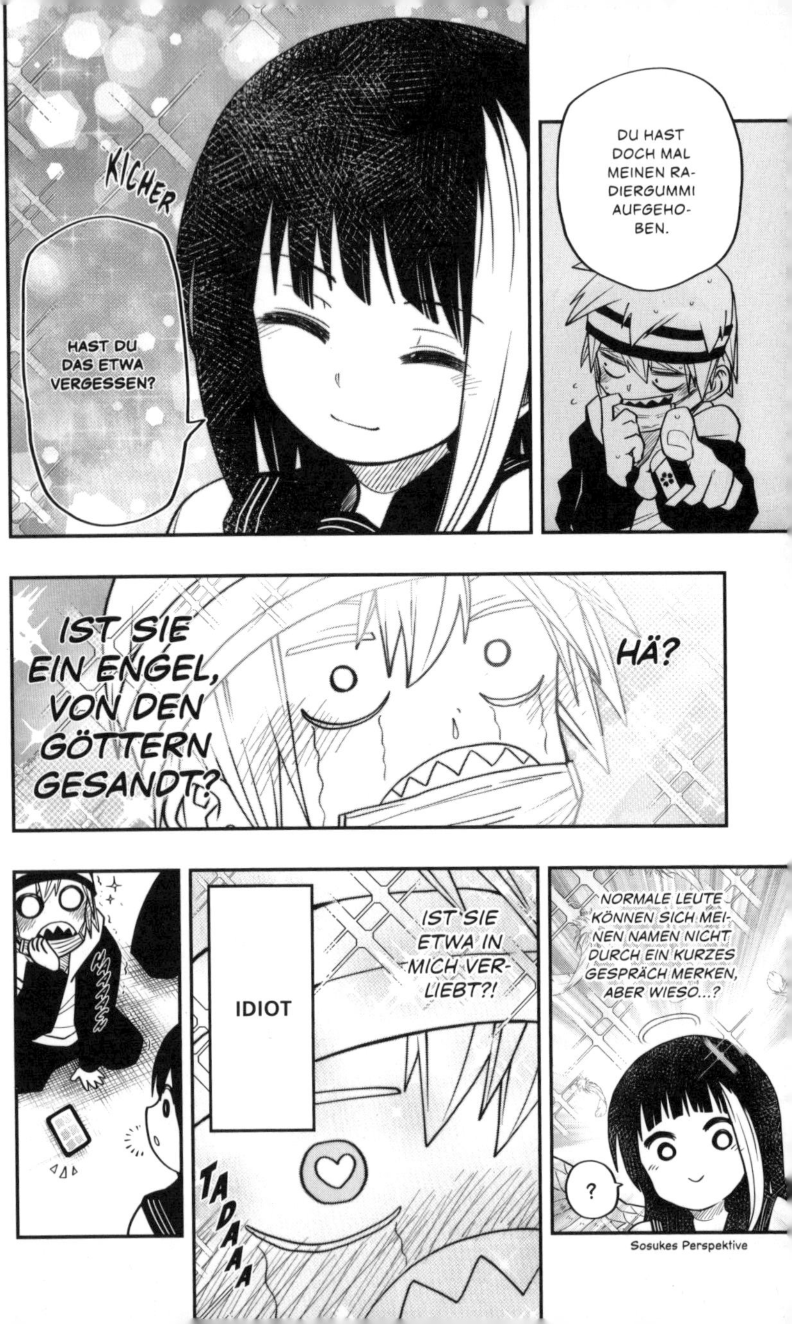
DU HAST DOCH MAL MEINEN RADIERGUMMI AUFGEHOBEN.
KICHER
HAST DU DAS ETWA VERGESSEN?
HÄ?
IST SIE EIN ENGEL, VON DEN GÖTTERN GESANDT?
NORMALE LEUTE KÖNNEN SICH MEINEN NAMEN NICHT DURCH EIN KURZES GESPRÄCH MERKEN, ABER WIESO...?
?
Sosukes Perspektive
IST SIE ETWA IN MICH VERLIEBT?!
IDIOT
TADAAA

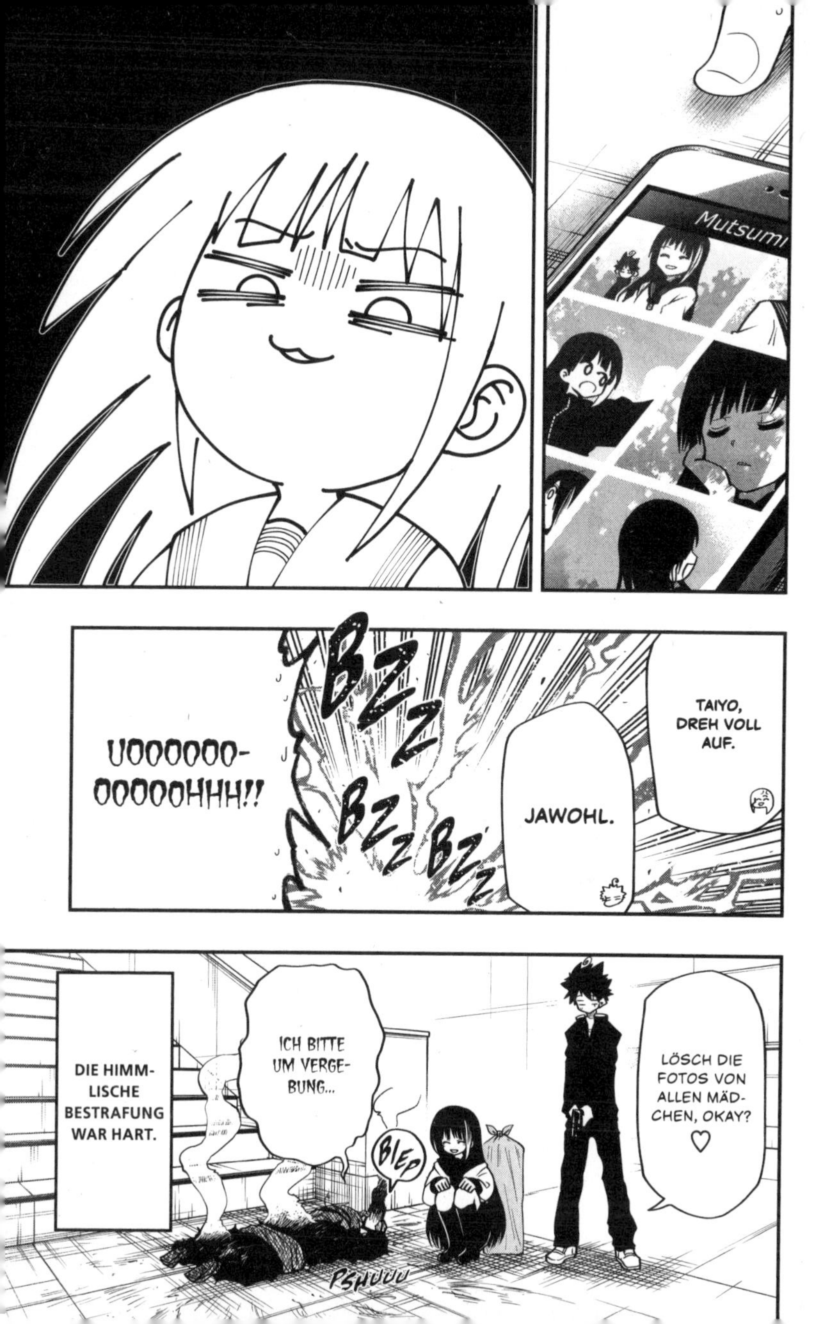

Mutsumi
TAIYO, DREH VOLL AUF.
JAWOHL.
BZZ BZZ BZZ
UOOOOOO-OOOOOHHH!!
LÖSCH DIE FOTOS VON ALLEN MÄDCHEN, OKAY? ♡
BLEP
ICH BITTE UM VERGEBUNG...
DIE HIMMLISCHE BESTRAFUNG WAR HART.
PSHUUU

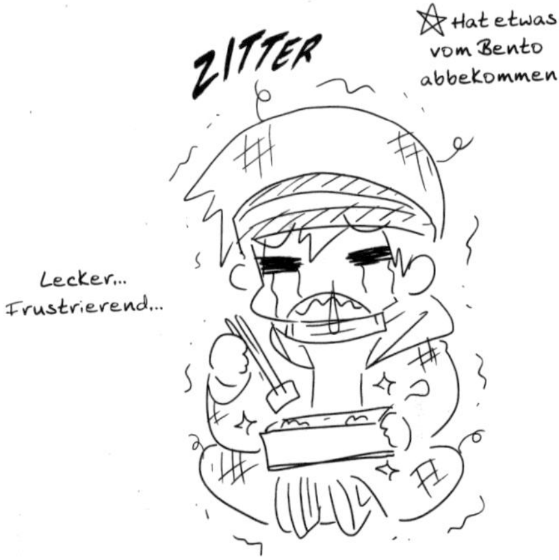
☆ Hat etwas
vom Bento
abbekommen
ZITTER
Lecker...
Frustrierend...

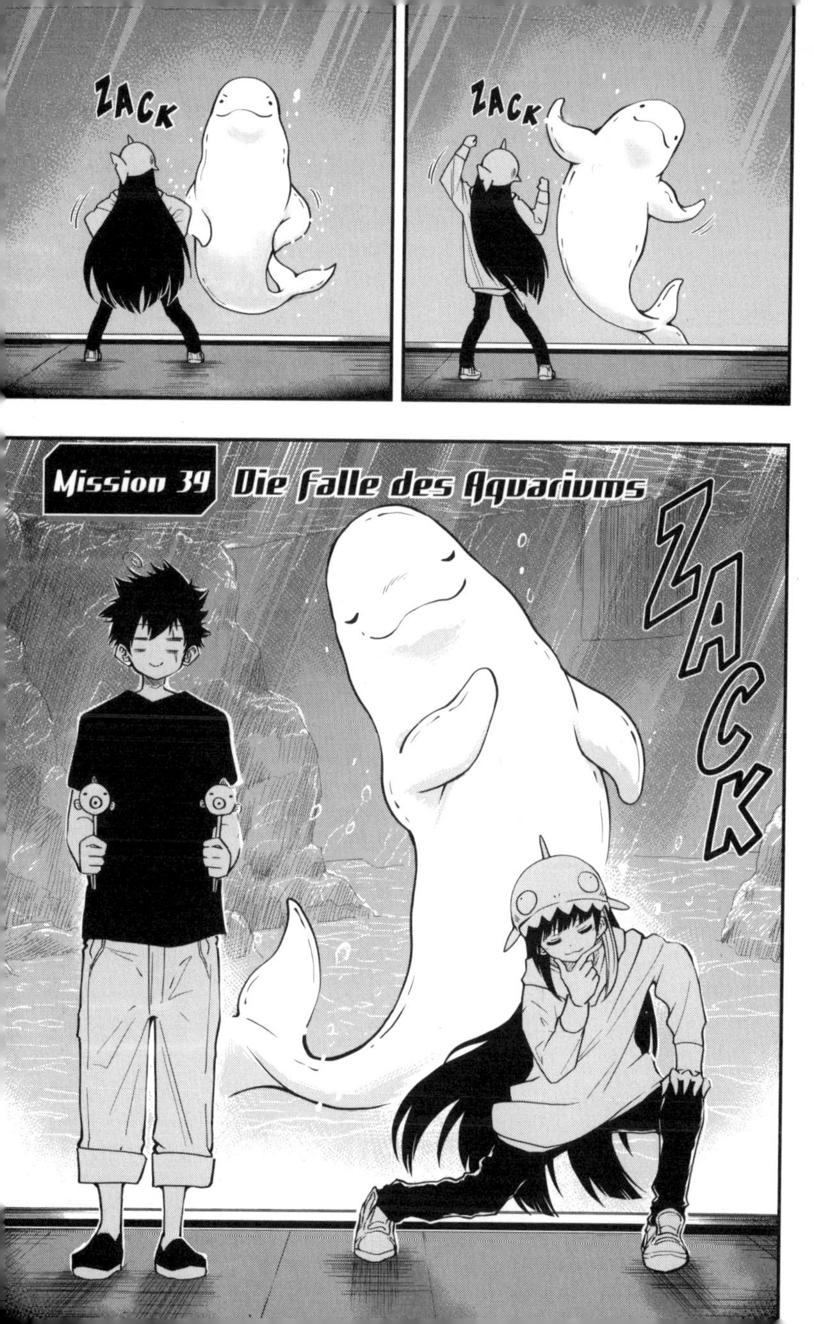
ZACK
ZACK
Mission 39
Die Falle des Aquariums
ZACK

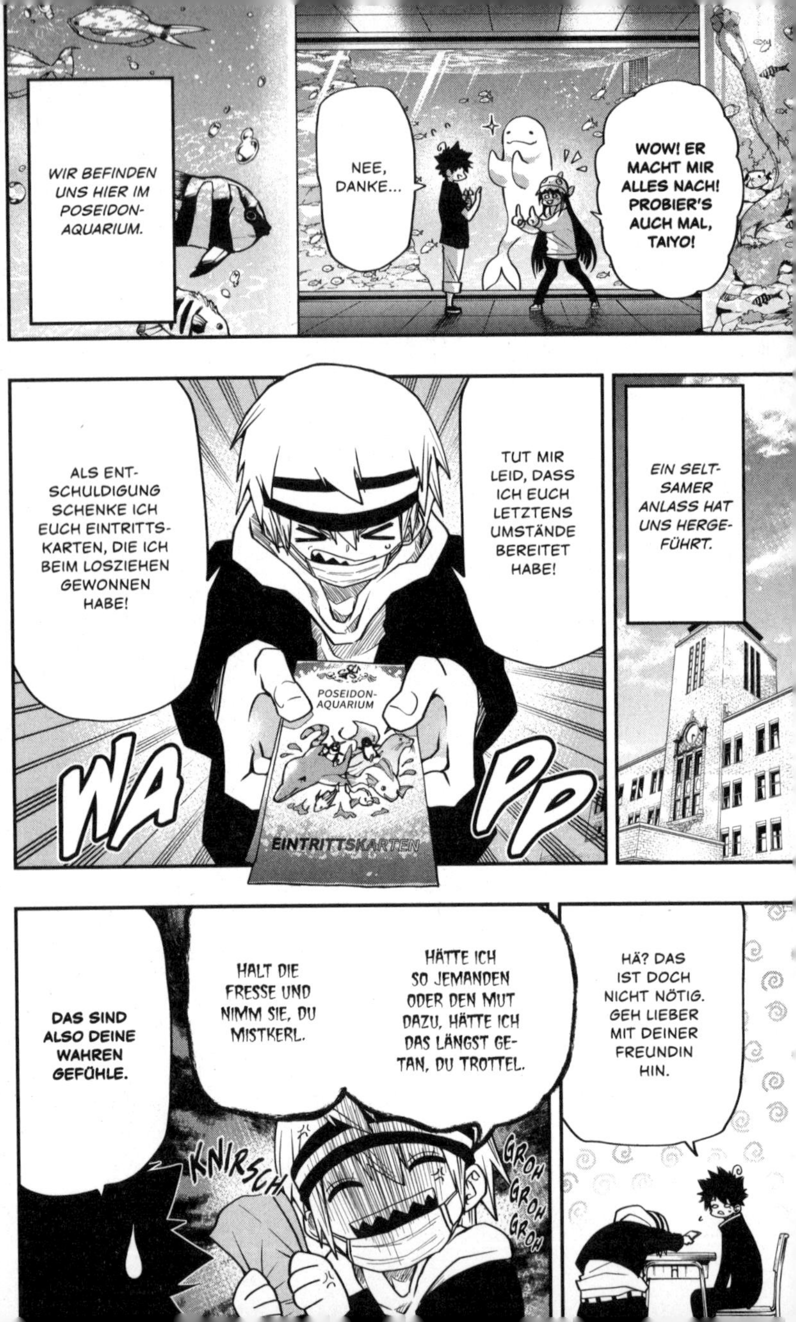
WOW! ER MACHT MIR ALLES NACH! PROBIER'S AUCH MAL, TAIYO!
NEE, DANKE...
WIR BEFINDEN UNS HIER IM POSEIDON-AQUARIUM.
EIN SELTSAMER ANLASS HAT UNS HERGEFÜHRT.
TUT MIR LEID, DASS ICH EUCH LETZTENS UMSTÄNDE BEREITET HABE!
ALS ENTSCHULDIGUNG SCHENKE ICH EUCH EINTRITTSKARTEN, DIE ICH BEIM LOSZIEHEN GEWONNEN HABE!
POSEIDON-AQUARIUM
EINTRITTSKARTEN
WAPP
HÄ? DAS IST DOCH NICHT NÖTIG. GEH LIEBER MIT DEINER FREUNDIN HIN.
HÄTTE ICH SO JEMANDEN ODER DEN MUT DAZU, HÄTTE ICH DAS LÄNGST GETAN, DU TROTTEL.
HALT DIE FRESSE UND NIMM SIE, DU MISTKERL.
DAS SIND ALSO DEINE WAHREN GEFÜHLE.
KNIRSCH
GROH GROH GROH

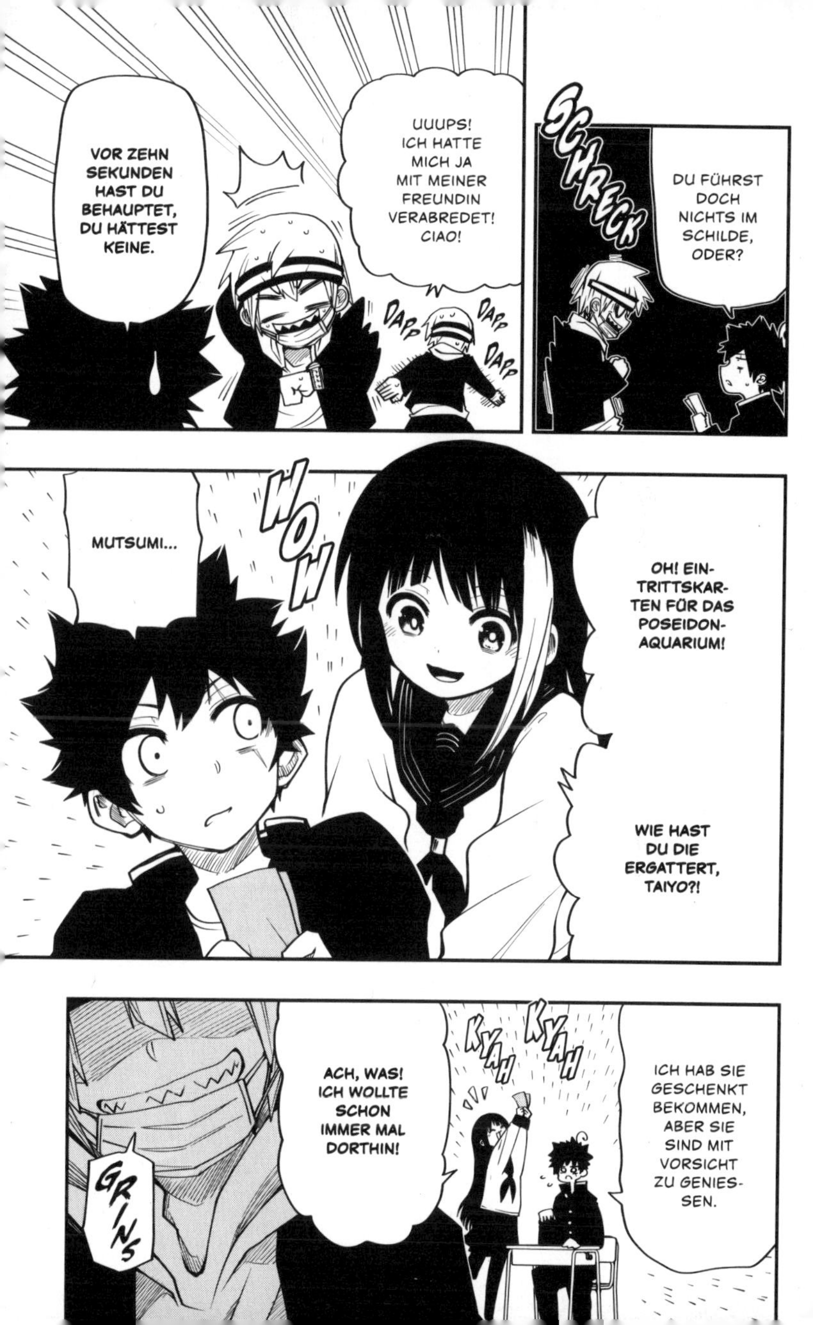
SCHRECK
DU FÜHRST DOCH NICHTS IM SCHILDE, ODER?
UUUPS! ICH HATTE MICH JA MIT MEINER FREUNDIN VERABREDET! CIAO!
DAPP DAPP DAPP
VOR ZEHN SEKUNDEN HAST DU BEHAUPTET, DU HÄTTEST KEINE.
OH! EIN-TRITTSKAR-TEN FÜR DAS POSEIDON-AQUARIUM!
WIE HAST DU DIE ERGATTERT, TAIYO?!
WOW
MUTSUMI...
ICH HAB SIE GESCHENKT BEKOMMEN, ABER SIE SIND MIT VORSICHT ZU GENIES-SEN.
KYAH KYAH
ACH, WAS! ICH WOLLTE SCHON IMMER MAL DORTHIN!
GRINS

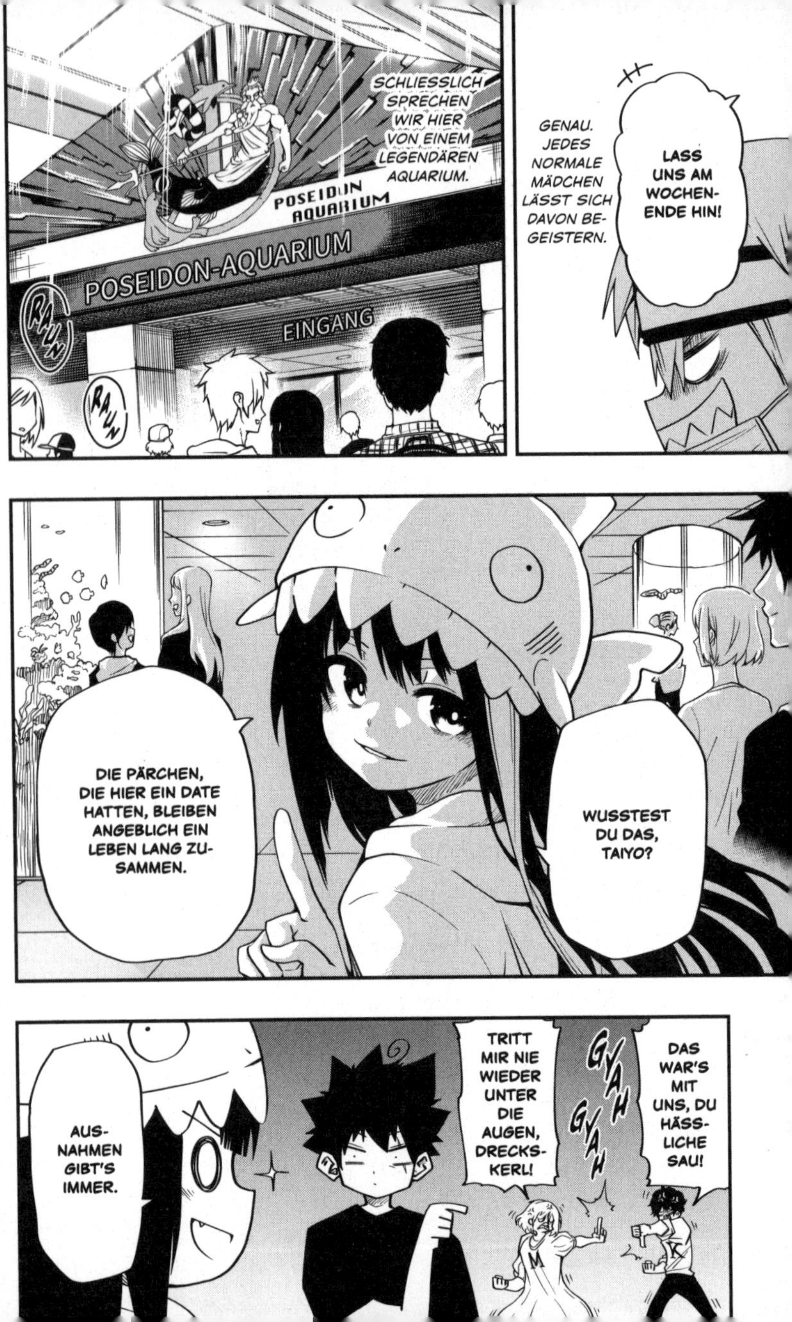
LASS UNS AM WOCHENENDE HIN!
GENAU. JEDES NORMALE MÄDCHEN LÄSST SICH DAVON BEGEISTERN.
SCHLIESSLICH SPRECHEN WIR HIER VON EINEM LEGENDÄREN AQUARIUM.
POSEIDON AQUARIUM
POSEIDON-AQUARIUM
EINGANG
RAUN
RAUN
WUSSTEST DU DAS, TAIYO?
DIE PÄRCHEN, DIE HIER EIN DATE HATTEN, BLEIBEN ANGEBLICH EIN LEBEN LANG ZUSAMMEN.
DAS WAR'S MIT UNS, DU HÄSSLICHE SAU!
TRITT MIR NIE WIEDER UNTER DIE AUGEN, DRECKSKERL!
GYAH GYAH
GYAH GYAH
AUSNAHMEN GIBT'S IMMER.

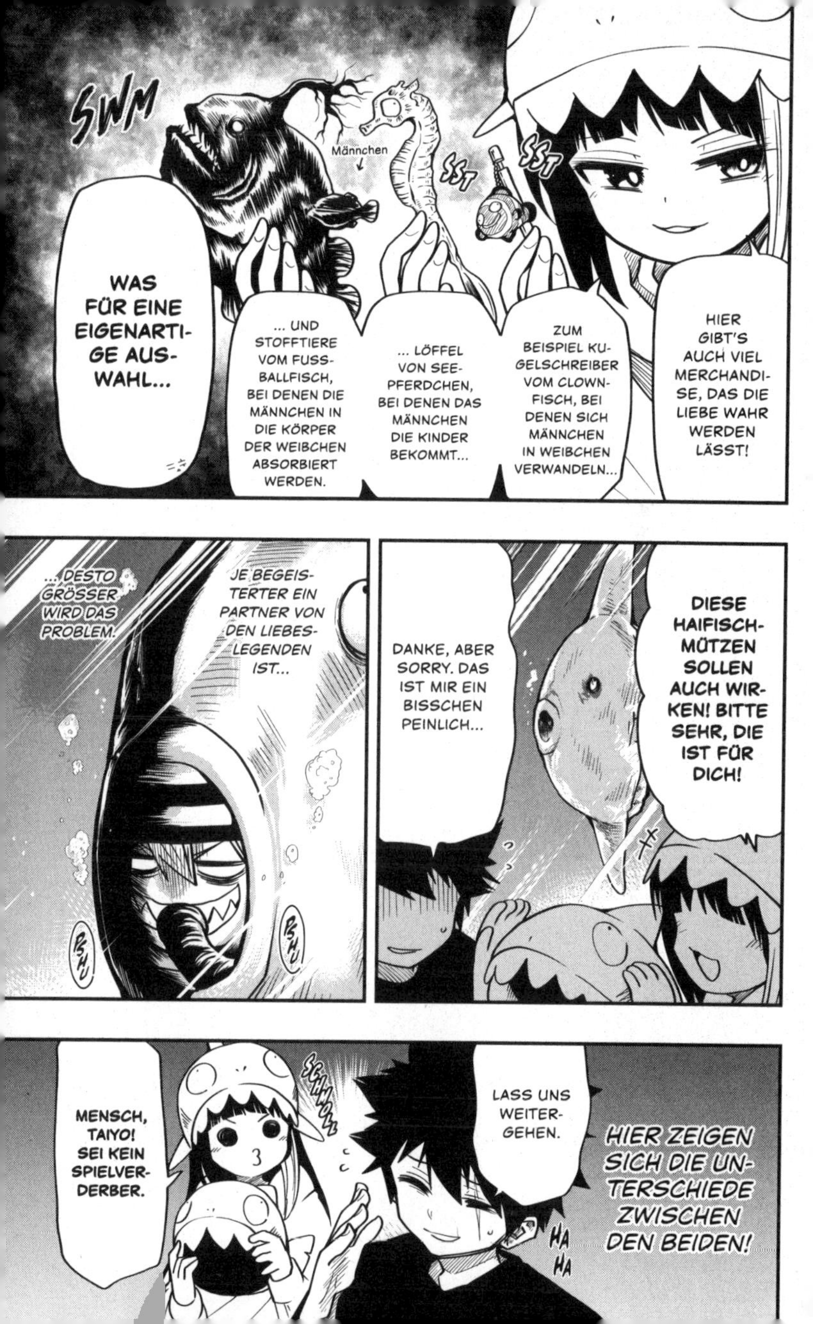
HIER GIBT'S AUCH VIEL MERCHANDISE, DAS DIE LIEBE WAHR WERDEN LÄSST!
SST
ZUM BEISPIEL KUGELSCHREIBER VOM CLOWNFISCH, BEI DENEN SICH MÄNNCHEN IN WEIBCHEN VERWANDELN...
SST
Männchen
... LÖFFEL VON SEEPFERDCHEN, BEI DENEN DAS MÄNNCHEN DIE KINDER BEKOMMT...
... UND STOFFTIERE VOM FUSSBALLFISCH, BEI DENEN DIE MÄNNCHEN IN DIE KÖRPER DER WEIBCHEN ABSORBIERT WERDEN.
SWM
WAS FÜR EINE EIGENARTIGE AUSWAHL...
DIESE HAIFISCHMÜTZEN SOLLEN AUCH WIRKEN! BITTE SEHR, DIE IST FÜR DICH!
DANKE, ABER SORRY. DAS IST MIR EIN BISSCHEN PEINLICH...
JE BEGEISTERTER EIN PARTNER VON DEN LIEBESLEGENDEN IST...
... DESTO GRÖSSER WIRD DAS PROBLEM.
PSHU
PSHU
HIER ZEIGEN SICH DIE UNTERSCHIEDE ZWISCHEN DEN BEIDEN!
HA HA
LASS UNS WEITERGEHEN.
SCHWOW
MENSCH, TAIYO! SEI KEIN SPIELVERDERBER.

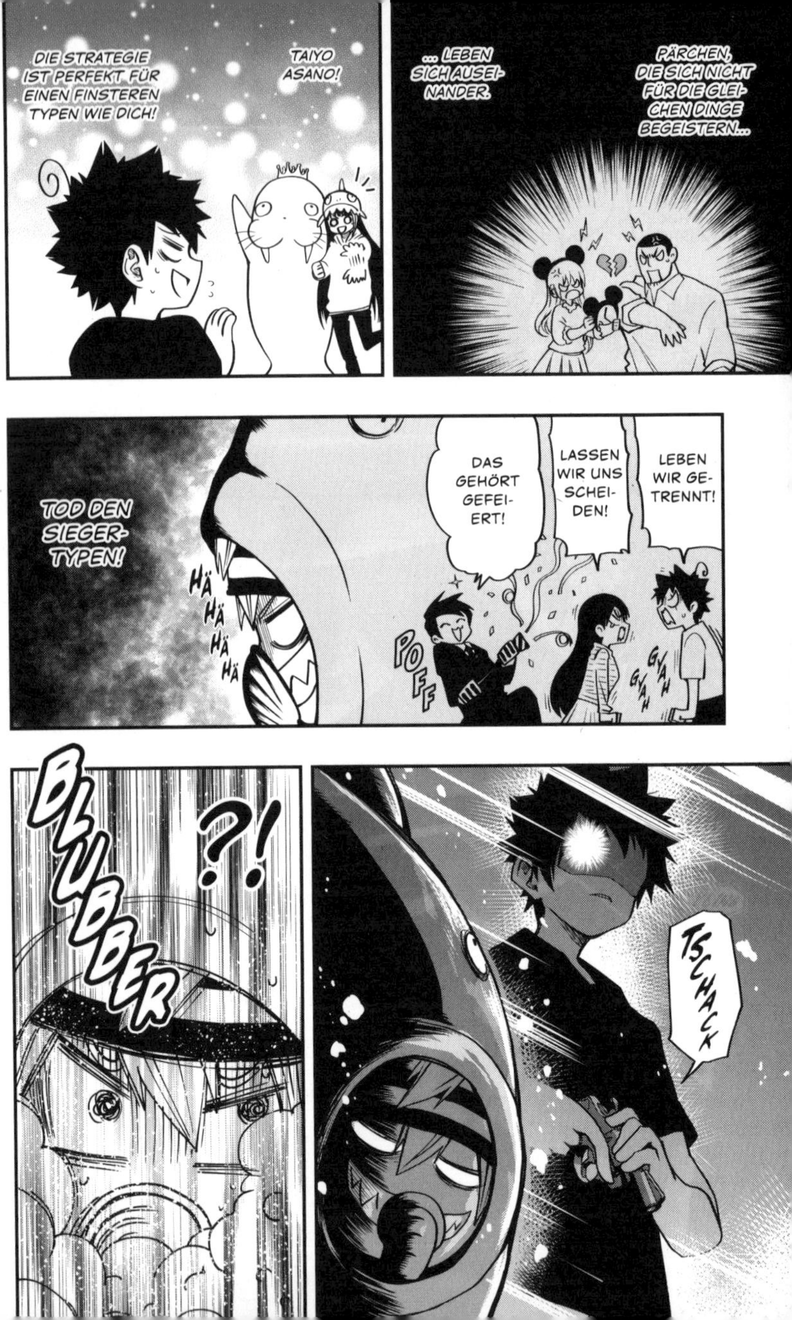
PÄRCHEN, DIE SICH NICHT FÜR DIE GLEICHEN DINGE BEGEISTERN...
... LEBEN SICH AUSEINANDER.
TAIYO ASANO!
DIE STRATEGIE IST PERFEKT FÜR EINEN FINSTEREN TYPEN WIE DICH!
LEBEN WIR GETRENNT!
LASSEN WIR UNS SCHEIDEN!
DAS GEHÖRT GEFEIERT!
GYAH GYAH
POFF
HÄ HÄ HÄ HÄ
TOD DEN SIEGERTYPEN!
TSCHACK
?!
BLUBBER

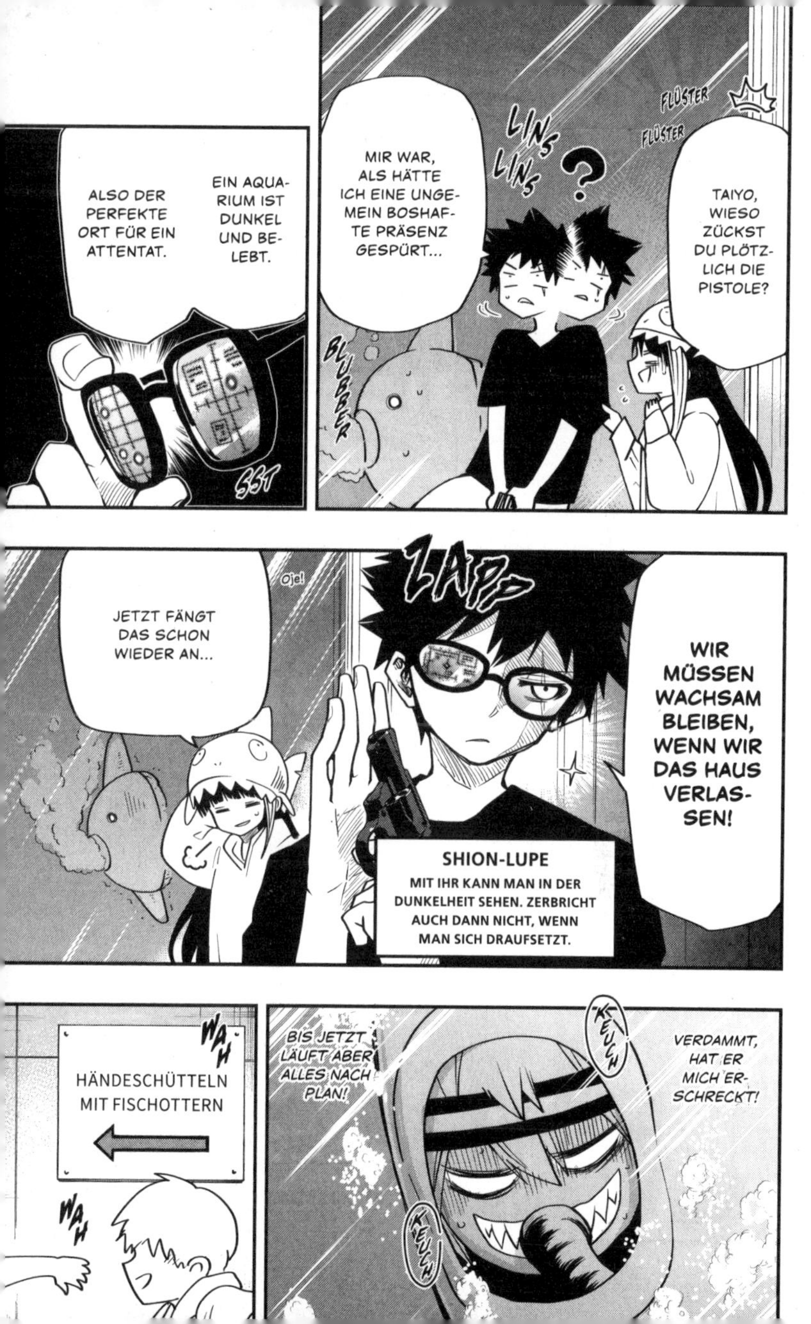
FLÜSTER
FLÜSTER
TAIYO, WIESO ZÜCKST DU PLÖTZLICH DIE PISTOLE?
LINS LINS
?
MIR WAR, ALS HÄTTE ICH EINE UNGEMEIN BOSHAFTE PRÄSENZ GESPÜRT…
BLUBBER
EIN AQUARIUM IST DUNKEL UND BELEBT.
ALSO DER PERFEKTE ORT FÜR EIN ATTENTAT.
SST
ZAPP
WIR MÜSSEN WACHSAM BLEIBEN, WENN WIR DAS HAUS VERLASSEN!
SHION-LUPE
MIT IHR KANN MAN IN DER DUNKELHEIT SEHEN. ZERBRICHT AUCH DANN NICHT, WENN MAN SICH DRAUFSETZT.
Oje!
JETZT FÄNGT DAS SCHON WIEDER AN…
VERDAMMT, HAT ER MICH ERSCHRECKT!
KEUCH
BIS JETZT LÄUFT ABER ALLES NACH PLAN!
KEUCH
HÄNDESCHÜTTELN MIT FISCHOTTERN
WAH
WAH

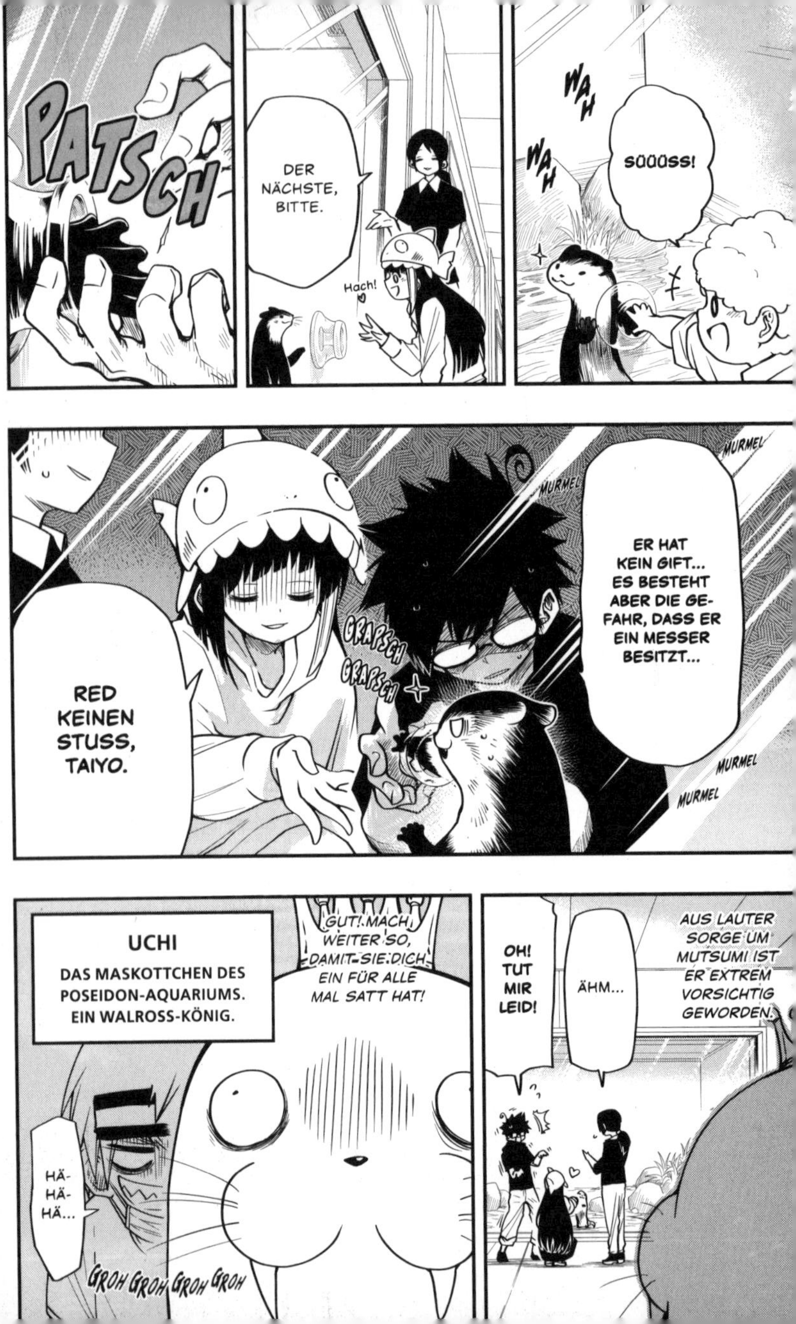

WAH
WAH
SÜÜÜSS!
DER NÄCHSTE, BITTE.
Hach!
PATSCH
MURMEL
MURMEL
ER HAT KEIN GIFT... ES BESTEHT ABER DIE GE-FAHR, DASS ER EIN MESSER BESITZT...
MURMEL
MURMEL
GRAPSCH
GRAPSCH
RED KEINEN STUSS, TAIYO.
AUS LAUTER SORGE UM MUTSUMI IST ER EXTREM VORSICHTIG GEWORDEN.
ÄHM...
OH! TUT MIR LEID!
GUT! MACH WEITER SO, DAMIT SIE DICH EIN FÜR ALLE MAL SATT HAT!
UCHI
DAS MASKOTTCHEN DES POSEIDON-AQUARIUMS. EIN WALROSS-KÖNIG.
HÄ-HÄ-HÄ...
GROH GROH GROH GROH

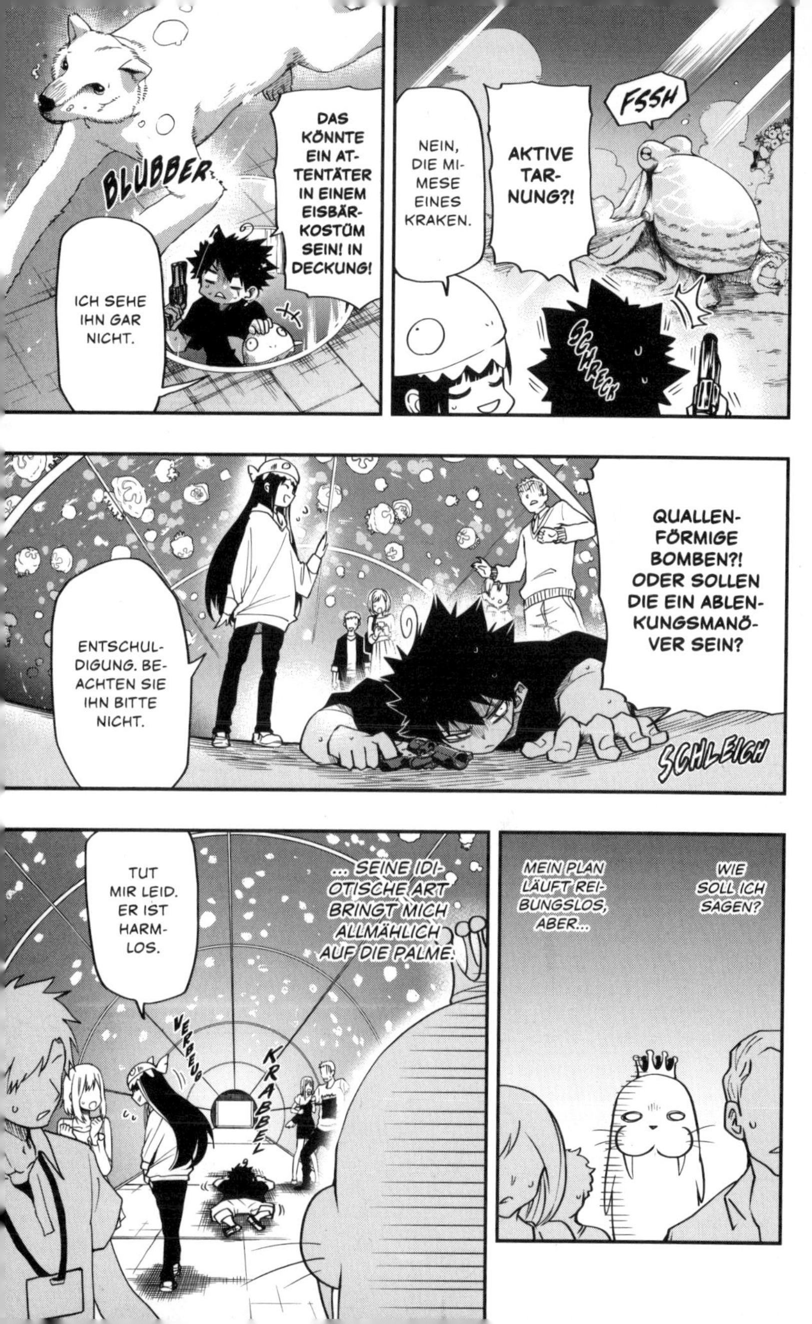
FSSH
AKTIVE TARNUNG?!
NEIN, DIE MIMESE EINES KRAKEN.
SCHRECK
DAS KÖNNTE EIN ATTENTÄTER IN EINEM EISBÄRKOSTÜM SEIN! IN DECKUNG!
BLUBBER
ICH SEHE IHN GAR NICHT.
QUALLENFÖRMIGE BOMBEN?! ODER SOLLEN DIE EIN ABLENKUNGSMANÖVER SEIN?
SCHLEICH
ENTSCHULDIGUNG. BEACHTEN SIE IHN BITTE NICHT.
WIE SOLL ICH SAGEN?
MEIN PLAN LÄUFT REIBUNGSLOS, ABER...
... SEINE IDIOTISCHE ART BRINGT MICH ALLMÄHLICH AUF DIE PALME.
KRABBEL
VERBEUG
TUT MIR LEID. ER IST HARMLOS.

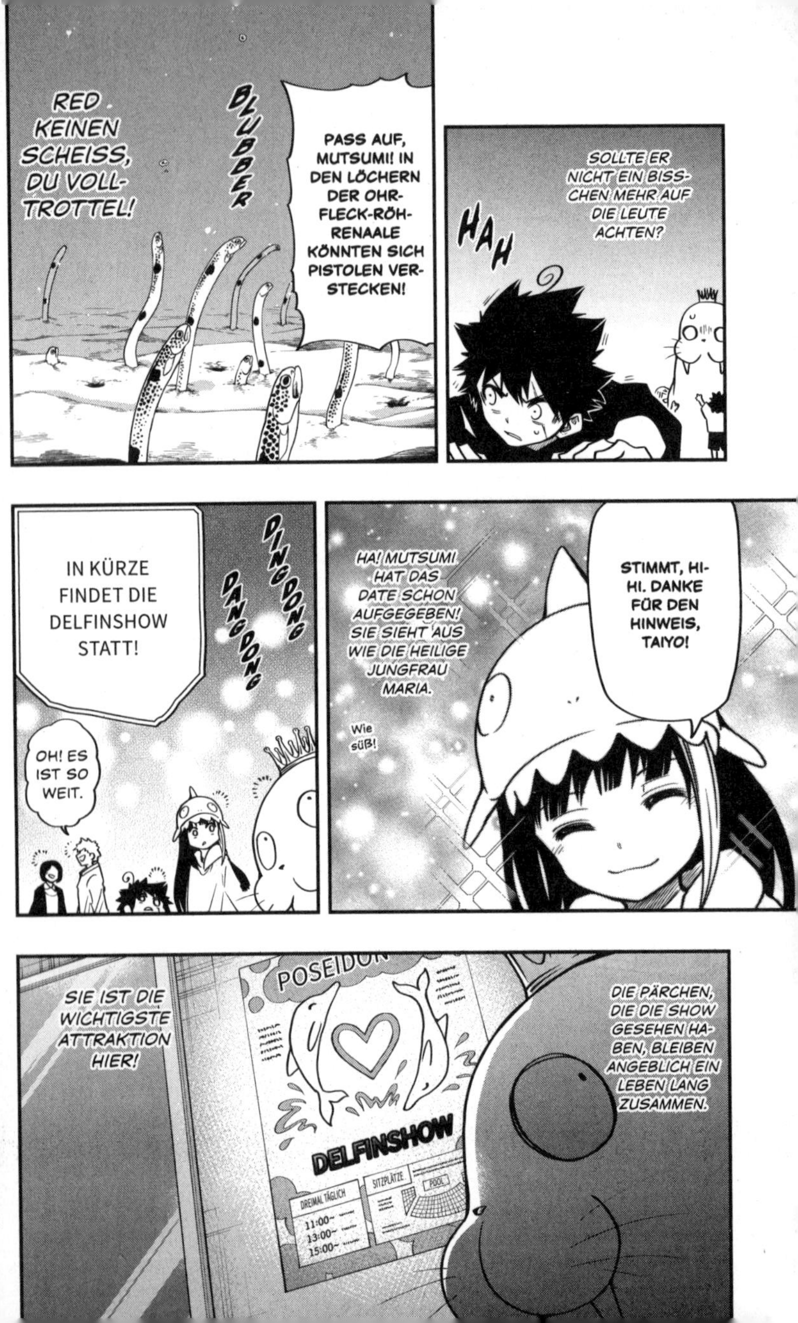
HAH
SOLLTE ER NICHT EIN BISS-CHEN MEHR AUF DIE LEUTE ACHTEN?
PASS AUF, MUTSUMI! IN DEN LÖCHERN DER OHR-FLECK-RÖH-RENAALE KÖNNTEN SICH PISTOLEN VER-STECKEN!
BLUBBER
RED KEINEN SCHEISS, DU VOLL-TROTTEL!
STIMMT, HI-HI. DANKE FÜR DEN HINWEIS, TAIYO!
HA! MUTSUMI HAT DAS DATE SCHON AUFGEGEBEN! SIE SIEHT AUS WIE DIE HEILIGE JUNGFRAU MARIA.
Wie süß!
DING DONG
DANG DONG
IN KÜRZE FINDET DIE DELFINSHOW STATT!
OH! ES IST SO WEIT.
DIE PÄRCHEN, DIE DIE SHOW GESEHEN HA-BEN, BLEIBEN ANGEBLICH EIN LEBEN LANG ZUSAMMEN.
SIE IST DIE WICHTIGSTE ATTRAKTION HIER!
POSEIDON
DELFINSHOW
DREIMAL TÄGLICH
11:00~
13:00~
15:00~
SITZPLÄTZE
POOL

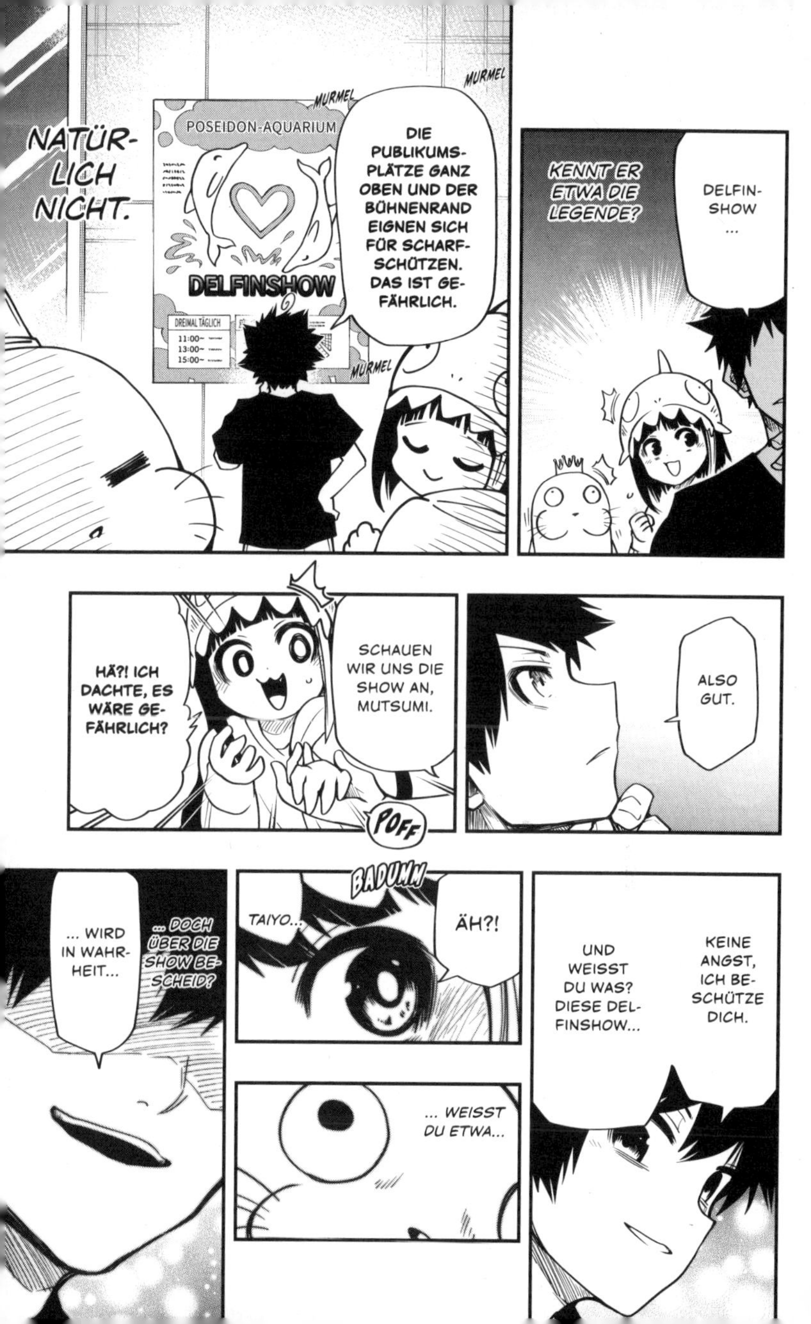
MURMEL
DELFIN-SHOW ...
KENNT ER ETWA DIE LEGENDE?
POSEIDON-AQUARIUM
DELFINSHOW
DREIMAL TÄGLICH
11:00~
13:00~
15:00~
MURMEL
DIE PUBLIKUMS-PLÄTZE GANZ OBEN UND DER BÜHNENRAND EIGNEN SICH FÜR SCHARF-SCHÜTZEN. DAS IST GE-FÄHRLICH.
MURMEL
NATÜR-LICH NICHT.
ALSO GUT.
SCHAUEN WIR UNS DIE SHOW AN, MUTSUMI.
HÄ?! ICH DACHTE, ES WÄRE GE-FÄHRLICH?
POFF
KEINE ANGST, ICH BE-SCHÜTZE DICH.
UND WEISST DU WAS? DIESE DEL-FINSHOW...
BADUMM
ÄH?!
TAIYO...
... WEISST DU ETWA...
... DOCH ÜBER DIE SHOW BE-SCHEID?
... WIRD IN WAHR-HEIT...

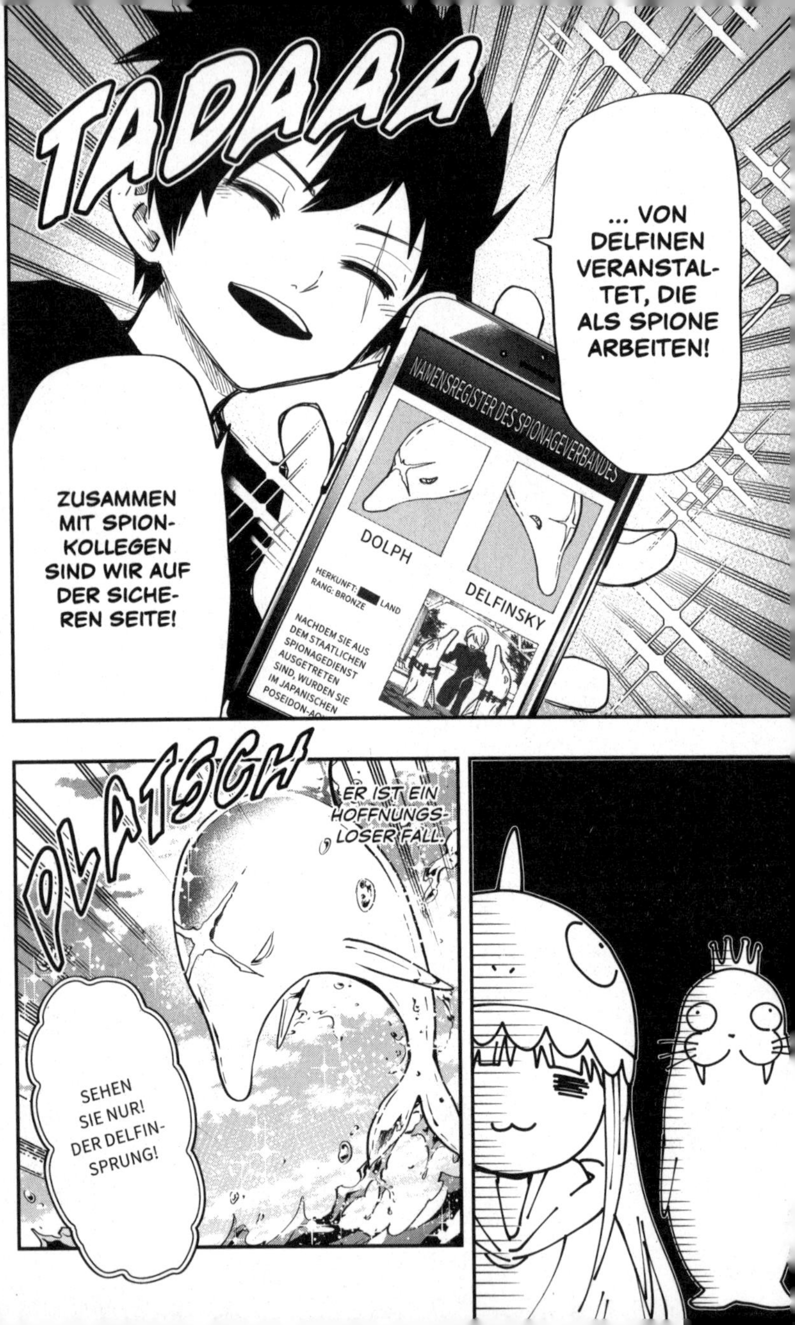
TADAAA
... VON DELFINEN VERANSTALTET, DIE ALS SPIONE ARBEITEN!
NAMENSREGISTER DES SPIONAGEVERBANDES
DOLPH
DELFINSKY
HERKUNFT: LAND
RANG: BRONZE
NACHDEM SIE AUS DEM STAATLICHEN SPIONAGEDIENST AUSGETRETEN SIND, WURDEN SIE IM JAPANISCHEN
ZUSAMMEN MIT SPION-KOLLEGEN SIND WIR AUF DER SICHEREN SEITE!
ER IST EIN HOFFNUNGSLOSER FALL.
PLATSCH
SEHEN SIE NUR! DER DELFINSPRUNG!

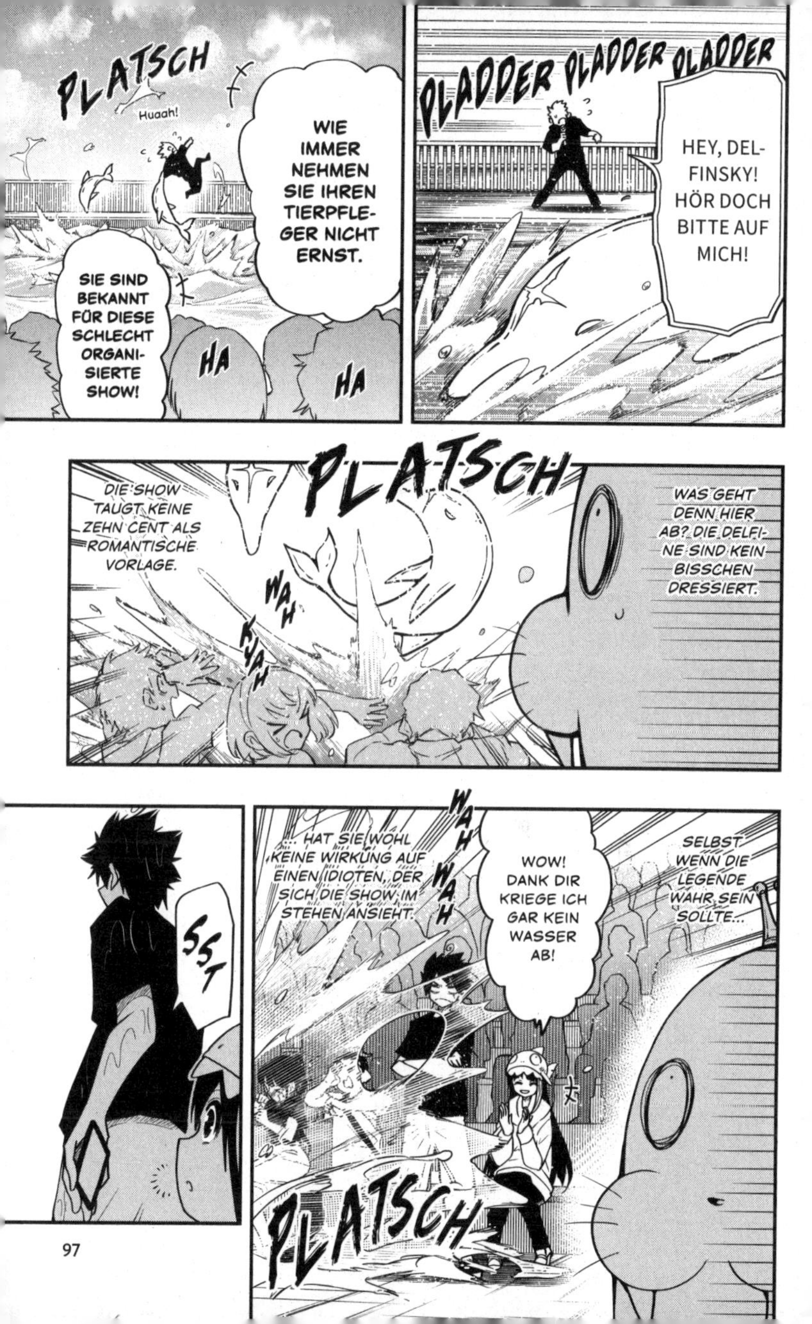
PLADDER PLADDER PLADDER
HEY, DEL-FINSKY! HÖR DOCH BITTE AUF MICH!
PLATSCH
Huaah!
WIE IMMER NEHMEN SIE IHREN TIERPFLEGER NICHT ERNST.
SIE SIND BEKANNT FÜR DIESE SCHLECHT ORGANISIERTE SHOW!
HA
HA
PLATSCH
WAS GEHT DENN HIER AB? DIE DELFINE SIND KEIN BISSCHEN DRESSIERT.
DIE SHOW TAUGT KEINE ZEHN CENT ALS ROMANTISCHE VORLAGE.
WAH
KYAH
SELBST WENN DIE LEGENDE WAHR SEIN SOLLTE ...
WOW! DANK DIR KRIEGE ICH GAR KEIN WASSER AB!
... HAT SIE WOHL KEINE WIRKUNG AUF EINEN IDIOTEN, DER SICH DIE SHOW IM STEHEN ANSIEHT.
WAH WAH WAH
PLATSCH
SST

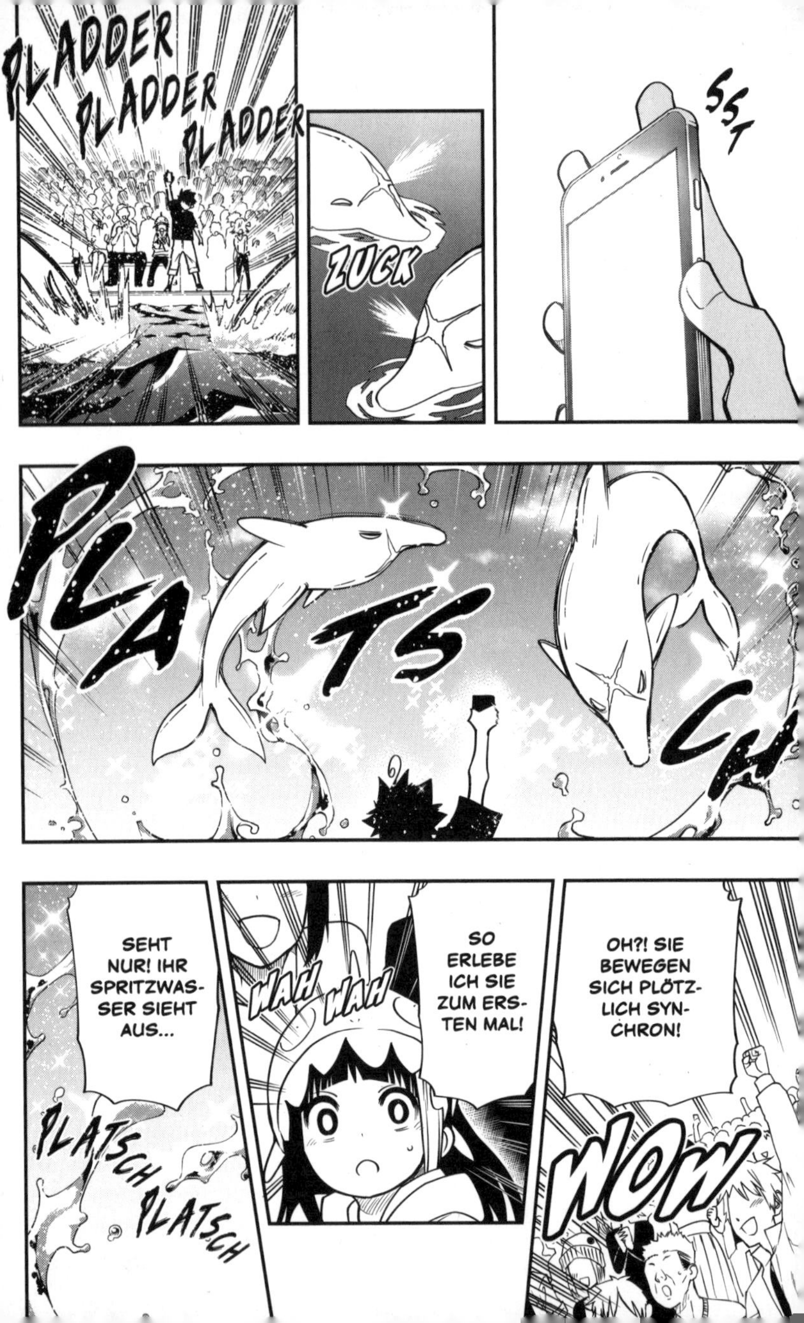

SSST
PLADDER PLADDER PLADDER
ZUCK
PLATSCH
OH?! SIE BEWEGEN SICH PLÖTZLICH SYNCHRON!
WOW
SO ERLEBE ICH SIE ZUM ERSTEN MAL!
WAH WAH
SEHT NUR! IHR SPRITZWASSER SIEHT AUS...
PLATSCH PLATSCH

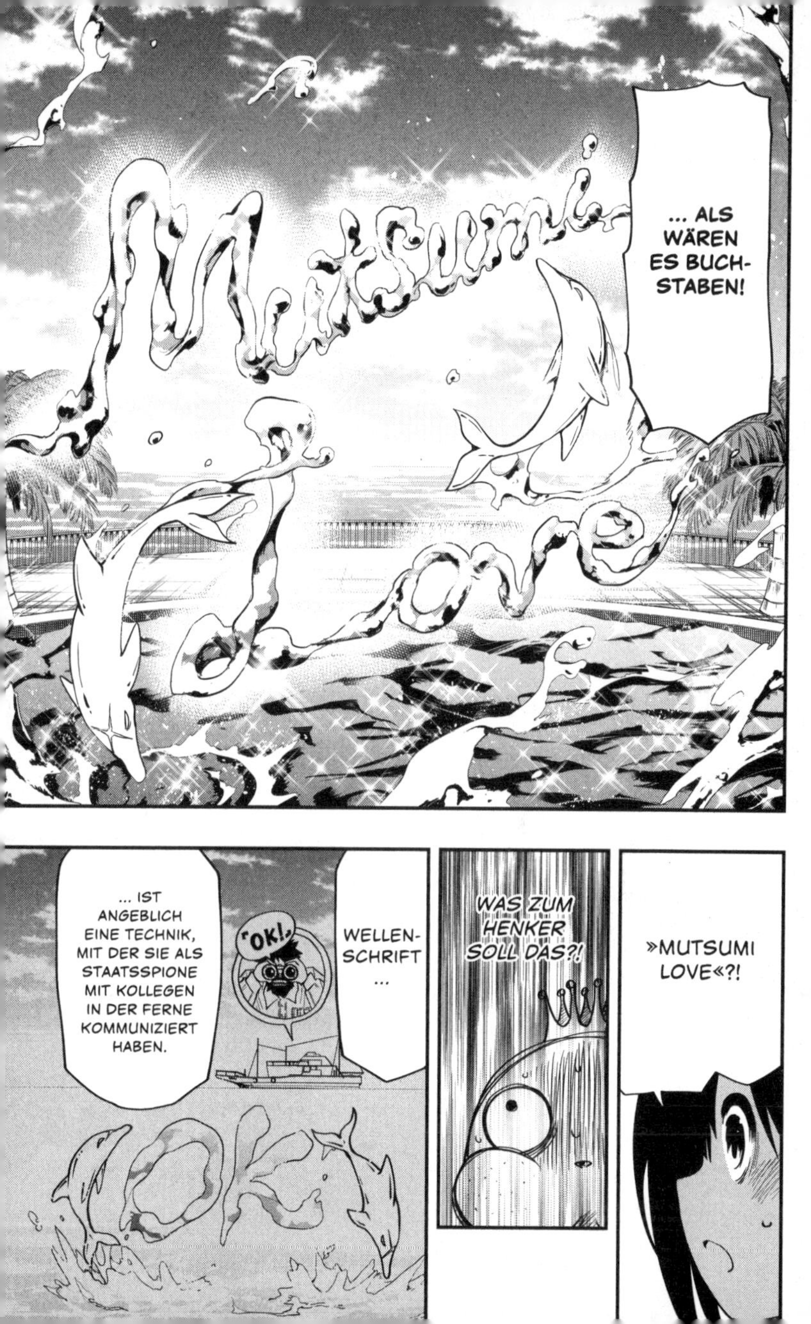
... ALS WÄREN ES BUCH-STABEN!
»MUTSUMI LOVE«?!
WAS ZUM HENKER SOLL DAS?!
WELLEN-SCHRIFT ...
... IST ANGEBLICH EINE TECHNIK, MIT DER SIE ALS STAATSSPIONE MIT KOLLEGEN IN DER FERNE KOMMUNIZIERT HABEN.
OK!

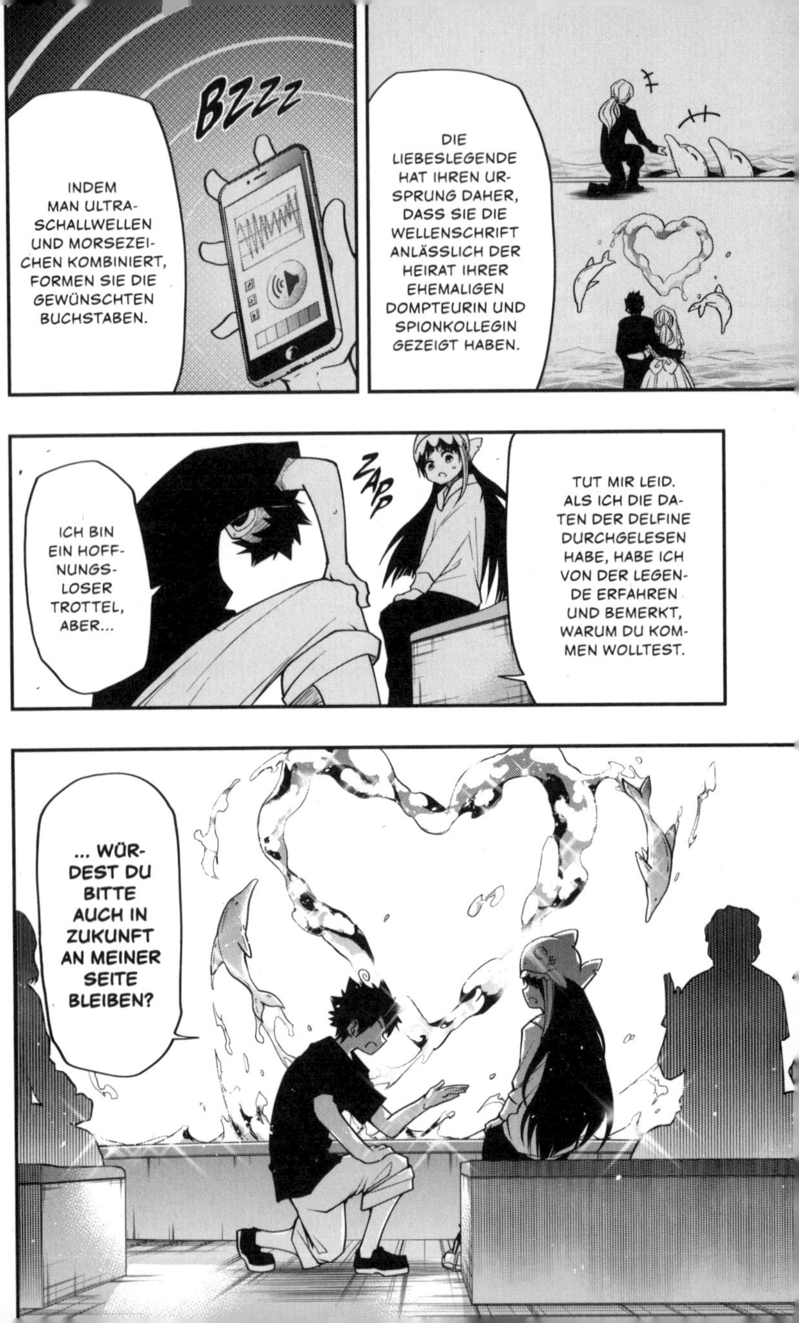

DIE LIEBESLEGENDE HAT IHREN URSPRUNG DAHER, DASS SIE DIE WELLENSCHRIFT ANLÄSSLICH DER HEIRAT IHRER EHEMALIGEN DOMPTEURIN UND SPIONKOLLEGIN GEZEIGT HABEN.
BZZZ
INDEM MAN ULTRASCHALLWELLEN UND MORSEZEICHEN KOMBINIERT, FORMEN SIE DIE GEWÜNSCHTEN BUCHSTABEN.
TUT MIR LEID. ALS ICH DIE DATEN DER DELFINE DURCHGELESEN HABE, HABE ICH VON DER LEGENDE ERFAHREN UND BEMERKT, WARUM DU KOMMEN WOLLTEST.
ZAPP
ICH BIN EIN HOFFNUNGSLOSER TROTTEL, ABER ...
... WÜRDEST DU BITTE AUCH IN ZUKUNFT AN MEINER SEITE BLEIBEN?

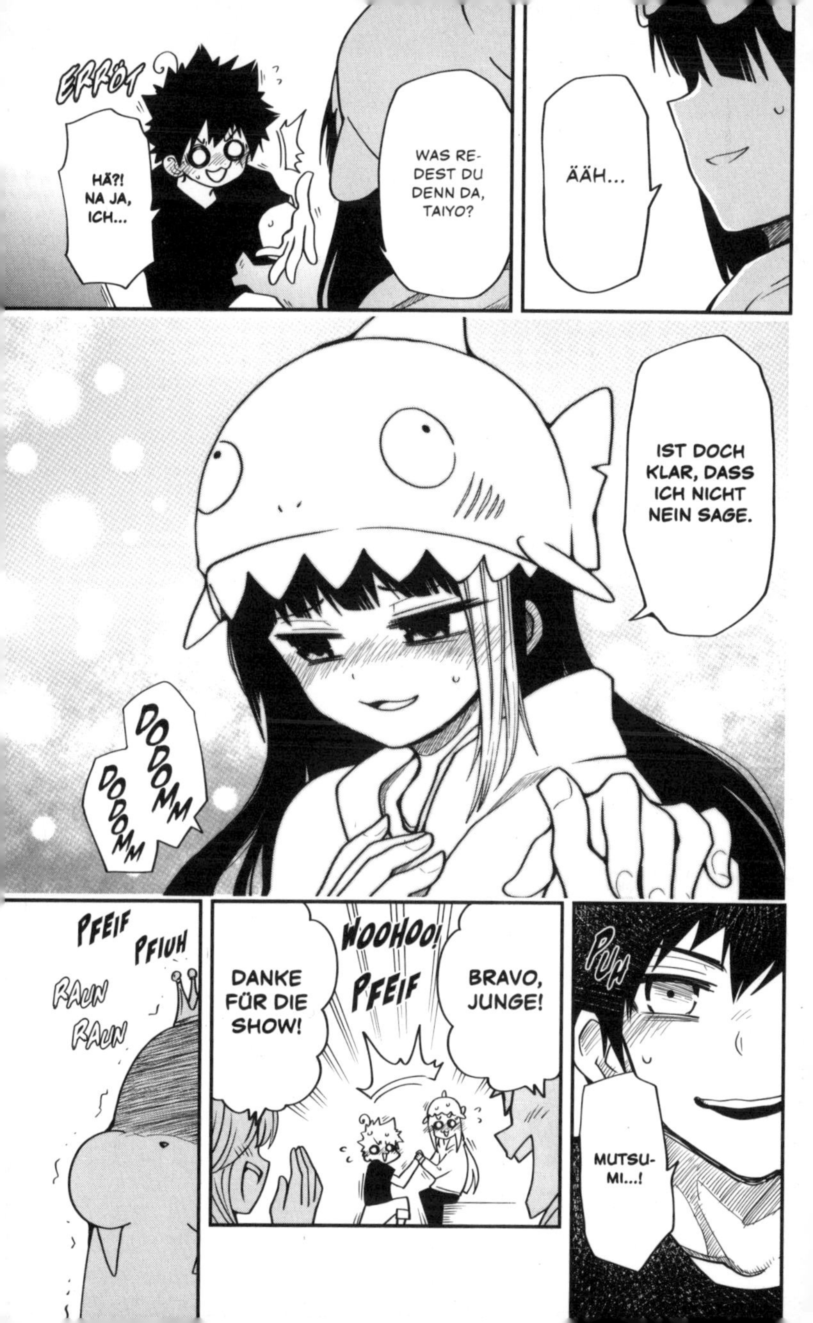
ÄÄH...
WAS RE-DEST DU DENN DA, TAIYO?
ERRÖT
HÄ?! NA JA, ICH...
IST DOCH KLAR, DASS ICH NICHT NEIN SAGE.
DODOMM DODOMM
PUH
MUTSU-MI...!
BRAVO, JUNGE!
WOOHOO! PFEIF
DANKE FÜR DIE SHOW!
PFEIF PFIUH
RAUN RAUN

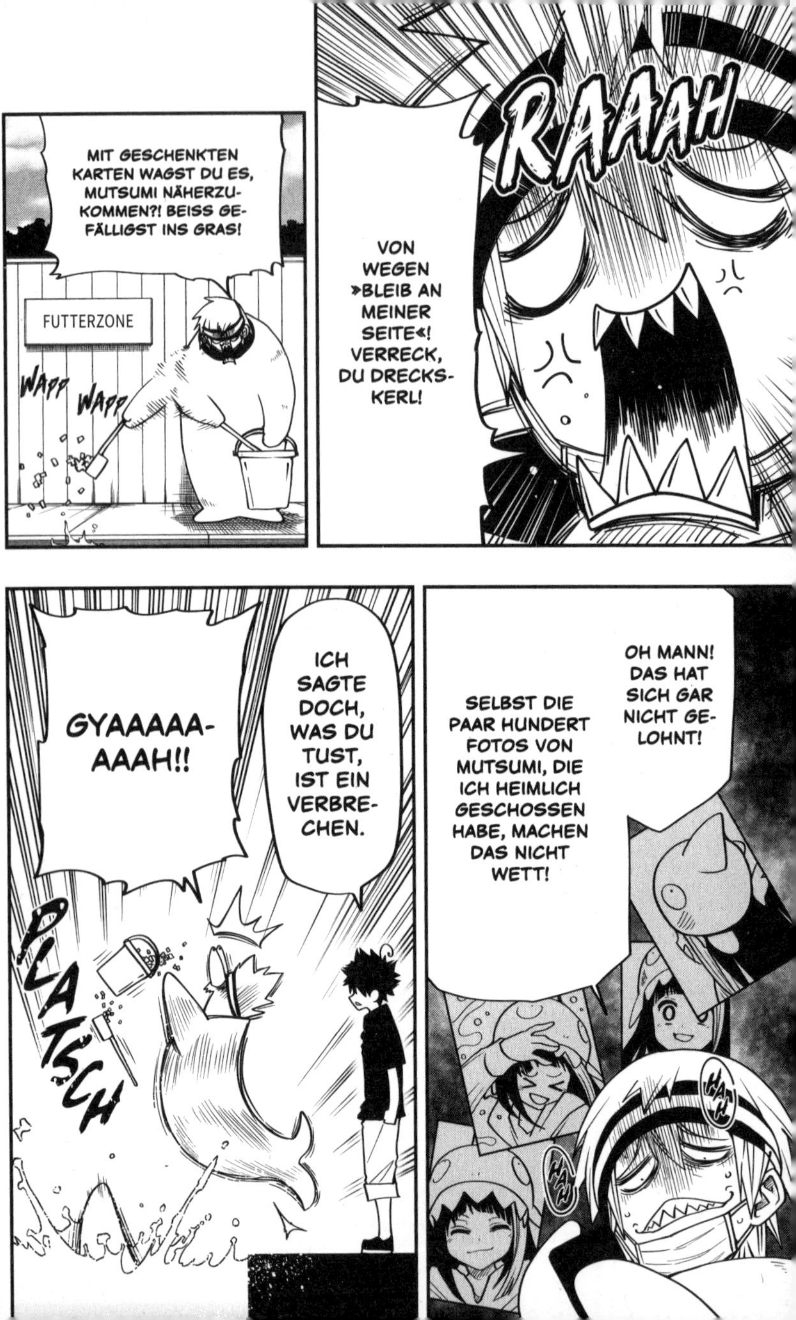
RAAAH
VON WEGEN »BLEIB AN MEINER SEITE«! VERRECK, DU DRECKSKERL!
MIT GESCHENKTEN KARTEN WAGST DU ES, MUTSUMI NÄHERZUKOMMEN?! BEISS GEFÄLLIGST INS GRAS!
FUTTERZONE
WAPP
WAPP
OH MANN! DAS HAT SICH GAR NICHT GELOHNT!
SELBST DIE PAAR HUNDERT FOTOS VON MUTSUMI, DIE ICH HEIMLICH GESCHOSSEN HABE, MACHEN DAS NICHT WETT!
HAH
HAH
ICH SAGTE DOCH, WAS DU TUST, IST EIN VERBRECHEN.
GYAAAAAAAAH!!
PLATSCH

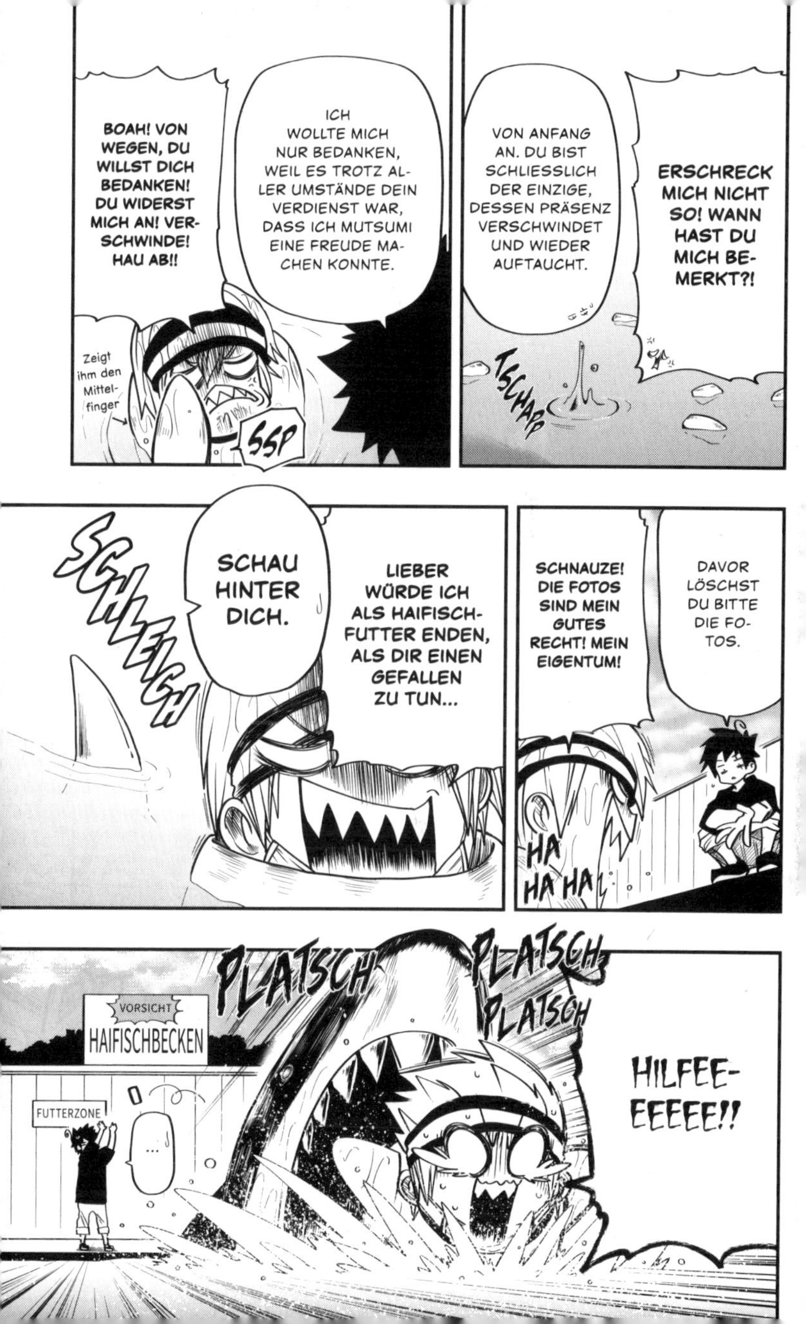
ERSCHRECK MICH NICHT SO! WANN HAST DU MICH BEMERKT?!
VON ANFANG AN. DU BIST SCHLIESSLICH DER EINZIGE, DESSEN PRÄSENZ VERSCHWINDET UND WIEDER AUFTAUCHT.
TSCHAPP
ICH WOLLTE MICH NUR BEDANKEN, WEIL ES TROTZ ALLER UMSTÄNDE DEIN VERDIENST WAR, DASS ICH MUTSUMI EINE FREUDE MACHEN KONNTE.
BOAH! VON WEGEN, DU WILLST DICH BEDANKEN! DU WIDERST MICH AN! VERSCHWINDE! HAU AB!!
SSP
Zeigt ihm den Mittelfinger
DAVOR LÖSCHST DU BITTE DIE FOTOS.
SCHNAUZE! DIE FOTOS SIND MEIN GUTES RECHT! MEIN EIGENTUM!
HA HA HA
LIEBER WÜRDE ICH ALS HAIFISCHFUTTER ENDEN, ALS DIR EINEN GEFALLEN ZU TUN...
SCHAU HINTER DICH.
SCHLEICH
PLATSCH
PLATSCH
PLATSCH
HILFEE-EEEEE!!
VORSICHT
HAIFISCHBECKEN
FUTTERZONE
...

Die Delfinspione des Poseidon-Aquariums

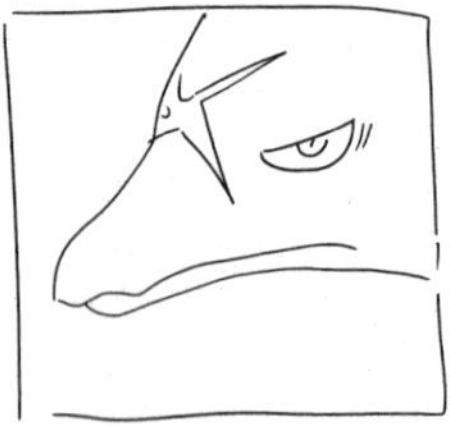

Dolph

Ehemaliger Spion eines bestimmten Landes. Gekennzeichnet durch die schiefe, kreuzförmige Narbe an der Stirn. Er ist ein ernster Spießer mit einem großen Verantwortungsgefühl. Steht auf Weibchen mit einem kleinen Schnabel.

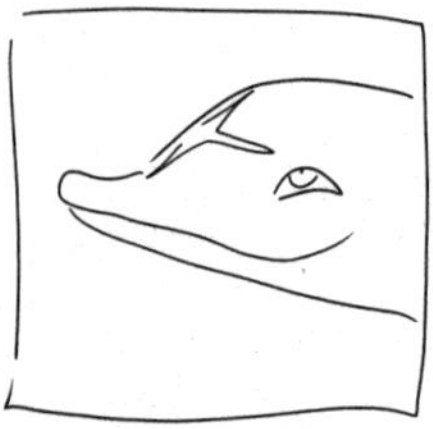

Delfinsky

Ehemaliger Spion eines bestimmten Landes. Zu erkennen durch die gerade, kreuzförmige Narbe an der Stirn. Er ist ein Spaßvogel und wird oft von Dolph zurechtgewiesen. Steht auf Weibchen mit einer großen Flosse. Schwertwale mag er auch. Wurde bei einem Heiratsantrag an einen Schwertwal fast getötet.

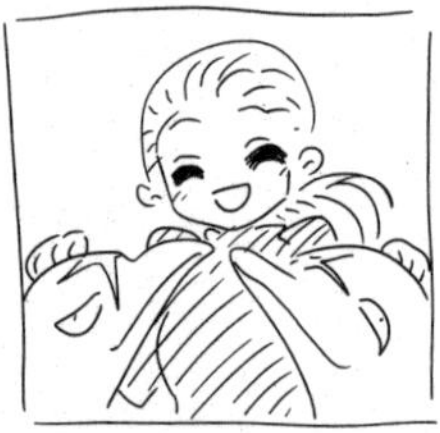

Anastasia

Ehemalige Spionin eines bestimmten Landes und Delfin-Dompteurin. Sie ist ihrem japanischen Partner nach Japan gefolgt und emigriert. Zusammen mit Dolph und Delfinsky hat sie im Aquarium gearbeitet, aber anlässlich ihrer Schwangerschaft gekündigt. Sie schaut sich manchmal mit ihrer Familie die Show an.

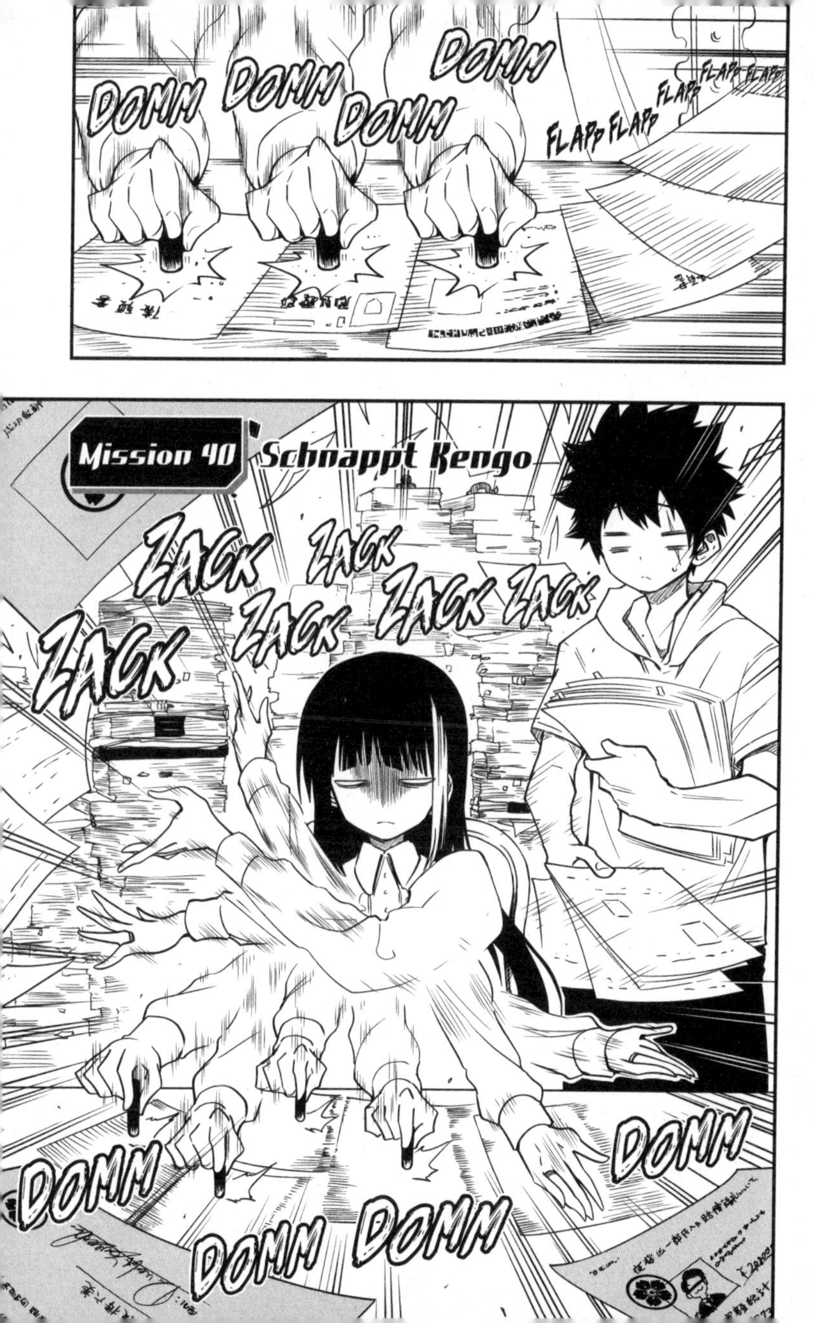
DOMM DOMM DOMM DOMM
FLAPP FLAPP FLAPP FLAPP FLAPP
Mission 40 Schnappt Kengo
ZACK ZACK ZACK ZACK ZACK ZACK
DOMM DOMM DOMM DOMM

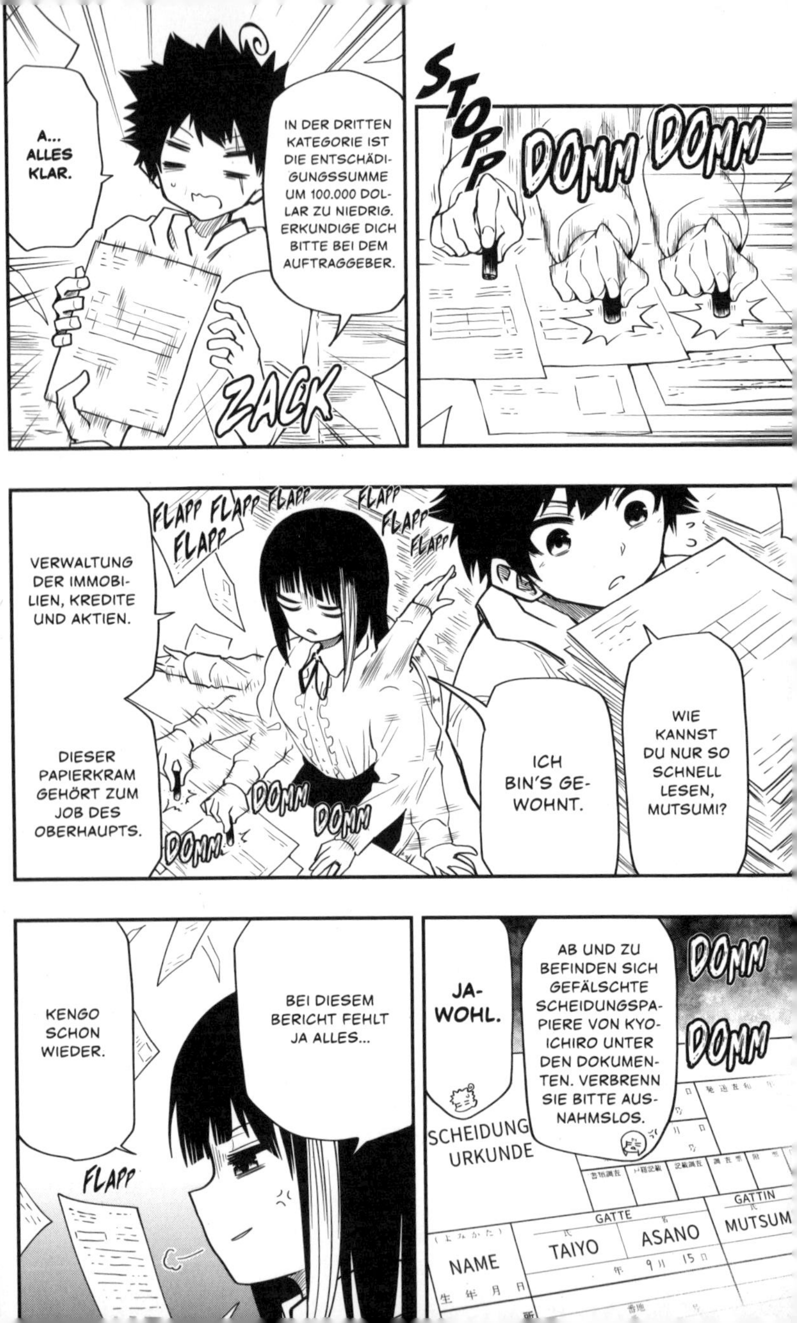
STOPP
DOMM DOMM
IN DER DRITTEN KATEGORIE IST DIE ENTSCHÄDIGUNGSSUMME UM 100.000 DOLLAR ZU NIEDRIG. ERKUNDIGE DICH BITTE BEI DEM AUFTRAGGEBER.
A... ALLES KLAR.
ZACK
WIE KANNST DU NUR SO SCHNELL LESEN, MUTSUMI?
ICH BIN'S GEWOHNT.
FLAPP FLAPP FLAPP FLAPP FLAPP FLAPP FLAPP
VERWALTUNG DER IMMOBILIEN, KREDITE UND AKTIEN.
DIESER PAPIERKRAM GEHÖRT ZUM JOB DES OBERHAUPTS.
DOMM DOMM DOMM
DOMM DOMM
AB UND ZU BEFINDEN SICH GEFÄLSCHTE SCHEIDUNGSPAPIERE VON KYOICHIRO UNTER DEN DOKUMENTEN. VERBRENN SIE BITTE AUSNAHMSLOS.
JAWOHL.
SCHEIDUNG URKUNDE
GATTE
GATTIN
NAME
TAIYO
ASANO
MUTSUM
BEI DIESEM BERICHT FEHLT JA ALLES...
KENGO SCHON WIEDER.
FLAPP

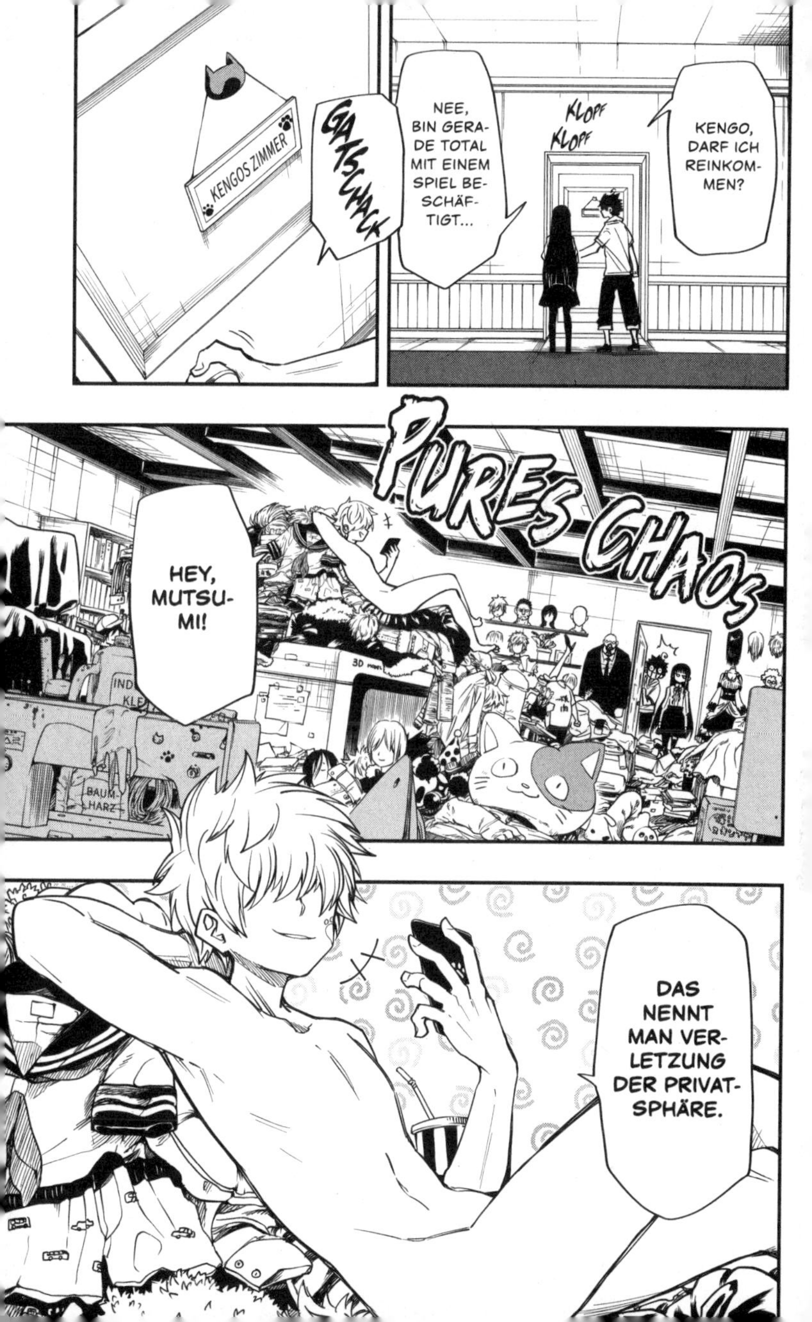
KENGO, DARF ICH REINKOMMEN?
KLOPF KLOPF
NEE, BIN GERADE TOTAL MIT EINEM SPIEL BESCHÄFTIGT…
GATSCHACK
KENGOS ZIMMER
PURES CHAOS
HEY, MUTSUMI!
BAUMHARZ
DAS NENNT MAN VERLETZUNG DER PRIVATSPHÄRE.

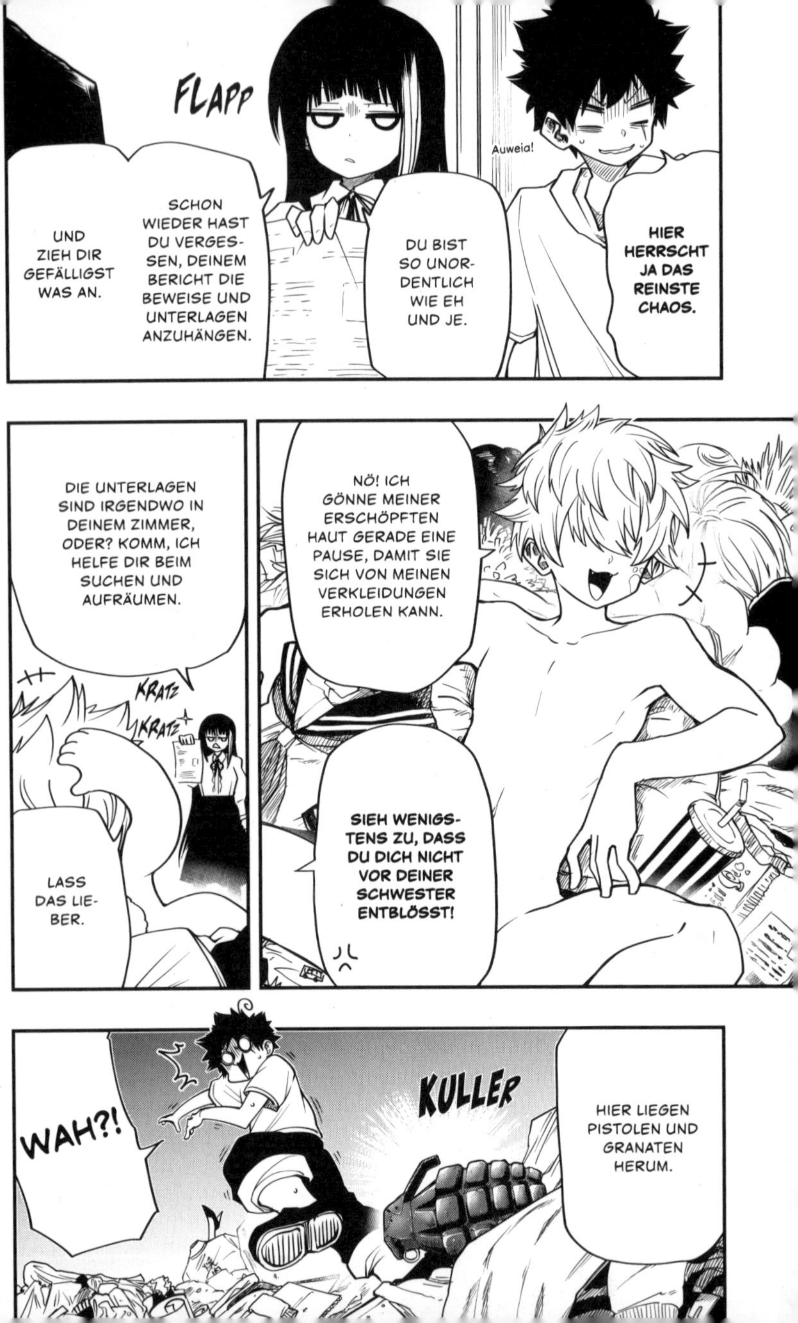
Auweia!
HIER HERRSCHT JA DAS REINSTE CHAOS.
FLAPP
DU BIST SO UNORDENTLICH WIE EH UND JE.
SCHON WIEDER HAST DU VERGESSEN, DEINEM BERICHT DIE BEWEISE UND UNTERLAGEN ANZUHÄNGEN.
UND ZIEH DIR GEFÄLLIGST WAS AN.
NÖ! ICH GÖNNE MEINER ERSCHÖPFTEN HAUT GERADE EINE PAUSE, DAMIT SIE SICH VON MEINEN VERKLEIDUNGEN ERHOLEN KANN.
SIEH WENIGSTENS ZU, DASS DU DICH NICHT VOR DEINER SCHWESTER ENTBLÖSST!
DIE UNTERLAGEN SIND IRGENDWO IN DEINEM ZIMMER, ODER? KOMM, ICH HELFE DIR BEIM SUCHEN UND AUFRÄUMEN.
KRATZ
KRATZ
LASS DAS LIEBER.
HIER LIEGEN PISTOLEN UND GRANATEN HERUM.
KULLER
WAH?!

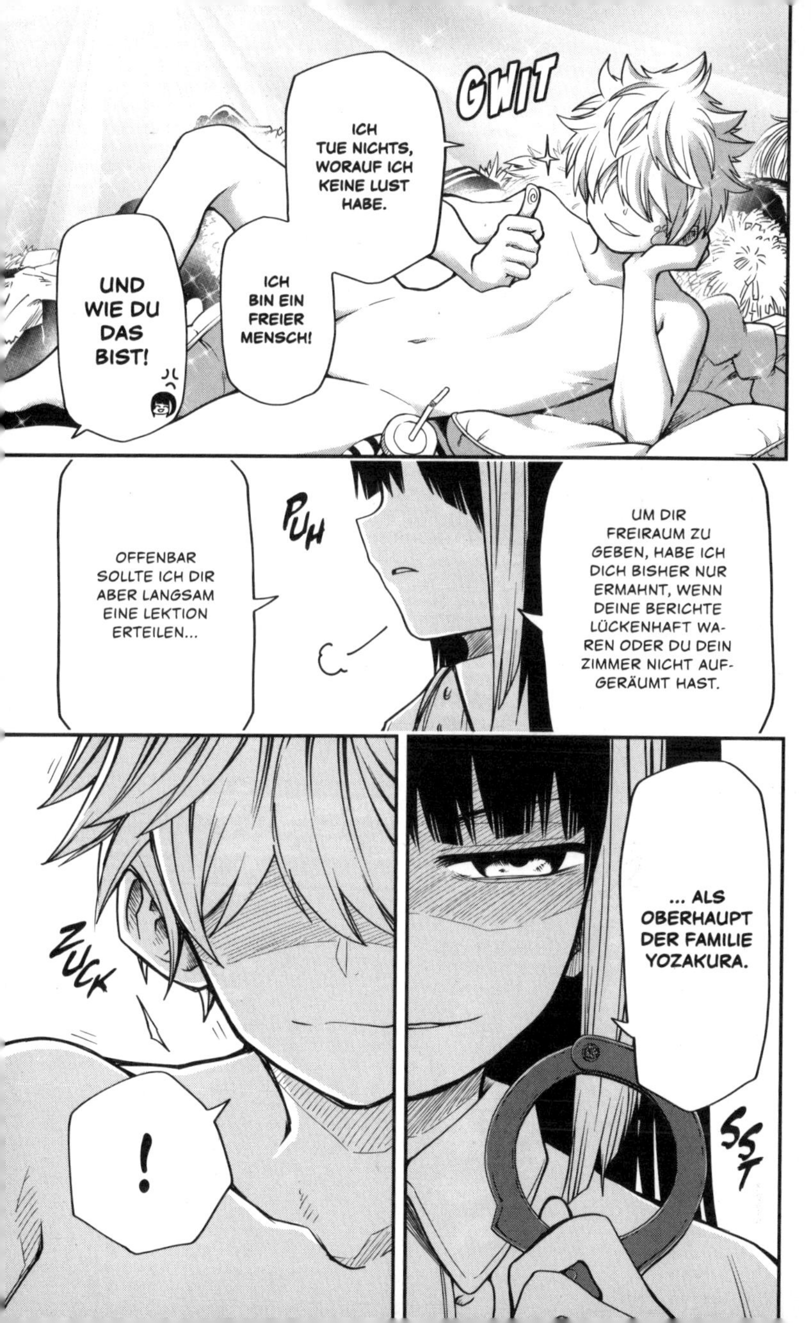
GWIT
ICH TUE NICHTS, WORAUF ICH KEINE LUST HABE.
ICH BIN EIN FREIER MENSCH!
UND WIE DU DAS BIST!
UM DIR FREIRAUM ZU GEBEN, HABE ICH DICH BISHER NUR ERMAHNT, WENN DEINE BERICHTE LÜCKENHAFT WAREN ODER DU DEIN ZIMMER NICHT AUFGERÄUMT HAST.
PUH
OFFENBAR SOLLTE ICH DIR ABER LANGSAM EINE LEKTION ERTEILEN...
... ALS OBERHAUPT DER FAMILIE YOZAKURA.
SST
ZUCK
!

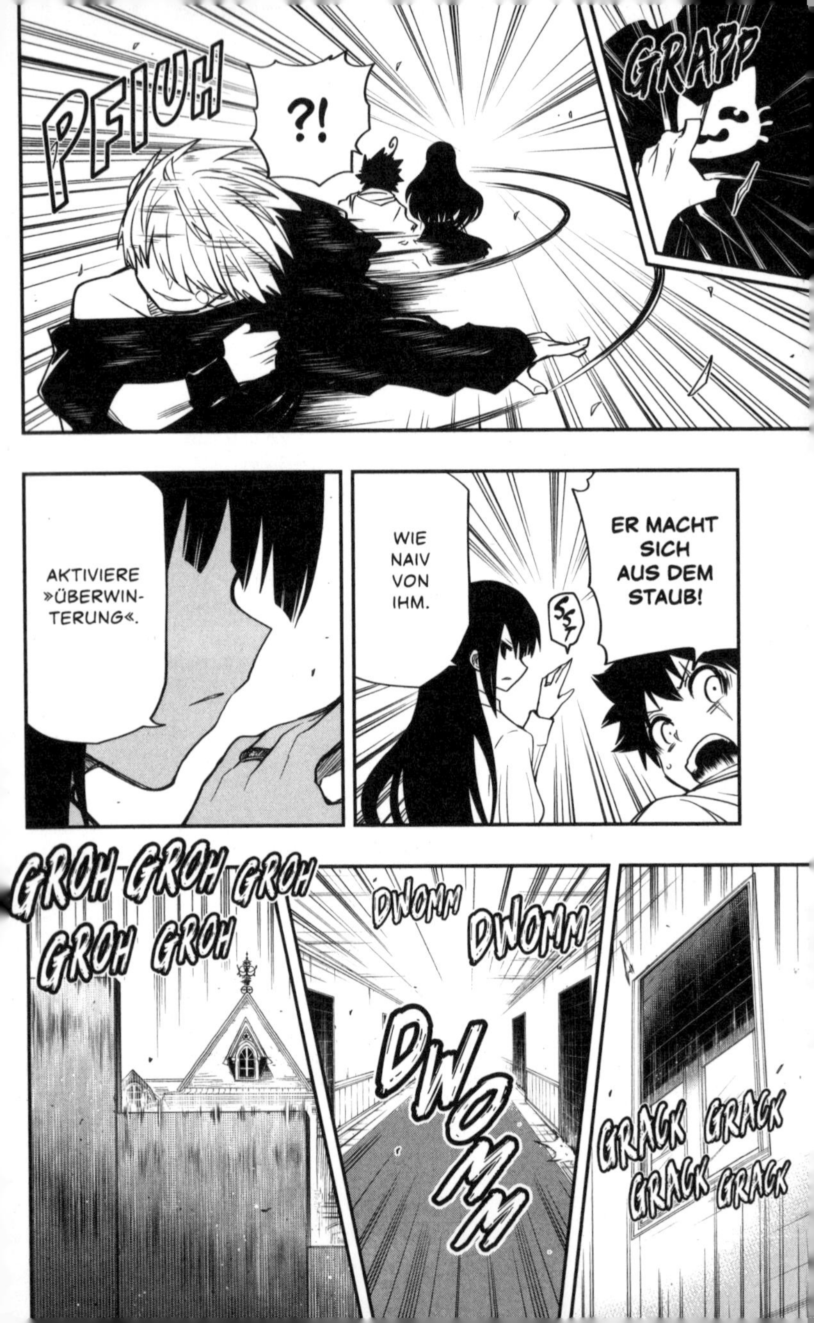
PFIUH
?!
GRAPP
ER MACHT SICH AUS DEM STAUB!
SST
WIE NAIV VON IHM.
AKTIVIERE »ÜBERWINTERUNG«.
GROH GROH GROH GROH GROH
DWOMM DWOMM
DWOMM
GRACK GRACK GRACK GRACK

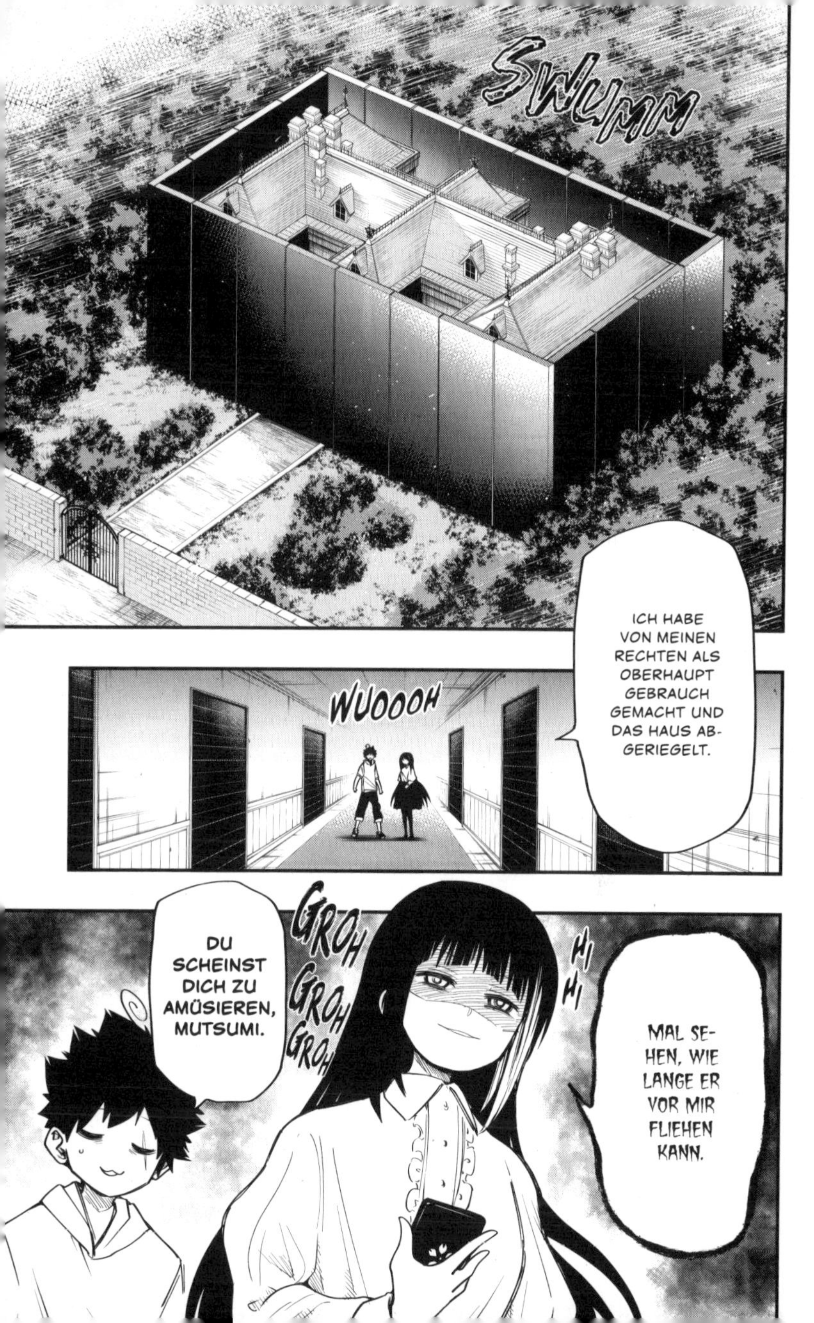
SWUMM
ICH HABE VON MEINEN RECHTEN ALS OBERHAUPT GEBRAUCH GEMACHT UND DAS HAUS ABGERIEGELT.
WUOOOH
MAL SEHEN, WIE LANGE ER VOR MIR FLIEHEN KANN.
HI HI
GROH GROH GROH
DU SCHEINST DICH ZU AMÜSIEREN, MUTSUMI.

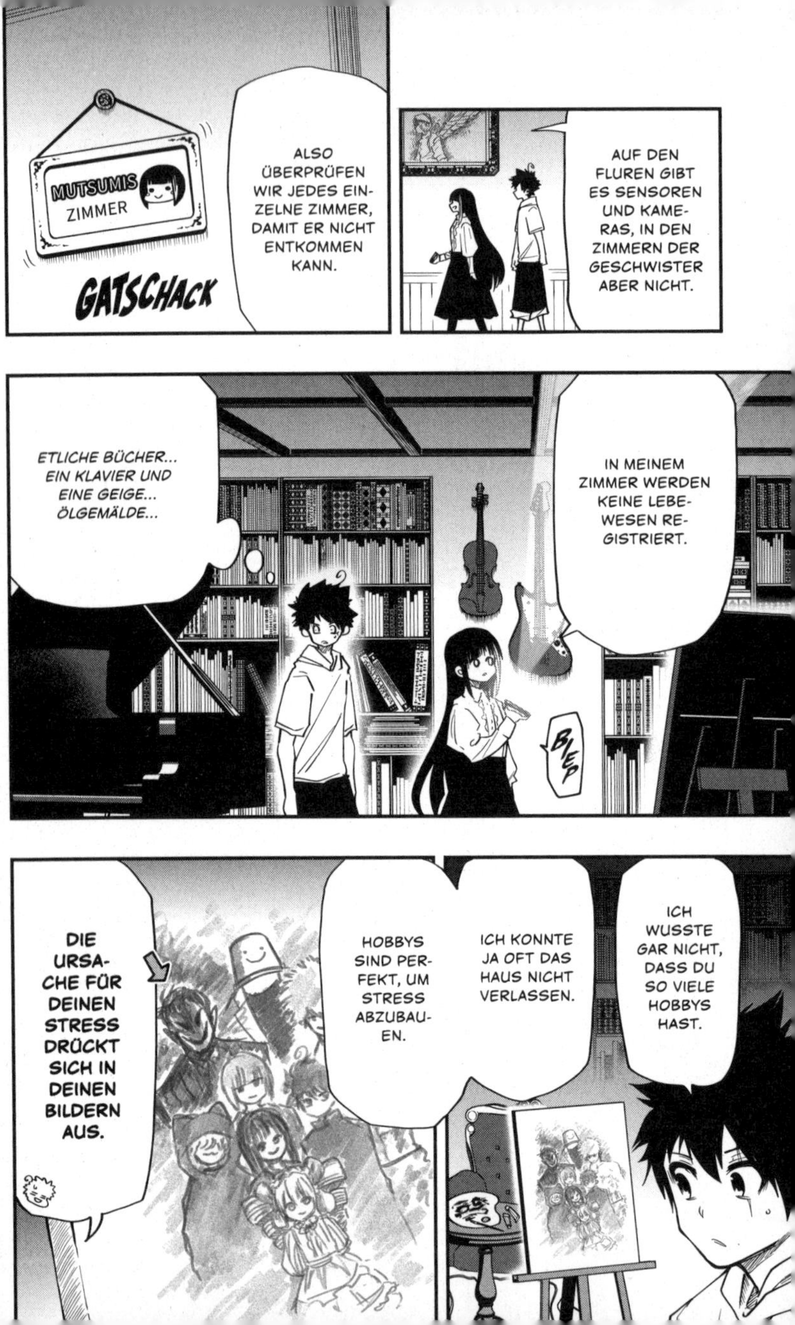
AUF DEN FLUREN GIBT ES SENSOREN UND KAMERAS, IN DEN ZIMMERN DER GESCHWISTER ABER NICHT.
MUTSUMIS ZIMMER
ALSO ÜBERPRÜFEN WIR JEDES EINZELNE ZIMMER, DAMIT ER NICHT ENTKOMMEN KANN.
GATSCHACK
IN MEINEM ZIMMER WERDEN KEINE LEBEWESEN REGISTRIERT.
BIEP
ETLICHE BÜCHER... EIN KLAVIER UND EINE GEIGE... ÖLGEMÄLDE...
ICH WUSSTE GAR NICHT, DASS DU SO VIELE HOBBYS HAST.
ICH KONNTE JA OFT DAS HAUS NICHT VERLASSEN.
HOBBYS SIND PERFEKT, UM STRESS ABZUBAUEN.
DIE URSACHE FÜR DEINEN STRESS DRÜCKT SICH IN DEINEN BILDERN AUS.

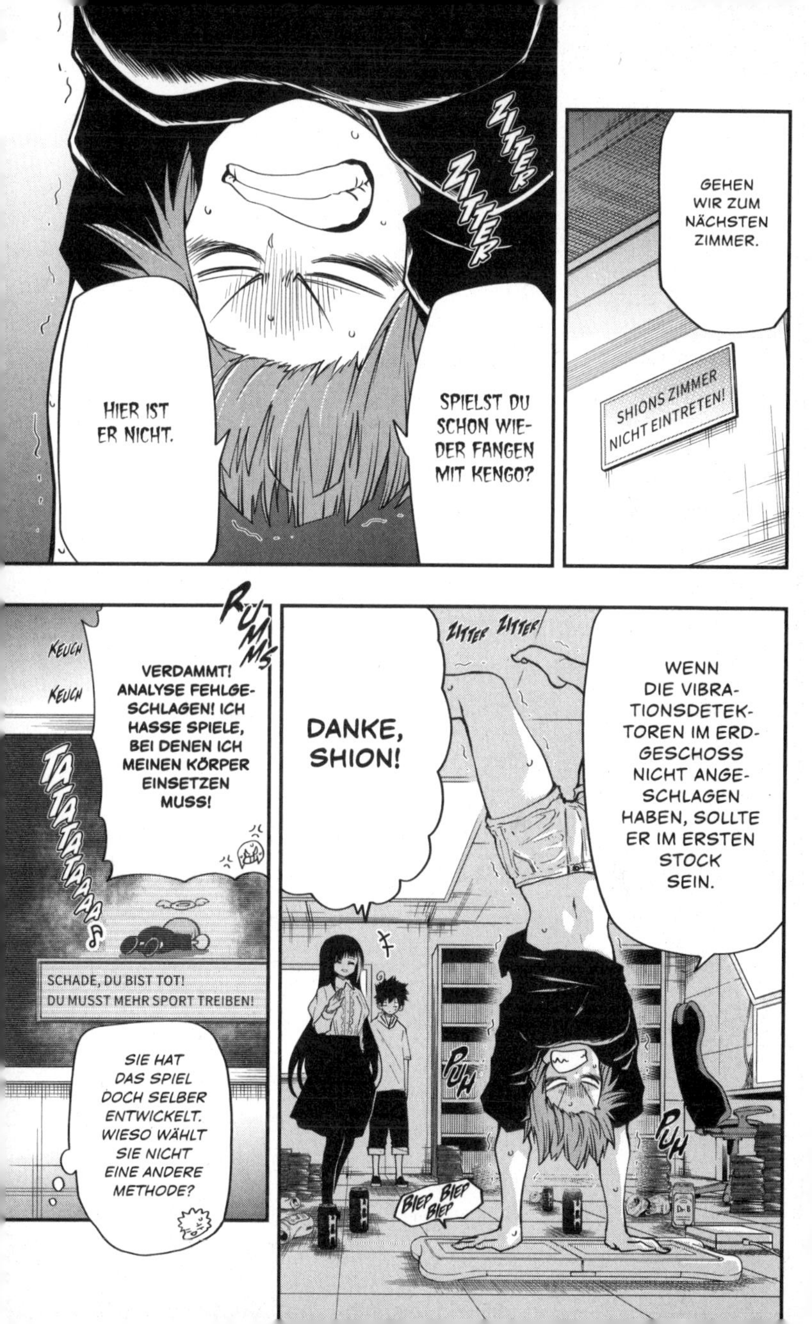

GEHEN WIR ZUM NÄCHSTEN ZIMMER.
SHIONS ZIMMER NICHT EINTRETEN!
ZITTER ZITTER
SPIELST DU SCHON WIEDER FANGEN MIT KENGO?
HIER IST ER NICHT.
ZITTER ZITTER
WENN DIE VIBRATIONSDETEKTOREN IM ERDGESCHOSS NICHT ANGESCHLAGEN HABEN, SOLLTE ER IM ERSTEN STOCK SEIN.
DANKE, SHION!
PUH
PUH
BIEP BIEP BIEP
RUMMS
KEUCH
KEUCH
VERDAMMT! ANALYSE FEHLGESCHLAGEN! ICH HASSE SPIELE, BEI DENEN ICH MEINEN KÖRPER EINSETZEN MUSS!
TATATATAAA
SCHADE, DU BIST TOT!
DU MUSST MEHR SPORT TREIBEN!
SIE HAT DAS SPIEL DOCH SELBER ENTWICKELT. WIESO WÄHLT SIE NICHT EINE ANDERE METHODE?

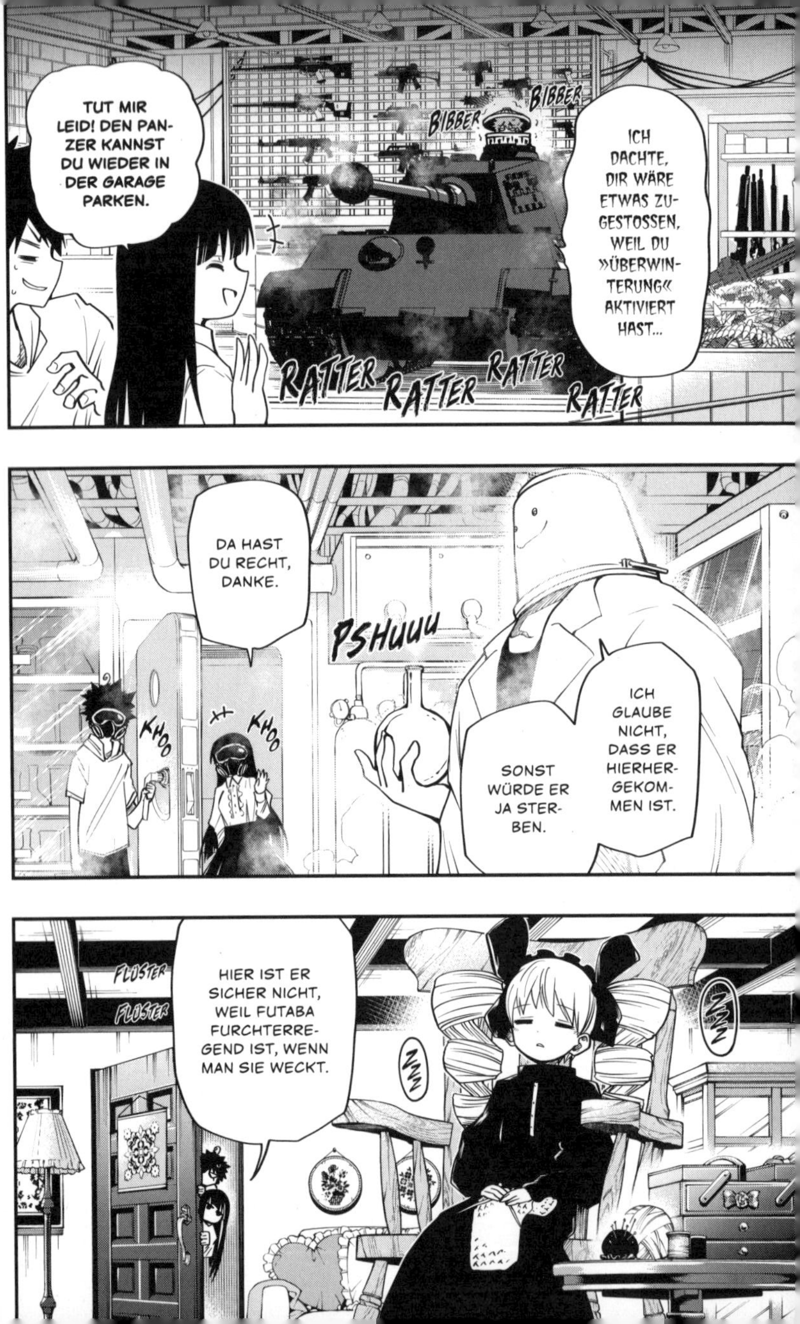
BIBBER
BIBBER
ICH DACHTE, DIR WÄRE ETWAS ZUGESTOSSEN, WEIL DU »ÜBERWINTERUNG« AKTIVIERT HAST...
TUT MIR LEID! DEN PANZER KANNST DU WIEDER IN DER GARAGE PARKEN.
RATTER RATTER RATTER RATTER
ICH GLAUBE NICHT, DASS ER HIERHERGEKOMMEN IST.
SONST WÜRDE ER JA STERBEN.
PSHUUU
DA HAST DU RECHT, DANKE.
KHOO
KHOO
HIER IST ER SICHER NICHT, WEIL FUTABA FURCHTERREGEND IST, WENN MAN SIE WECKT.
FLÜSTER
FLÜSTER

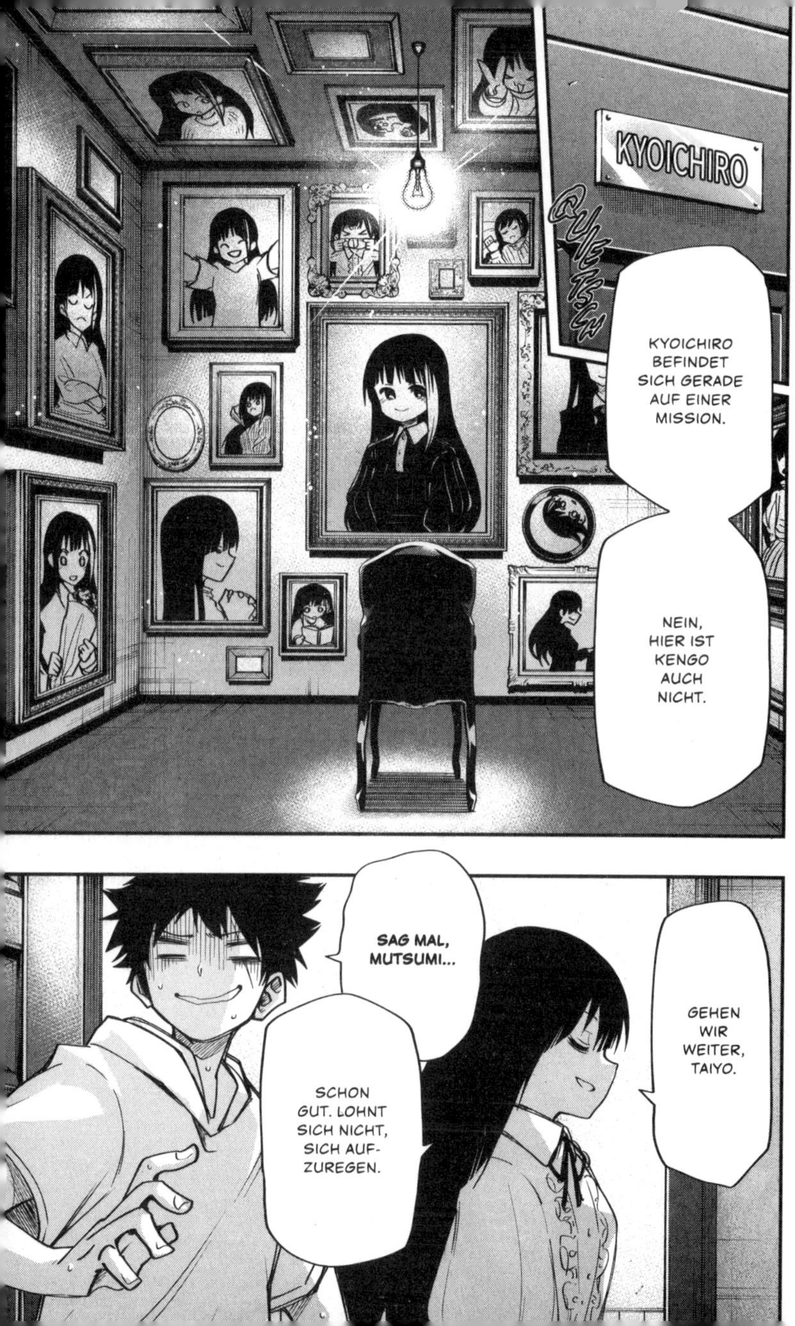
KYOICHIRO
QUIETSCH
KYOICHIRO BEFINDET SICH GERADE AUF EINER MISSION.
NEIN, HIER IST KENGO AUCH NICHT.
GEHEN WIR WEITER, TAIYO.
SAG MAL, MUTSUMI...
SCHON GUT. LOHNT SICH NICHT, SICH AUF-ZUREGEN.

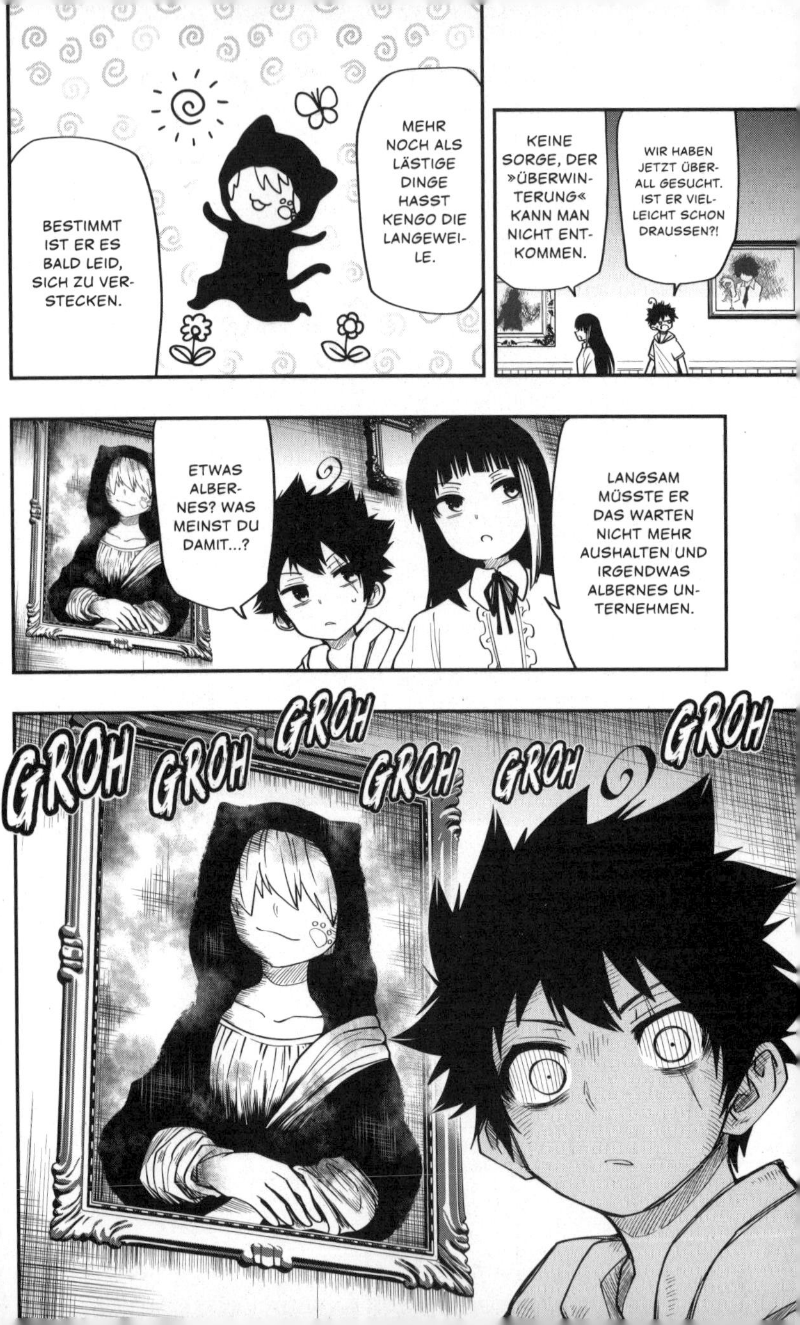
WIR HABEN JETZT ÜBERALL GESUCHT. IST ER VIELLEICHT SCHON DRAUSSEN?!
KEINE SORGE, DER »ÜBERWINTERUNG« KANN MAN NICHT ENTKOMMEN.
MEHR NOCH ALS LÄSTIGE DINGE HASST KENGO DIE LANGEWEILE.
BESTIMMT IST ER ES BALD LEID, SICH ZU VERSTECKEN.
LANGSAM MÜSSTE ER DAS WARTEN NICHT MEHR AUSHALTEN UND IRGENDWAS ALBERNES UNTERNEHMEN.
ETWAS ALBERNES? WAS MEINST DU DAMIT...?
GROH GROH GROH GROH GROH GROH

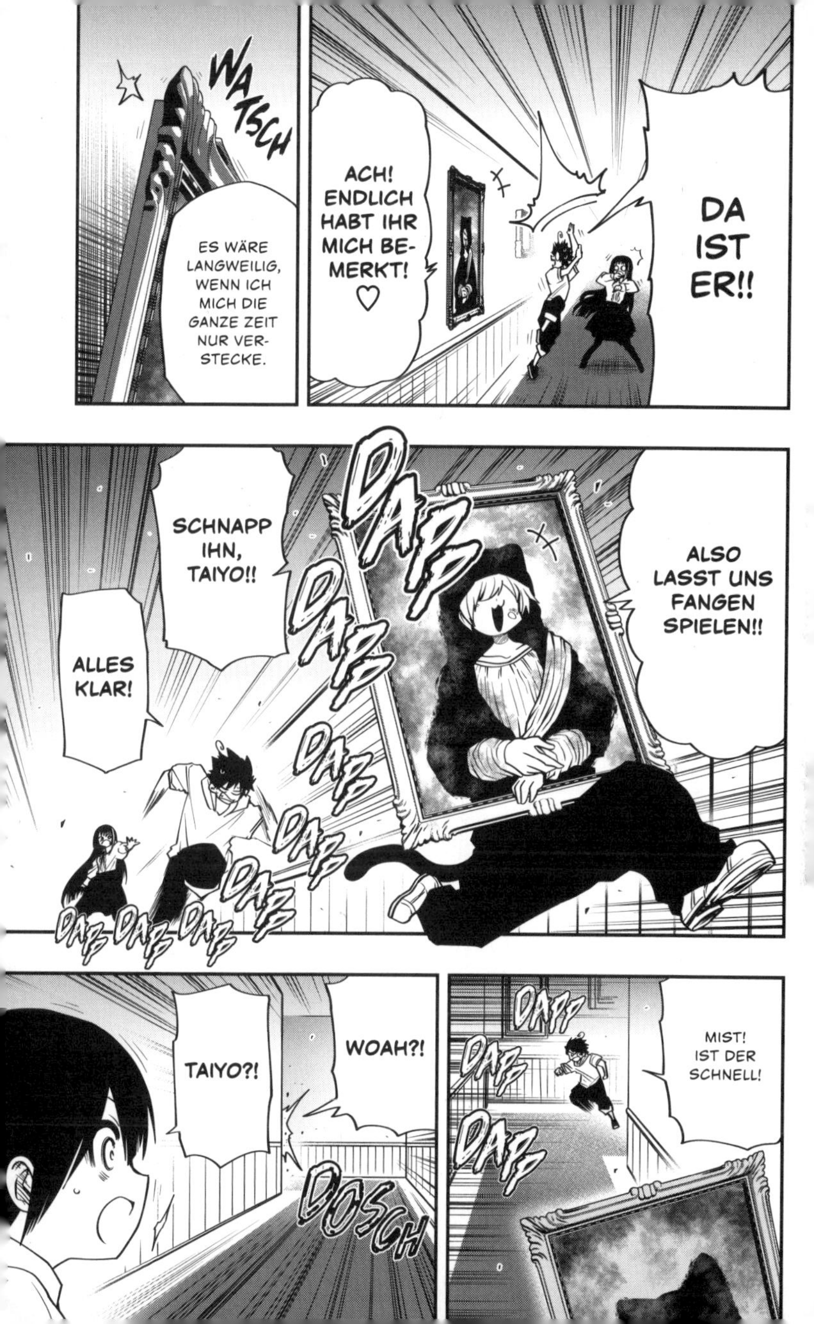
DA IST ER!!
ACH! ENDLICH HABT IHR MICH BE-MERKT! ♡
WATSCH
ES WÄRE LANGWEILIG, WENN ICH MICH DIE GANZE ZEIT NUR VER-STECKE.
ALSO LASST UNS FANGEN SPIELEN!!
DAPP DAPP DAPP DAPP DAPP
SCHNAPP IHN, TAIYO!!
ALLES KLAR!
DAPP DAPP DAPP
MIST! IST DER SCHNELL!
DAPP DAPP DAPP
WOAH?!
DOSCH
TAIYO?!

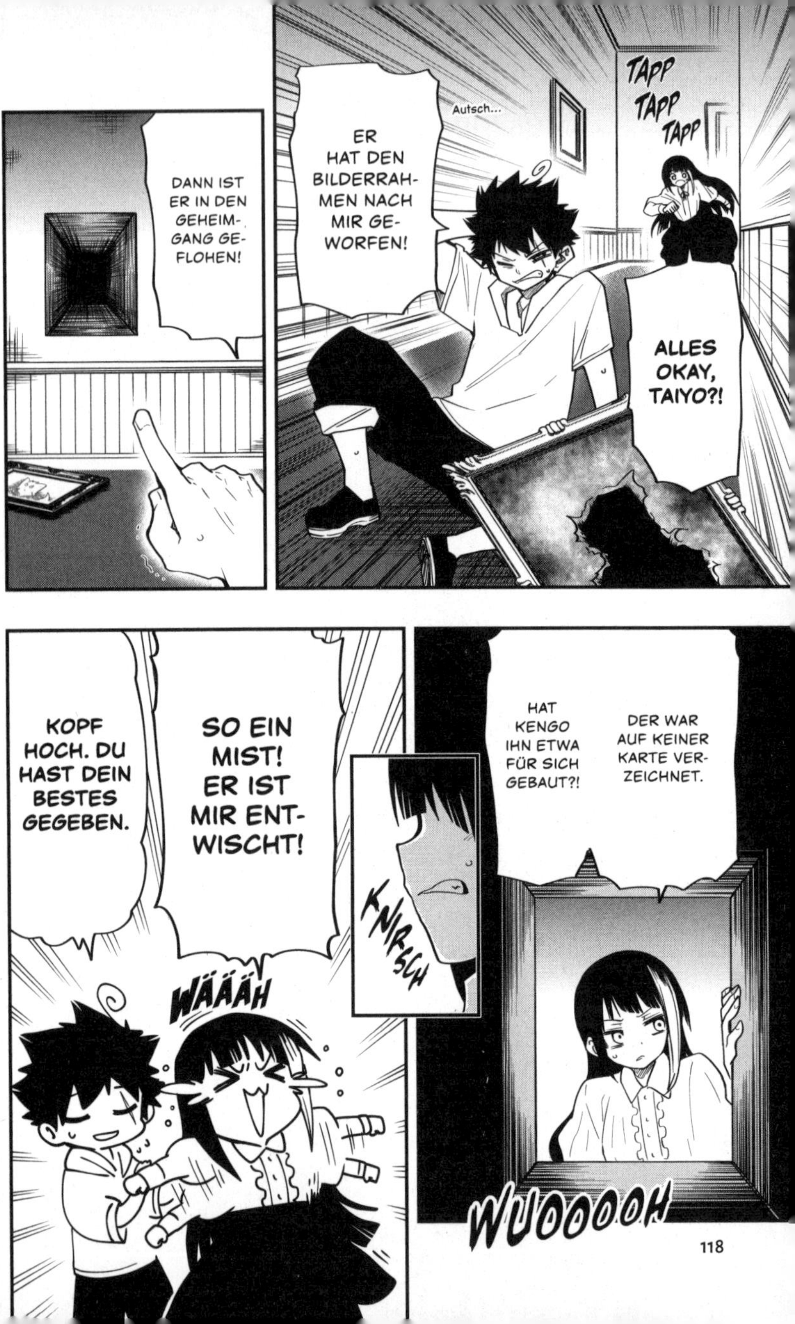
TAPP
TAPP
TAPP
ALLES OKAY, TAIYO?!
Autsch...
ER HAT DEN BILDERRAHMEN NACH MIR GEWORFEN!
DANN IST ER IN DEN GEHEIMGANG GEFLOHEN!
DER WAR AUF KEINER KARTE VERZEICHNET.
HAT KENGO IHN ETWA FÜR SICH GEBAUT?!
WUOOOOH
KNIRSCH
SO EIN MIST! ER IST MIR ENTWISCHT!
WÄÄÄH
KOPF HOCH. DU HAST DEIN BESTES GEGEBEN.

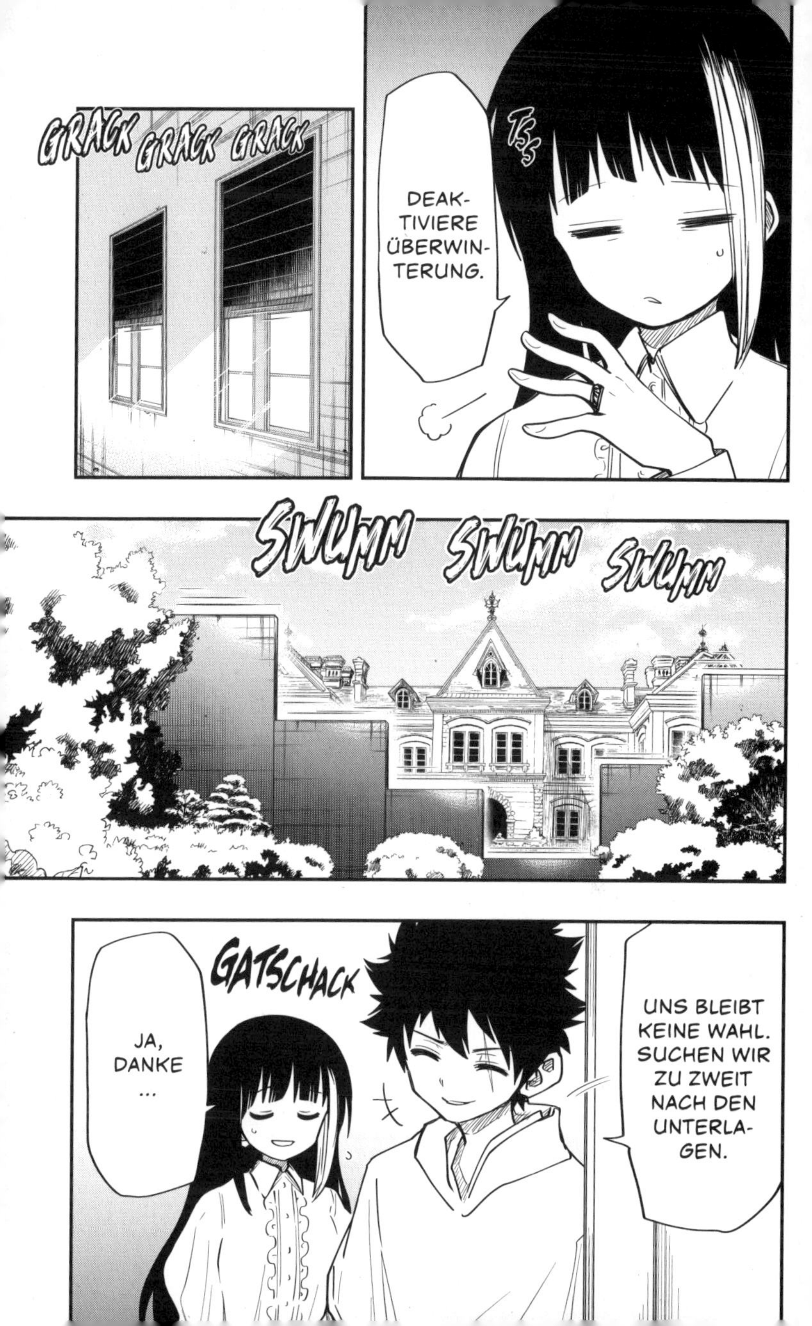

DEAK-
TIVIERE
ÜBERWIN-
TERUNG.
TSS
GRACK GRACK GRACK
SWUMM SWUMM SWUMM
UNS BLEIBT KEINE WAHL. SUCHEN WIR ZU ZWEIT NACH DEN UNTERLA-GEN.
GATSCHACK
JA, DANKE …

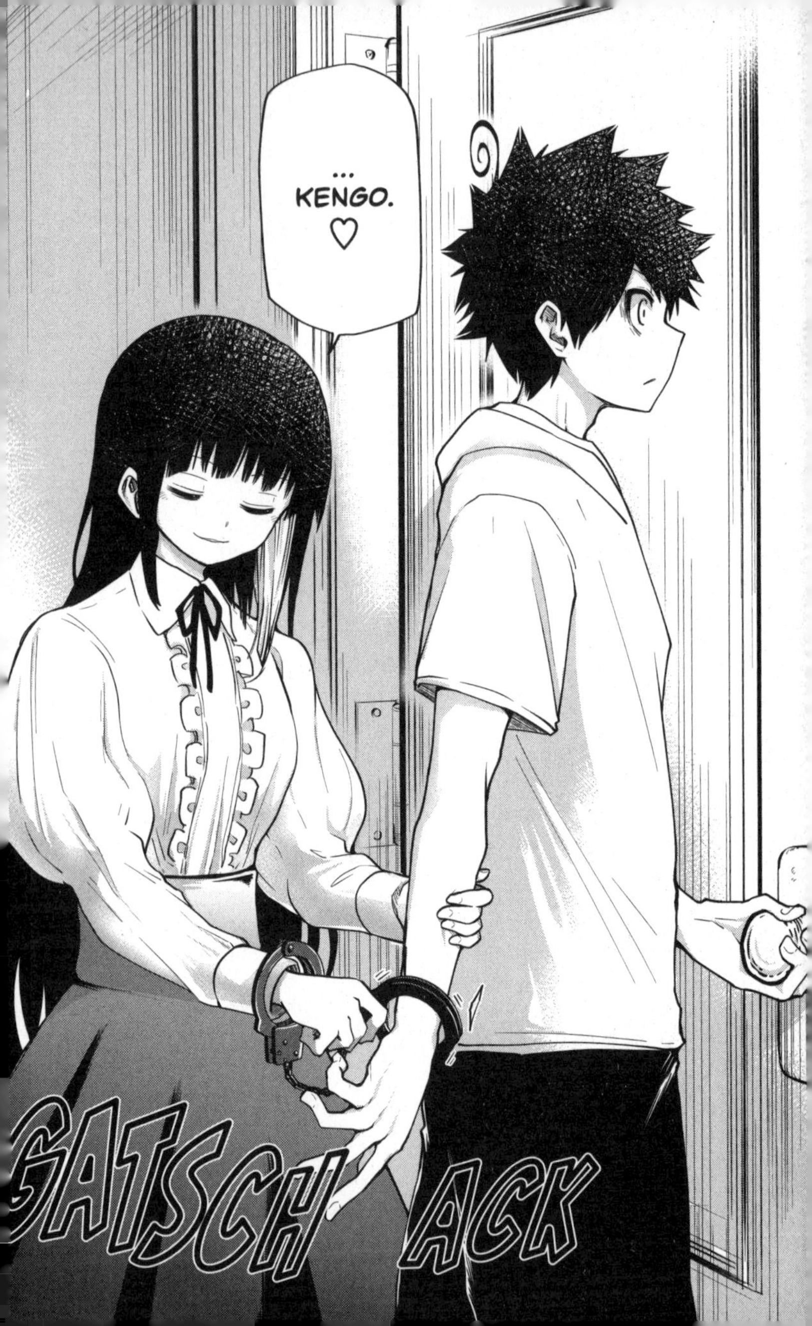
... KENGO. ♡
GATSCH ACK

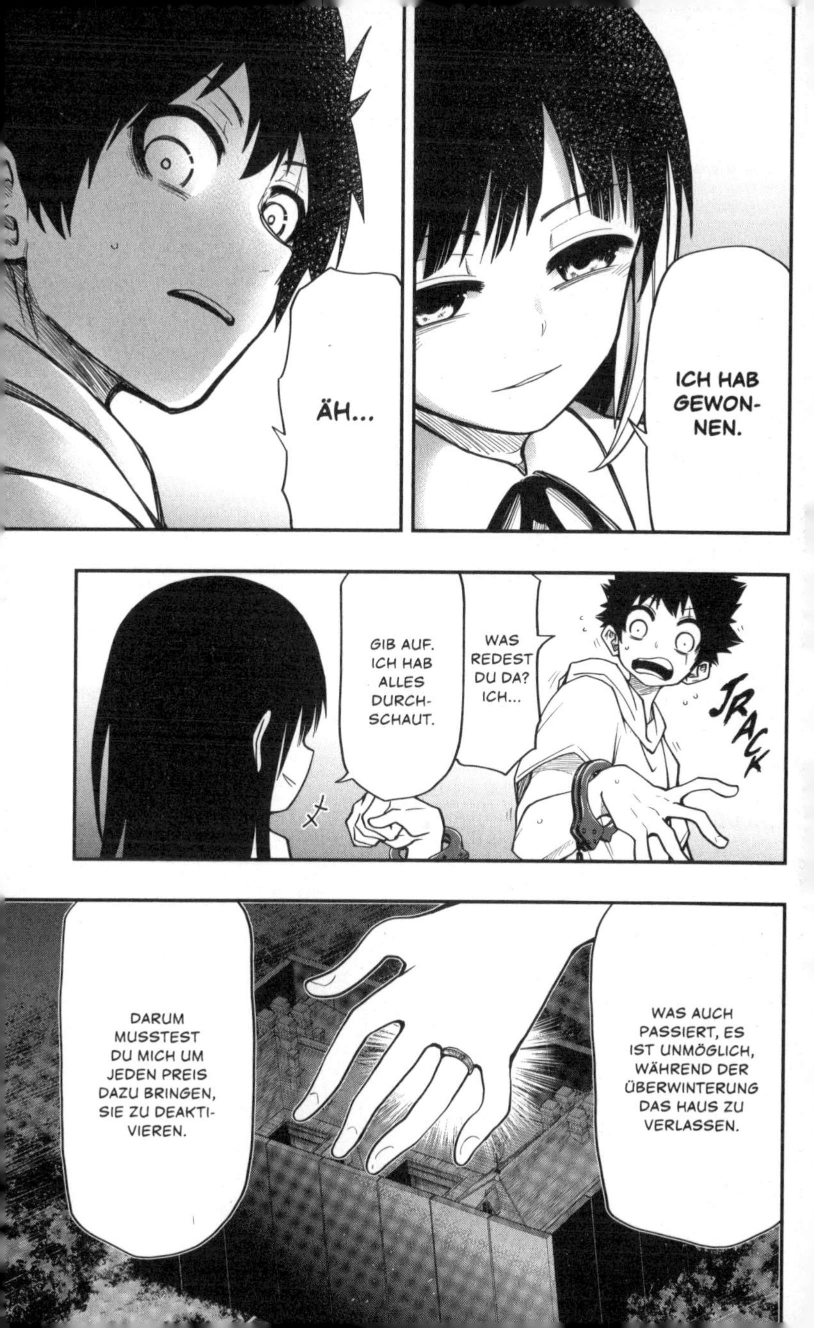
ICH HAB GEWON-NEN.
ÄH...
WAS REDEST DU DA? ICH...
GIB AUF. ICH HAB ALLES DURCH-SCHAUT.
WAS AUCH PASSIERT, ES IST UNMÖGLICH, WÄHREND DER ÜBERWINTERUNG DAS HAUS ZU VERLASSEN.
DARUM MUSSTEST DU MICH UM JEDEN PREIS DAZU BRINGEN, SIE ZU DEAKTI-VIEREN.

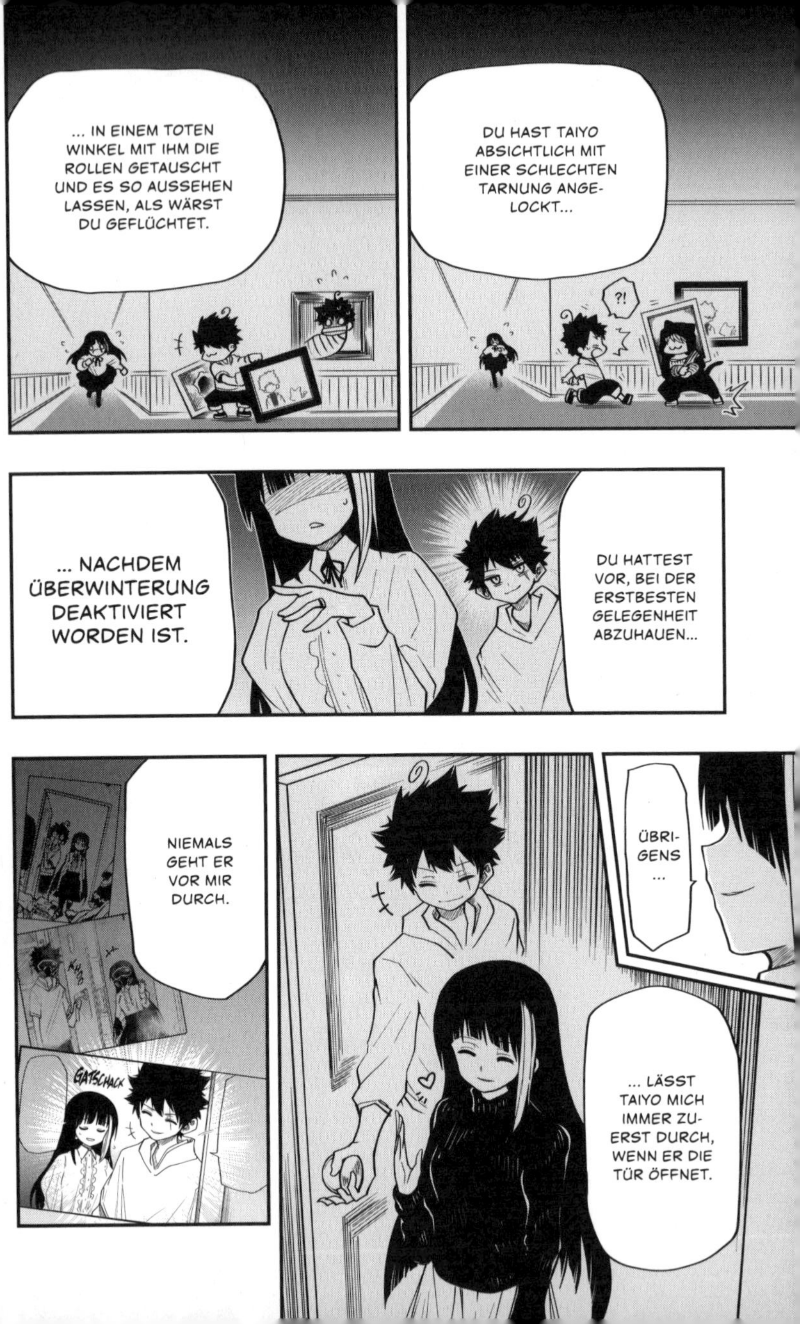
DU HAST TAIYO ABSICHTLICH MIT EINER SCHLECHTEN TARNUNG ANGE-LOCKT...
?!
... IN EINEM TOTEN WINKEL MIT IHM DIE ROLLEN GETAUSCHT UND ES SO AUSSEHEN LASSEN, ALS WÄRST DU GEFLÜCHTET.
DU HATTEST VOR, BEI DER ERSTBESTEN GELEGENHEIT ABZUHAUEN...
... NACHDEM ÜBERWINTERUNG DEAKTIVIERT WORDEN IST.
ÜBRI-GENS ...
... LÄSST TAIYO MICH IMMER ZU-ERST DURCH, WENN ER DIE TÜR ÖFFNET.
NIEMALS GEHT ER VOR MIR DURCH.
GATSCHACK

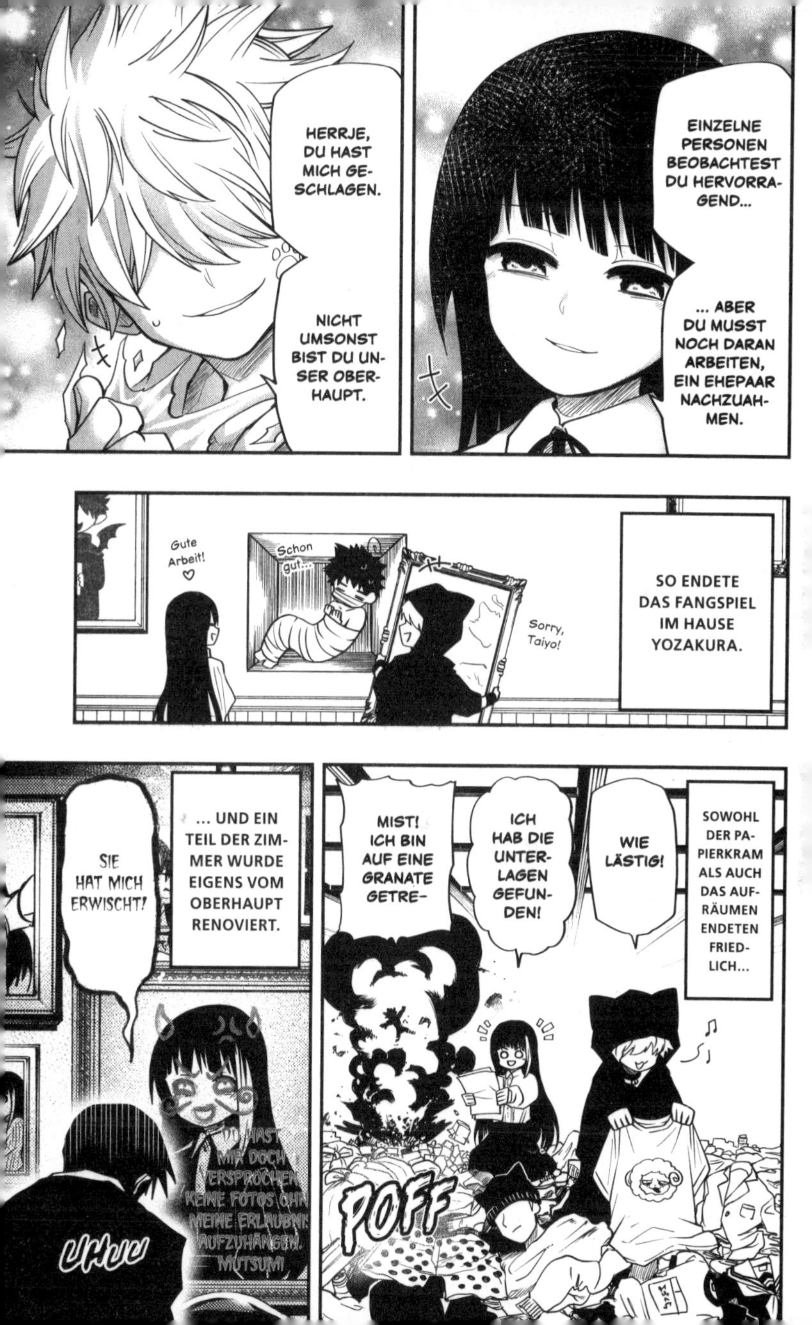

EINZELNE PERSONEN BEOBACHTEST DU HERVORRAGEND...
... ABER DU MUSST NOCH DARAN ARBEITEN, EIN EHEPAAR NACHZUAHMEN.
HERRJE, DU HAST MICH GESCHLAGEN.
NICHT UMSONST BIST DU UNSER OBERHAUPT.
SO ENDETE DAS FANGSPIEL IM HAUSE YOZAKURA.
Sorry, Taiyo!
Schon gut...
Gute Arbeit! ♡
SOWOHL DER PAPIERKRAM ALS AUCH DAS AUFRÄUMEN ENDETEN FRIEDLICH...
WIE LÄSTIG!
ICH HAB DIE UNTERLAGEN GEFUNDEN!
MIST! ICH BIN AUF EINE GRANATE GETRE-
POFF
... UND EIN TEIL DER ZIMMER WURDE EIGENS VOM OBERHAUPT RENOVIERT.
SIE HAT MICH ERWISCHT!
DU HAST MIR DOCH VERSPROCHEN, KEINE FOTOS OHN MEINE ERLAUBNIS AUFZUHÄNGEN. MUTSUMI
UHUU

Betrachten wir mit Kengo

Weltberühmte Gemälde

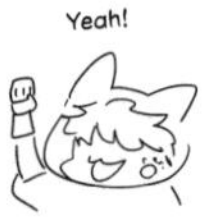

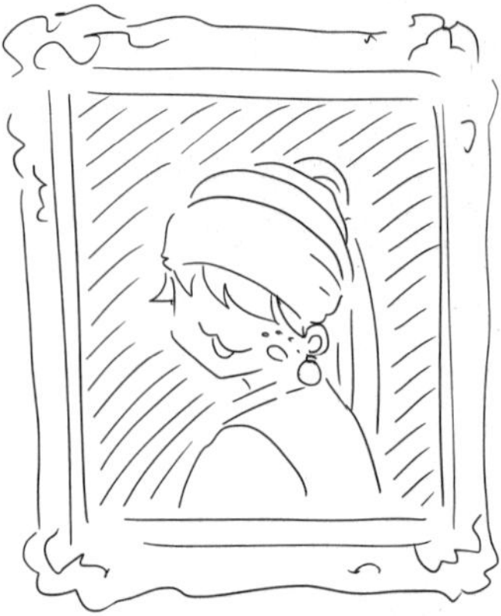

Kengo mit dem Perlenohrgehänge

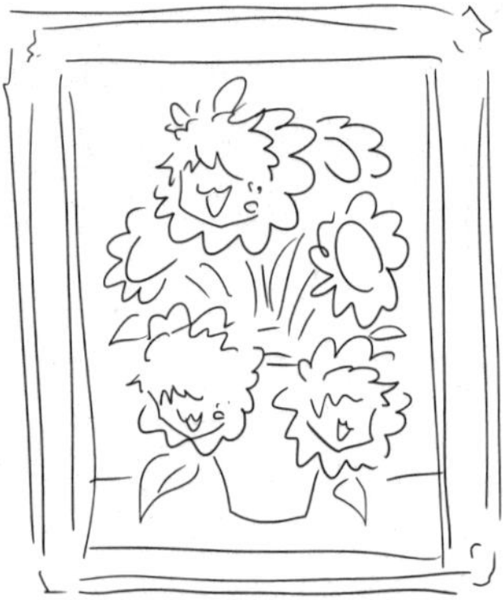

Kengos Sonnenblumen

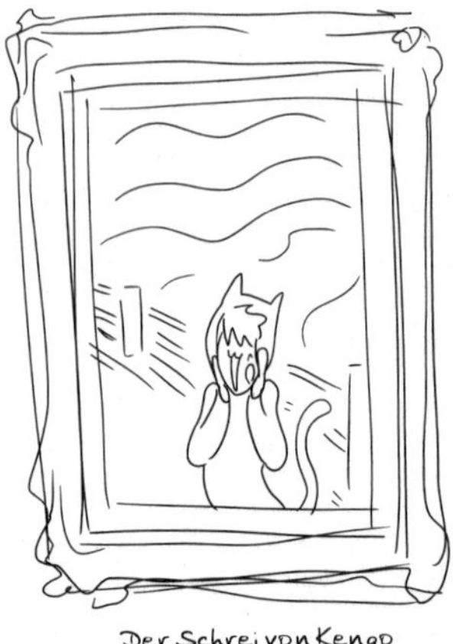

Der Schrei von Kengo

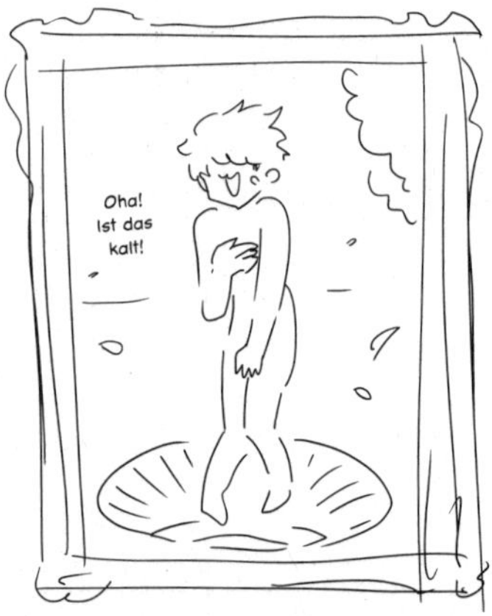

Die Geburt Kengos

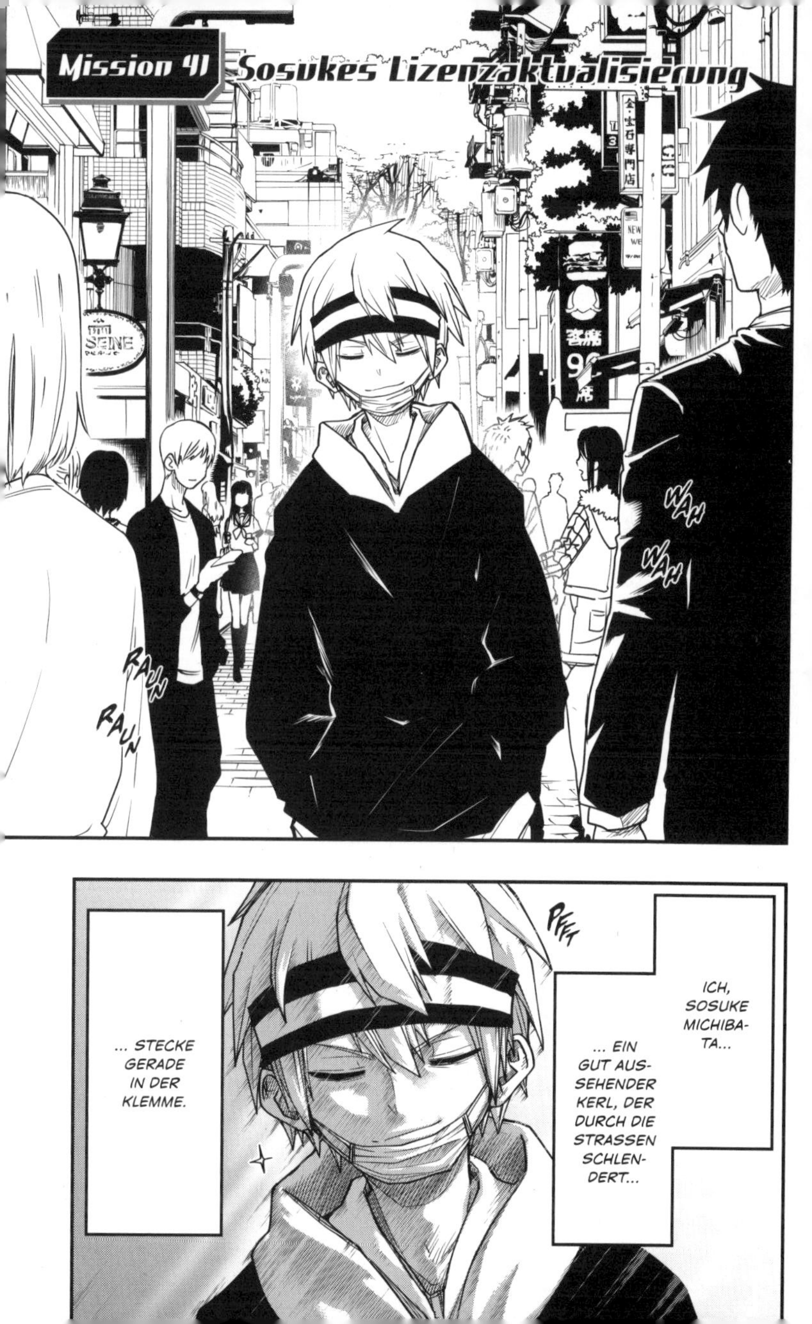
Mission 41
Sosukes Lizenzaktualisierung
WAH
WAH
RAUN
RAUN
PFFT
ICH, SOSUKE MICHIBA-TA...
... EIN GUT AUS-SEHENDER KERL, DER DURCH DIE STRASSEN SCHLEN-DERT...
... STECKE GERADE IN DER KLEMME.

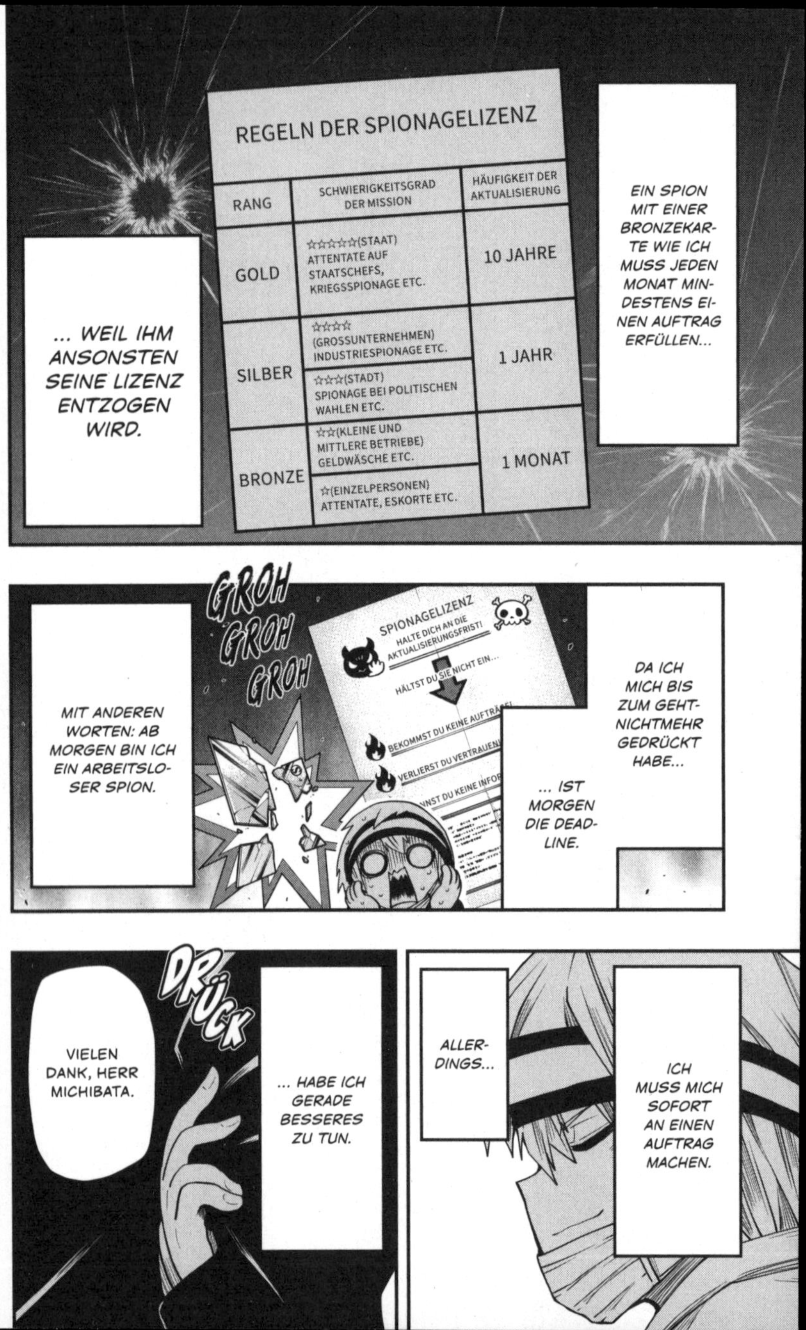
EIN SPION MIT EINER BRONZEKARTE WIE ICH MUSS JEDEN MONAT MINDESTENS EINEN AUFTRAG ERFÜLLEN...
REGELN DER SPIONAGELIZENZ
RANG
SCHWIERIGKEITSGRAD DER MISSION
HÄUFIGKEIT DER AKTUALISIERUNG
GOLD
☆☆☆☆☆(STAAT) ATTENTATE AUF STAATSCHEFS, KRIEGSSPIONAGE ETC.
10 JAHRE
SILBER
☆☆☆☆ (GROSSUNTERNEHMEN) INDUSTRIESPIONAGE ETC.
☆☆☆(STADT) SPIONAGE BEI POLITISCHEN WAHLEN ETC.
1 JAHR
BRONZE
☆☆(KLEINE UND MITTLERE BETRIEBE) GELDWÄSCHE ETC.
☆(EINZELPERSONEN) ATTENTATE, ESKORTE ETC.
1 MONAT
... WEIL IHM ANSONSTEN SEINE LIZENZ ENTZOGEN WIRD.
DA ICH MICH BIS ZUM GEHTNICHTMEHR GEDRÜCKT HABE...
... IST MORGEN DIE DEADLINE.
GROH GROH GROH
SPIONAGELIZENZ
HALTE DICH AN DIE AKTUALISIERUNGSFRIST!
HÄLTST DU SIE NICHT EIN...
MIT ANDEREN WORTEN: AB MORGEN BIN ICH EIN ARBEITSLOSER SPION.
ICH MUSS MICH SOFORT AN EINEN AUFTRAG MACHEN.
ALLERDINGS...
... HABE ICH GERADE BESSERES ZU TUN.
DRÜCK
VIELEN DANK, HERR MICHIBATA.

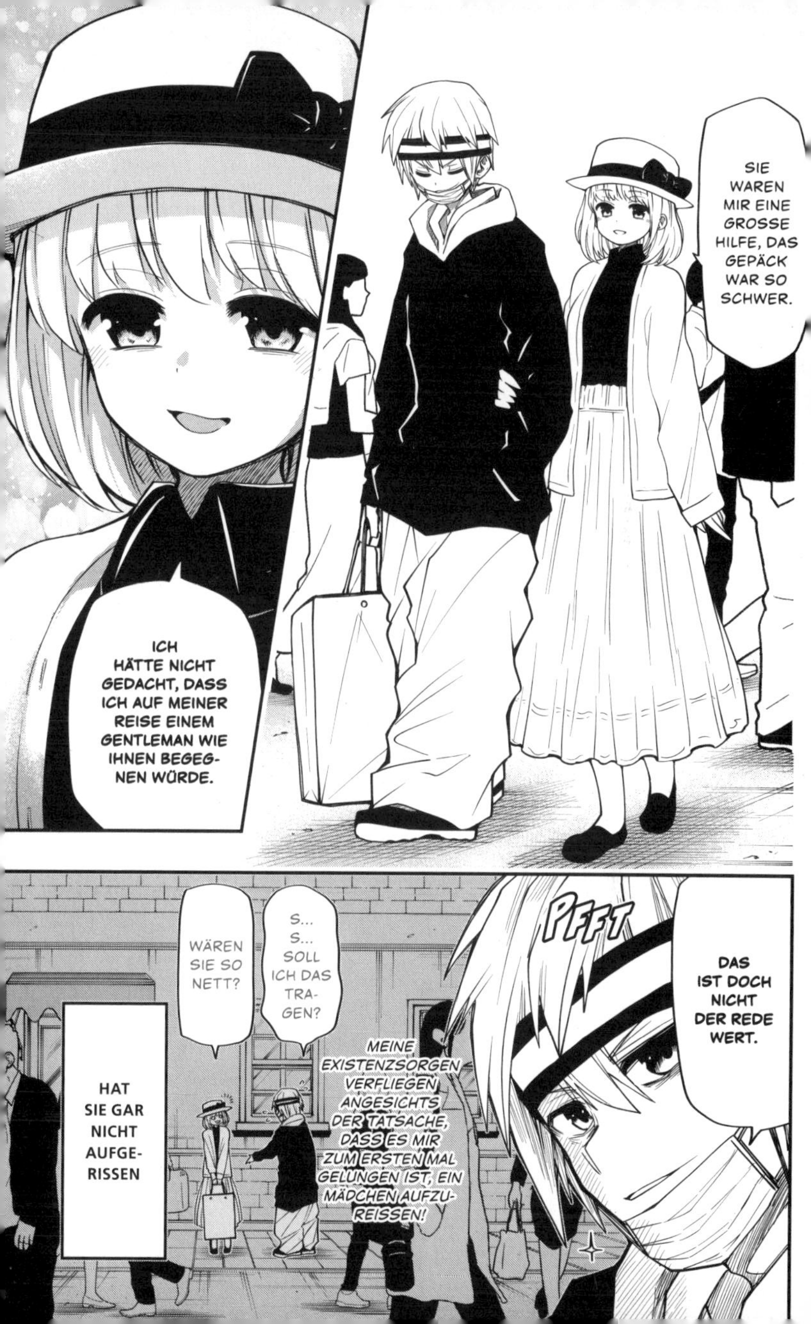
SIE WAREN MIR EINE GROSSE HILFE, DAS GEPÄCK WAR SO SCHWER.
ICH HÄTTE NICHT GEDACHT, DASS ICH AUF MEINER REISE EINEM GENTLEMAN WIE IHNEN BEGEGNEN WÜRDE.
PFFT
DAS IST DOCH NICHT DER REDE WERT.
MEINE EXISTENZSORGEN VERFLIEGEN ANGESICHTS DER TATSACHE, DASS ES MIR ZUM ERSTEN MAL GELUNGEN IST, EIN MÄDCHEN AUFZU-REISSEN!
S... S... SOLL ICH DAS TRA-GEN?
WÄREN SIE SO NETT?
HAT SIE GAR NICHT AUFGE-RISSEN

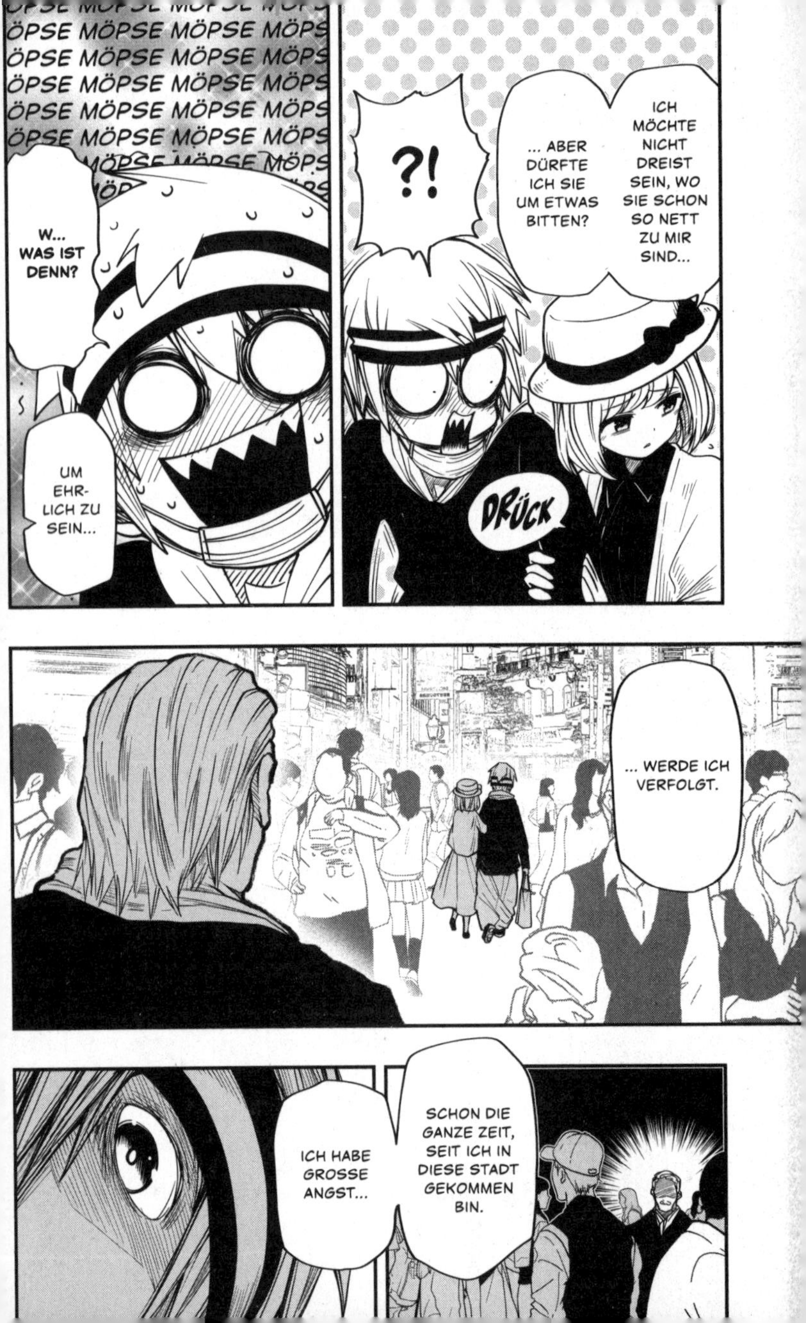

ICH MÖCHTE NICHT DREIST SEIN, WO SIE SCHON SO NETT ZU MIR SIND...
... ABER DÜRFTE ICH SIE UM ETWAS BITTEN?
?!
DRÜCK
MÖPSE MÖPSE MÖPSE MÖPSE
W... WAS IST DENN?
UM EHR-LICH ZU SEIN...
... WERDE ICH VERFOLGT.
SCHON DIE GANZE ZEIT, SEIT ICH IN DIESE STADT GEKOMMEN BIN.
ICH HABE GROSSE ANGST...

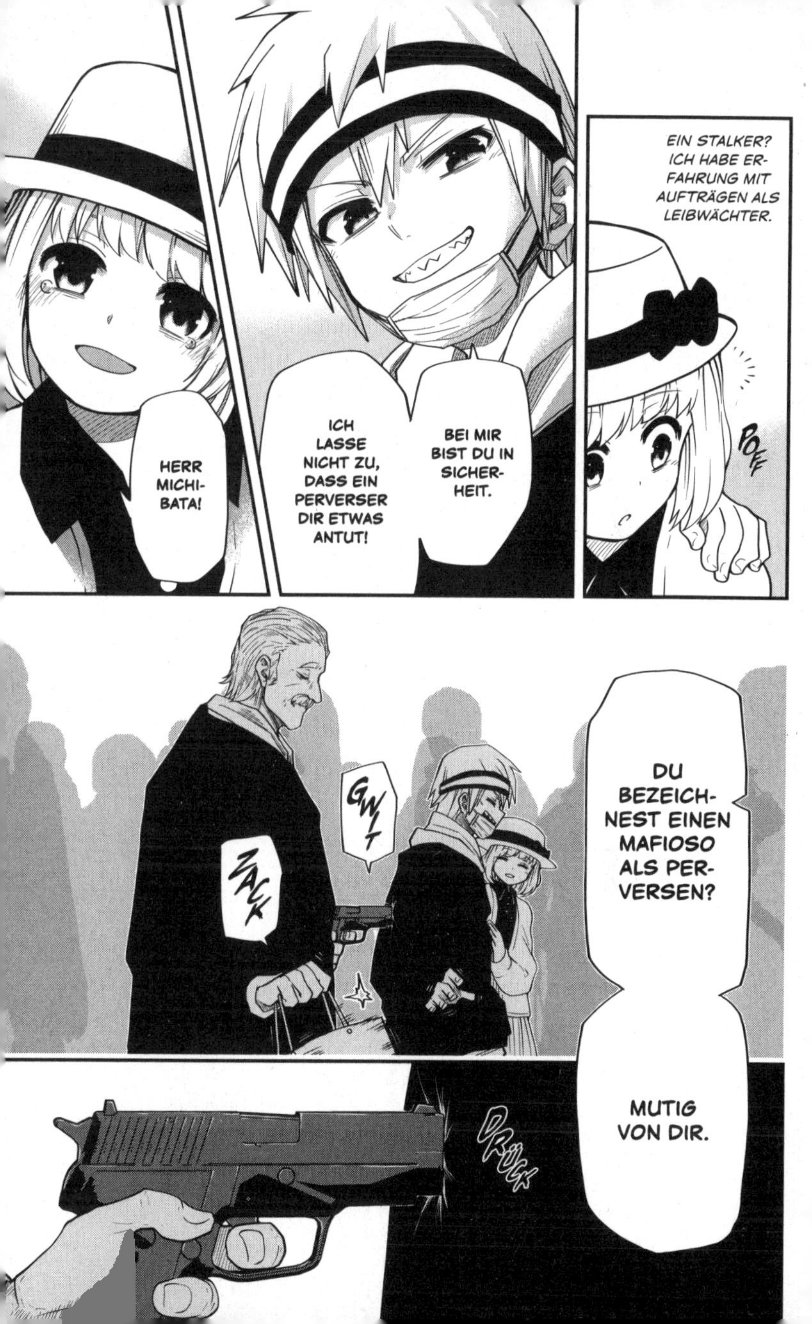
EIN STALKER? ICH HABE ERFAHRUNG MIT AUFTRÄGEN ALS LEIBWÄCHTER.
POFF
BEI MIR BIST DU IN SICHERHEIT.
ICH LASSE NICHT ZU, DASS EIN PERVERSER DIR ETWAS ANTUT!
HERR MICHIBATA!
DU BEZEICHNEST EINEN MAFIOSO ALS PERVERSEN?
GWIT
ZACK
MUTIG VON DIR.
DRÜCK

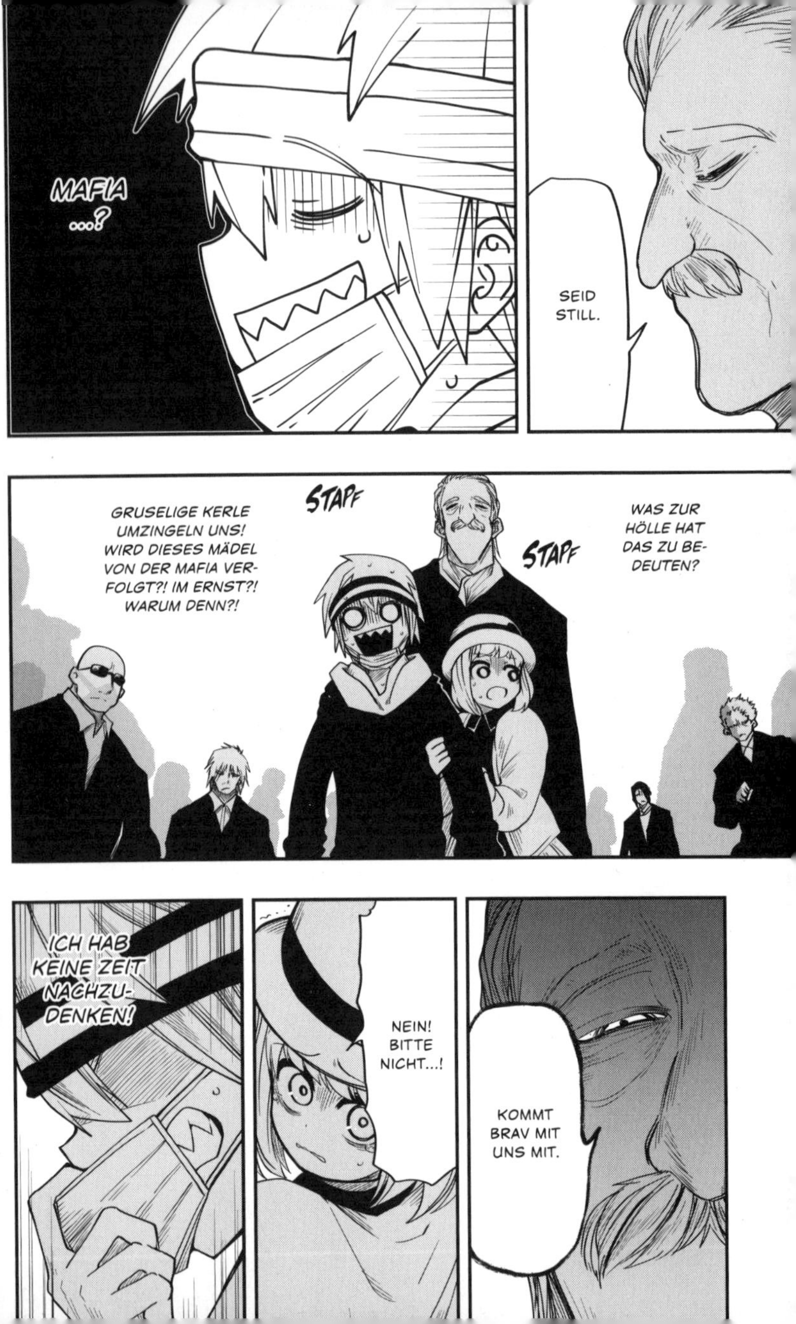
SEID STILL.
MAFIA ...?
WAS ZUR HÖLLE HAT DAS ZU BEDEUTEN?
STAPF
STAPF
GRUSELIGE KERLE UMZINGELN UNS! WIRD DIESES MÄDEL VON DER MAFIA VERFOLGT?! IM ERNST?! WARUM DENN?!
KOMMT BRAV MIT UNS MIT.
NEIN! BITTE NICHT...!
ICH HAB KEINE ZEIT NACHZUDENKEN!

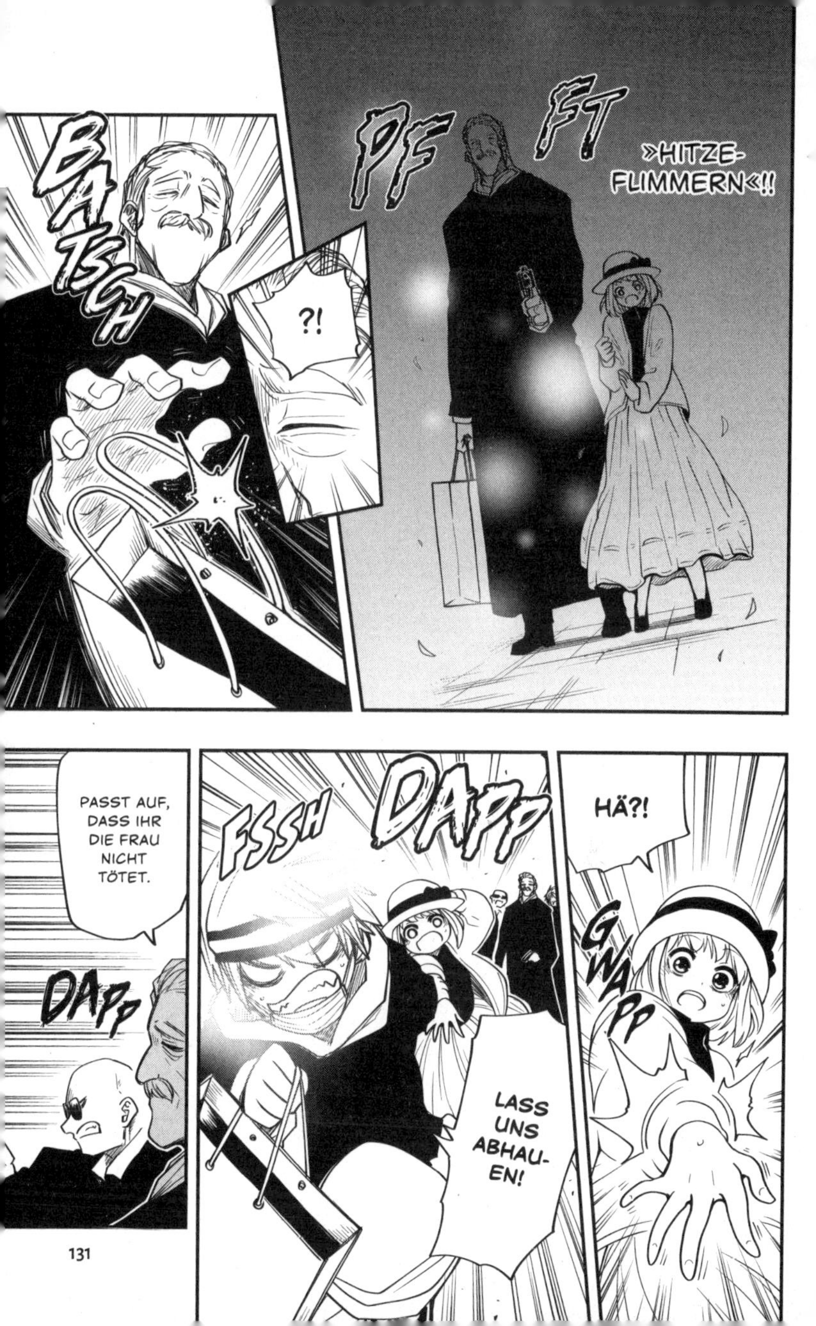
PFFT
»HITZE-FLIMMERN«!!
BATSCH
?!
HÄ?!
GWAPP
FSSH
DAPP
LASS UNS ABHAU-EN!
PASST AUF, DASS IHR DIE FRAU NICHT TÖTET.
DAPP

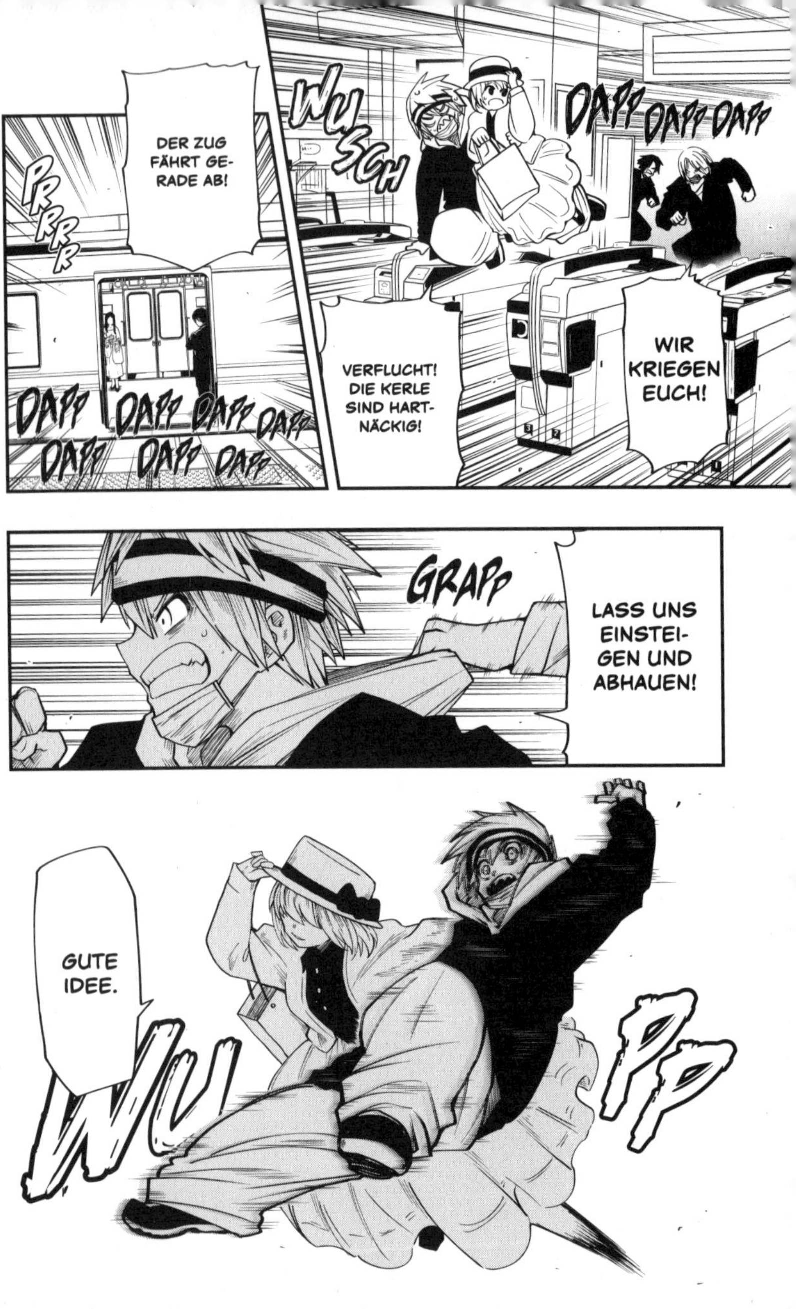
WUSCH
DAPP DAPP DAPP
WIR KRIEGEN EUCH!
VERFLUCHT! DIE KERLE SIND HART-NÄCKIG!
DER ZUG FÄHRT GE-RADE AB!
PRRRR
DAPP DAPP DAPP DAPP DAPP DAPP DAPP
LASS UNS EINSTEI-GEN UND ABHAUEN!
GRAPP
GUTE IDEE.
WUPP

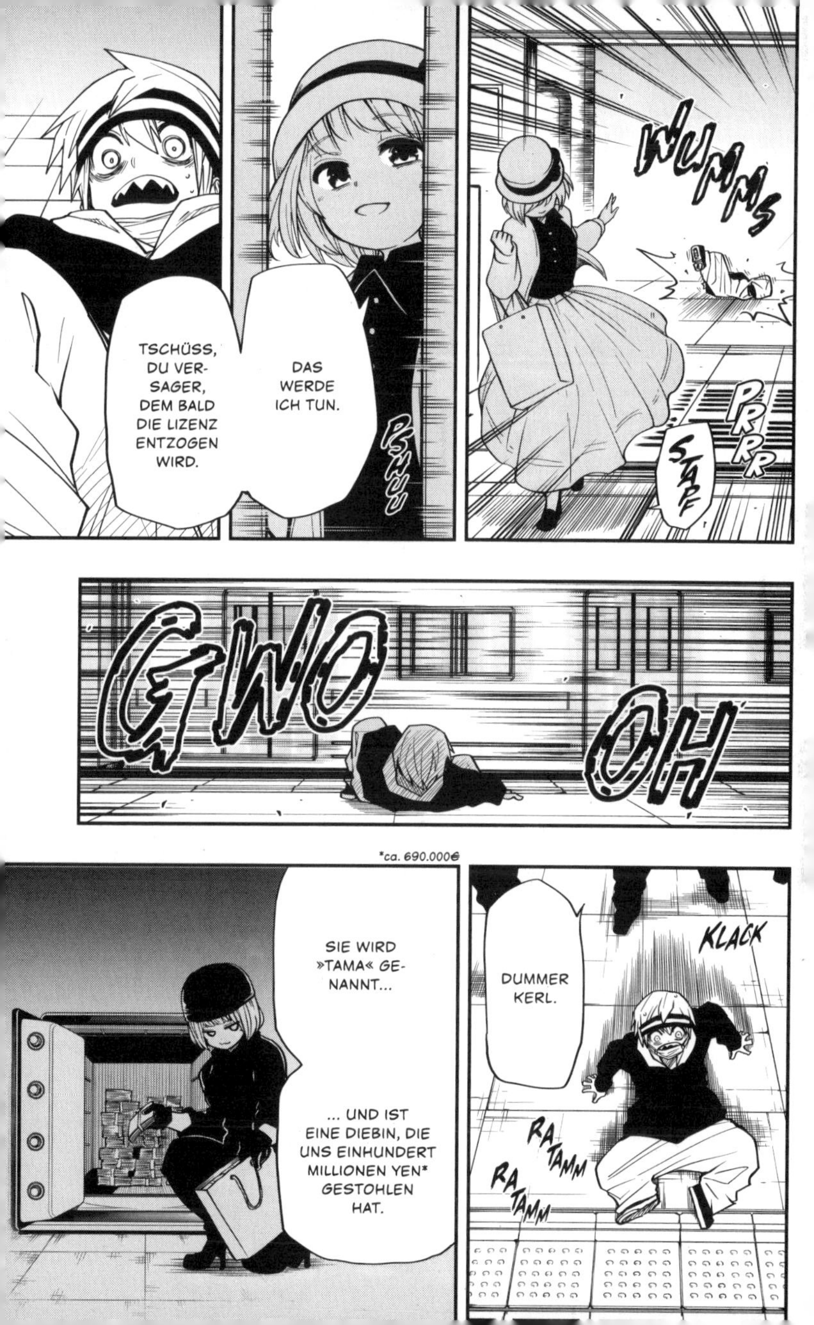
WUMMS
PRRR
STAPF
DAS WERDE ICH TUN.
PSHUU
TSCHÜSS, DU VERSAGER, DEM BALD DIE LIZENZ ENTZOGEN WIRD.
GWO OH
KLACK
DUMMER KERL.
RATAMM RATAMM
SIE WIRD »TAMA« GENANNT…
… UND IST EINE DIEBIN, DIE UNS EINHUNDERT MILLIONEN YEN* GESTOHLEN HAT.
*ca. 690.000€

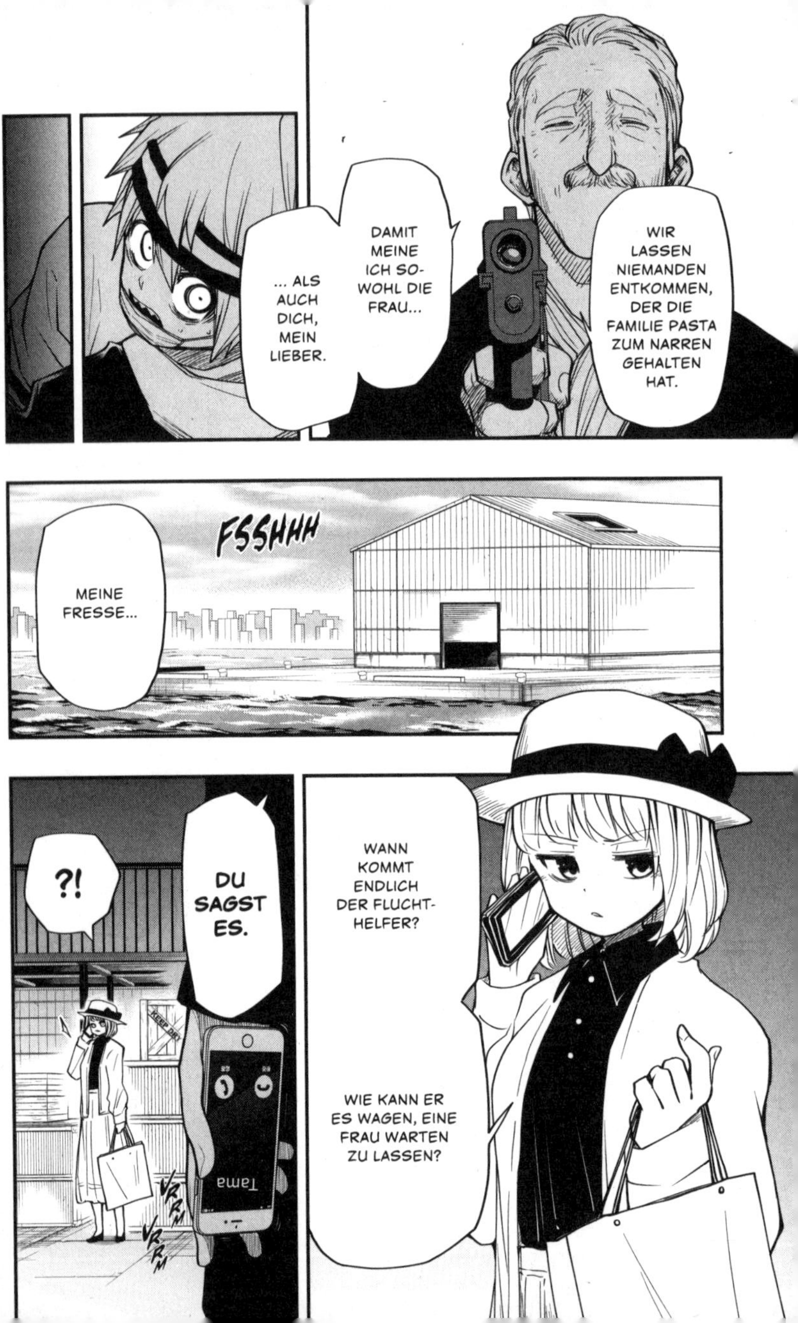
WIR LASSEN NIEMANDEN ENTKOMMEN, DER DIE FAMILIE PASTA ZUM NARREN GEHALTEN HAT.
DAMIT MEINE ICH SOWOHL DIE FRAU...
... ALS AUCH DICH, MEIN LIEBER.
FSSHHH
MEINE FRESSE...
WANN KOMMT ENDLICH DER FLUCHTHELFER?
WIE KANN ER ES WAGEN, EINE FRAU WARTEN ZU LASSEN?
DU SAGST ES.
?!
KEEP DRY
Tama
VRRM
VRRM

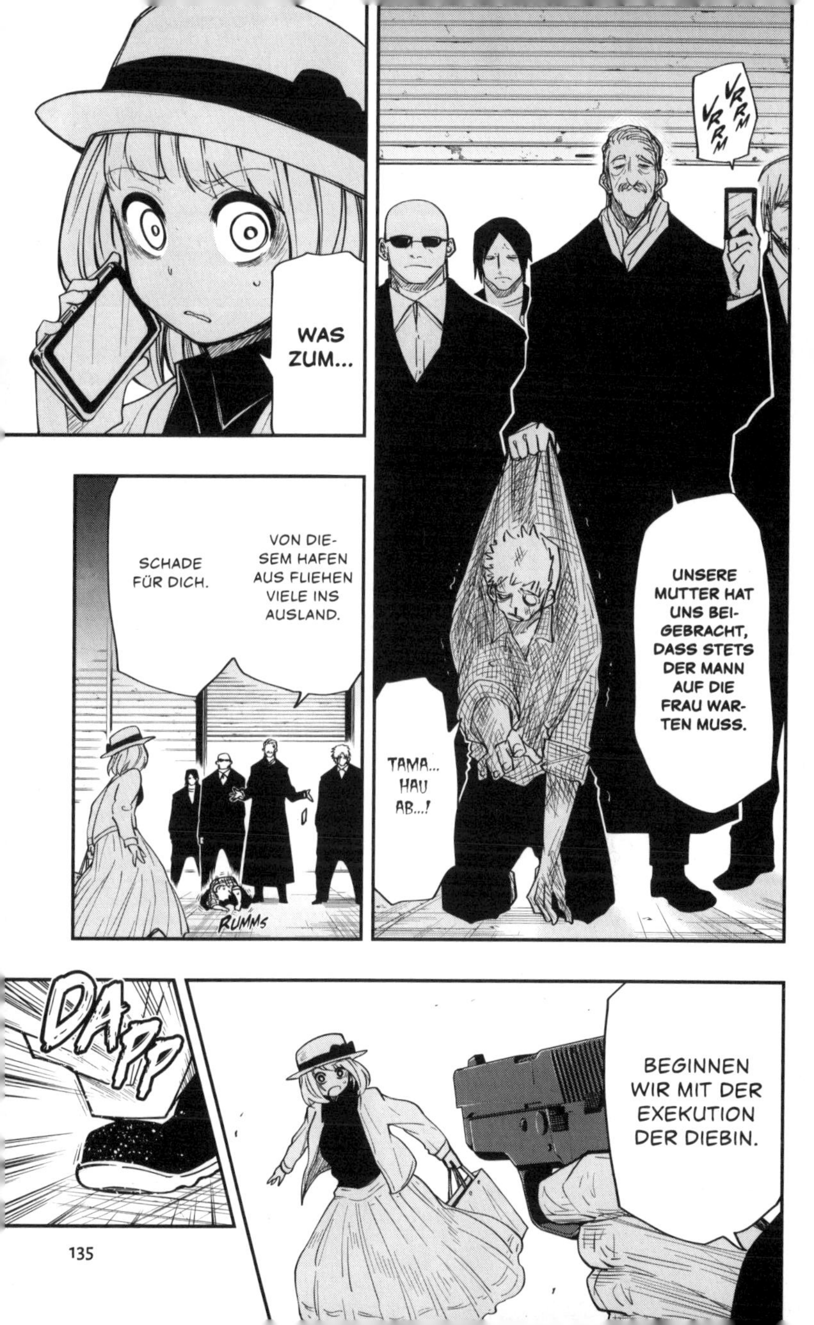
VRRM VRRM
WAS ZUM...
UNSERE MUTTER HAT UNS BEIGEBRACHT, DASS STETS DER MANN AUF DIE FRAU WARTEN MUSS.
TAMA... HAU AB...!
VON DIESEM HAFEN AUS FLIEHEN VIELE INS AUSLAND.
SCHADE FÜR DICH.
RUMMS
BEGINNEN WIR MIT DER EXEKUTION DER DIEBIN.
DAPP

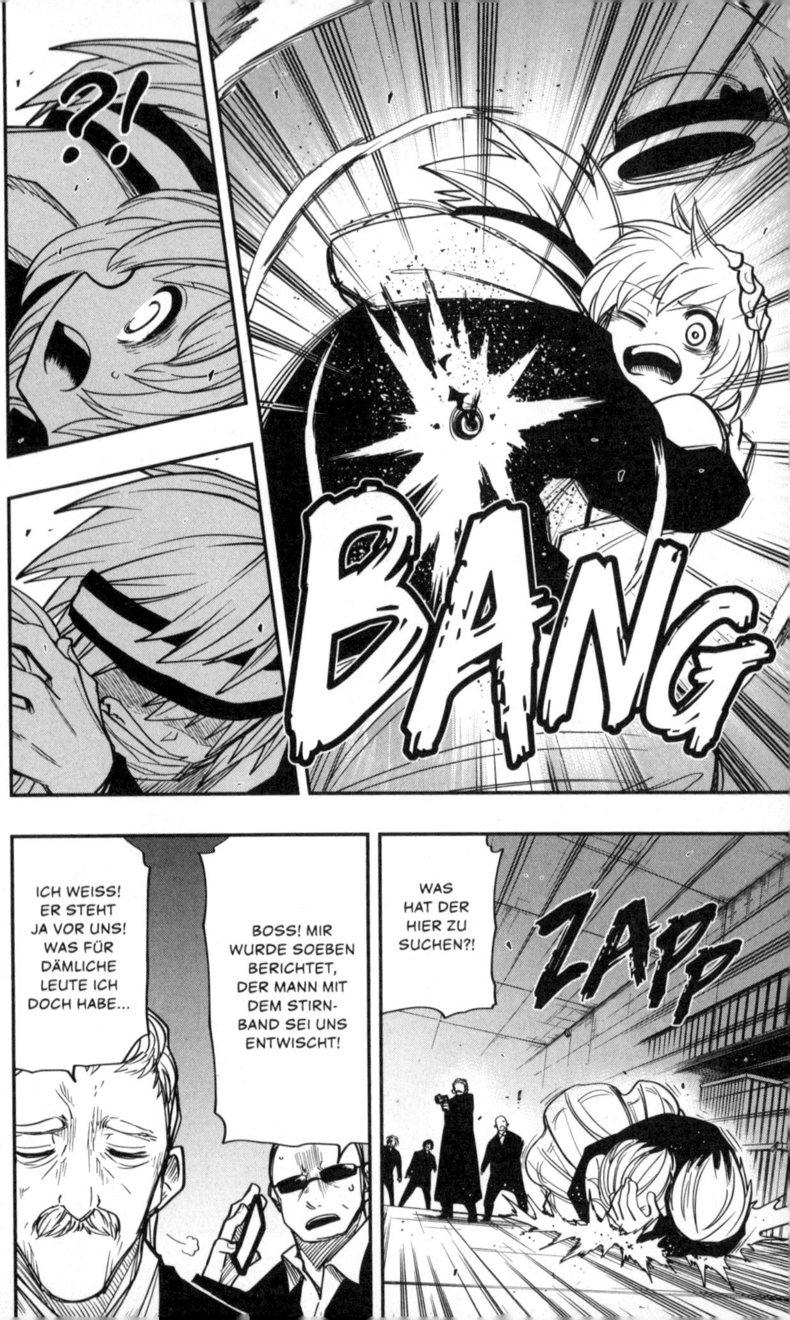

BANG
?!
WAS HAT DER HIER ZU SUCHEN?!
ZAPP
BOSS! MIR WURDE SOEBEN BERICHTET, DER MANN MIT DEM STIRN-BAND SEI UNS ENTWISCHT!
ICH WEISS! ER STEHT JA VOR UNS! WAS FÜR DÄMLICHE LEUTE ICH DOCH HABE...

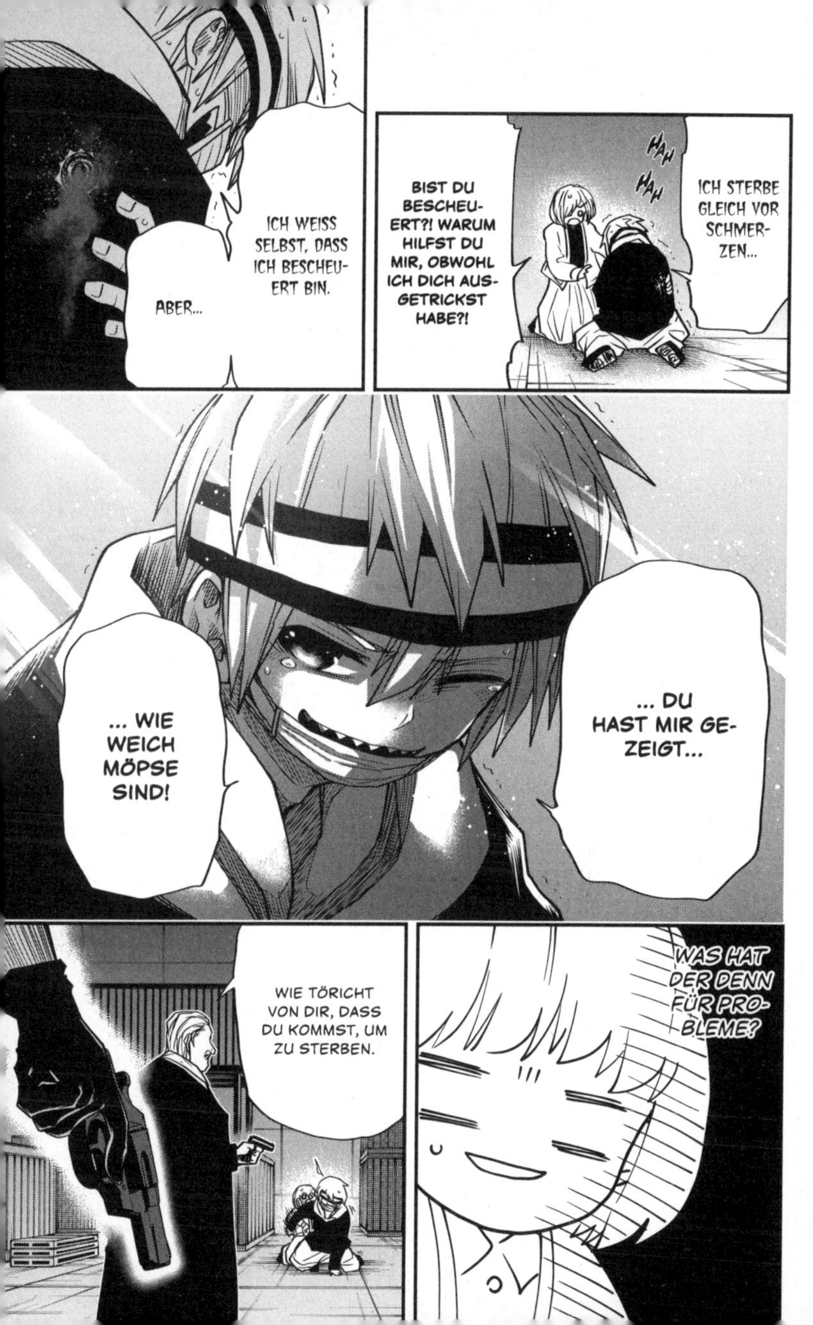
HAH HAH
ICH STERBE GLEICH VOR SCHMER-ZEN...
BIST DU BESCHEU-ERT?! WARUM HILFST DU MIR, OBWOHL ICH DICH AUS-GETRICKST HABE?!
ICH WEISS SELBST, DASS ICH BESCHEU-ERT BIN.
ABER...
... DU HAST MIR GE-ZEIGT...
... WIE WEICH MÖPSE SIND!
WAS HAT DER DENN FÜR PRO-BLEME?
WIE TÖRICHT VON DIR, DASS DU KOMMST, UM ZU STERBEN.

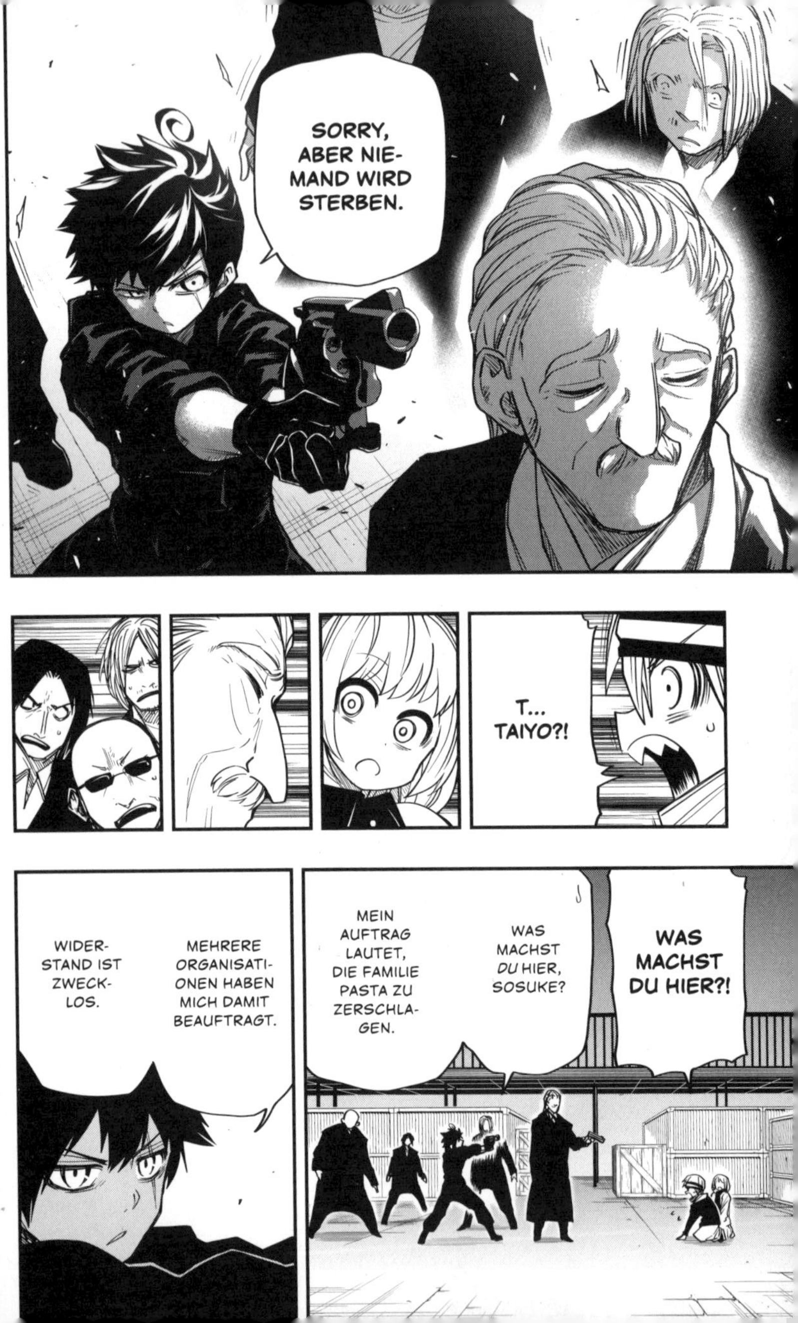
SORRY, ABER NIE-MAND WIRD STERBEN.
T... TAIYO?!
WAS MACHST DU HIER?!
WAS MACHST DU HIER, SOSUKE?
MEIN AUFTRAG LAUTET, DIE FAMILIE PASTA ZU ZERSCHLA-GEN.
MEHRERE ORGANISATI-ONEN HABEN MICH DAMIT BEAUFTRAGT.
WIDER-STAND IST ZWECK-LOS.

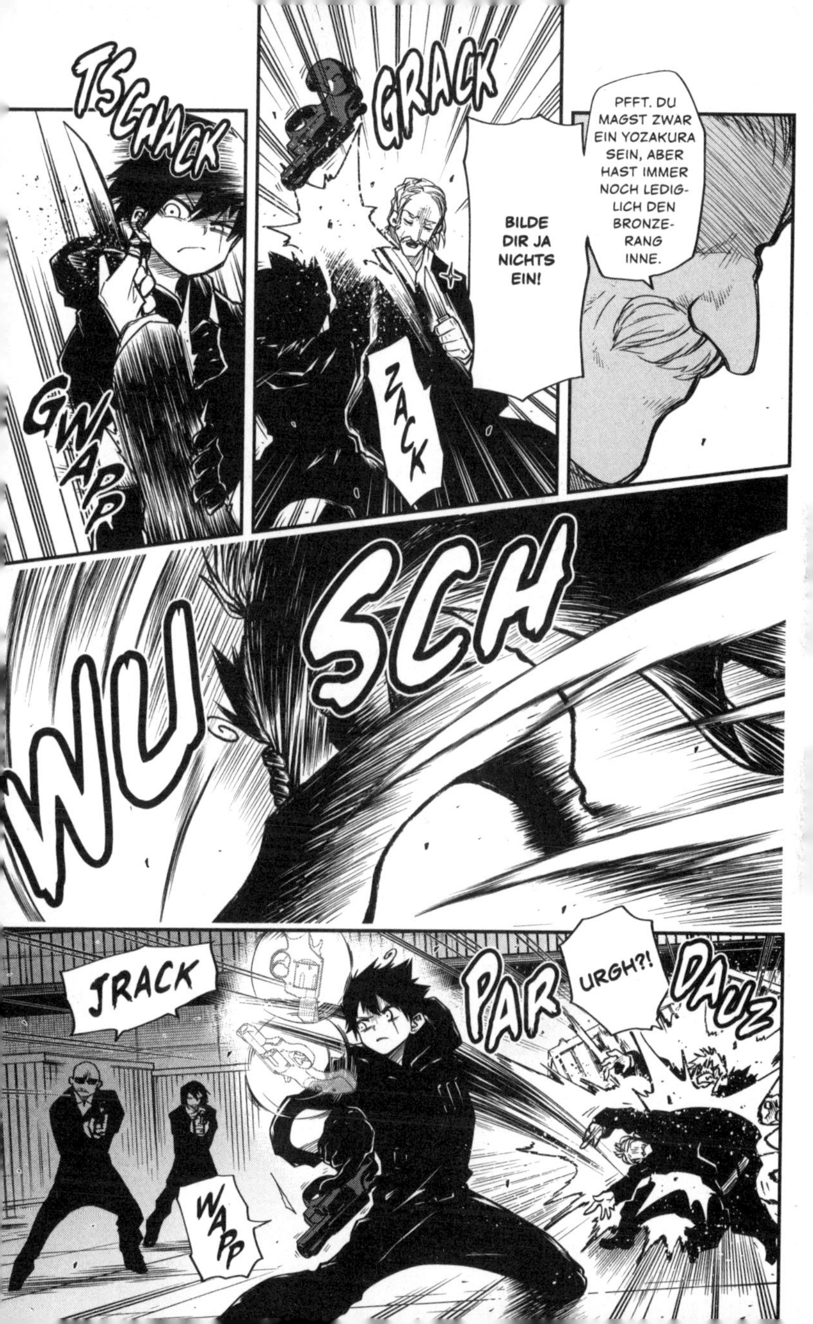
PFFT. DU MAGST ZWAR EIN YOZAKURA SEIN, ABER HAST IMMER NOCH LEDIGLICH DEN BRONZERANG INNE.
GRACK
BILDE DIR JA NICHTS EIN!
ZACK
TSCHACK
GWAPP
WUSCH
DAUZ
URGH?!
PAR
JRACK
WAPP

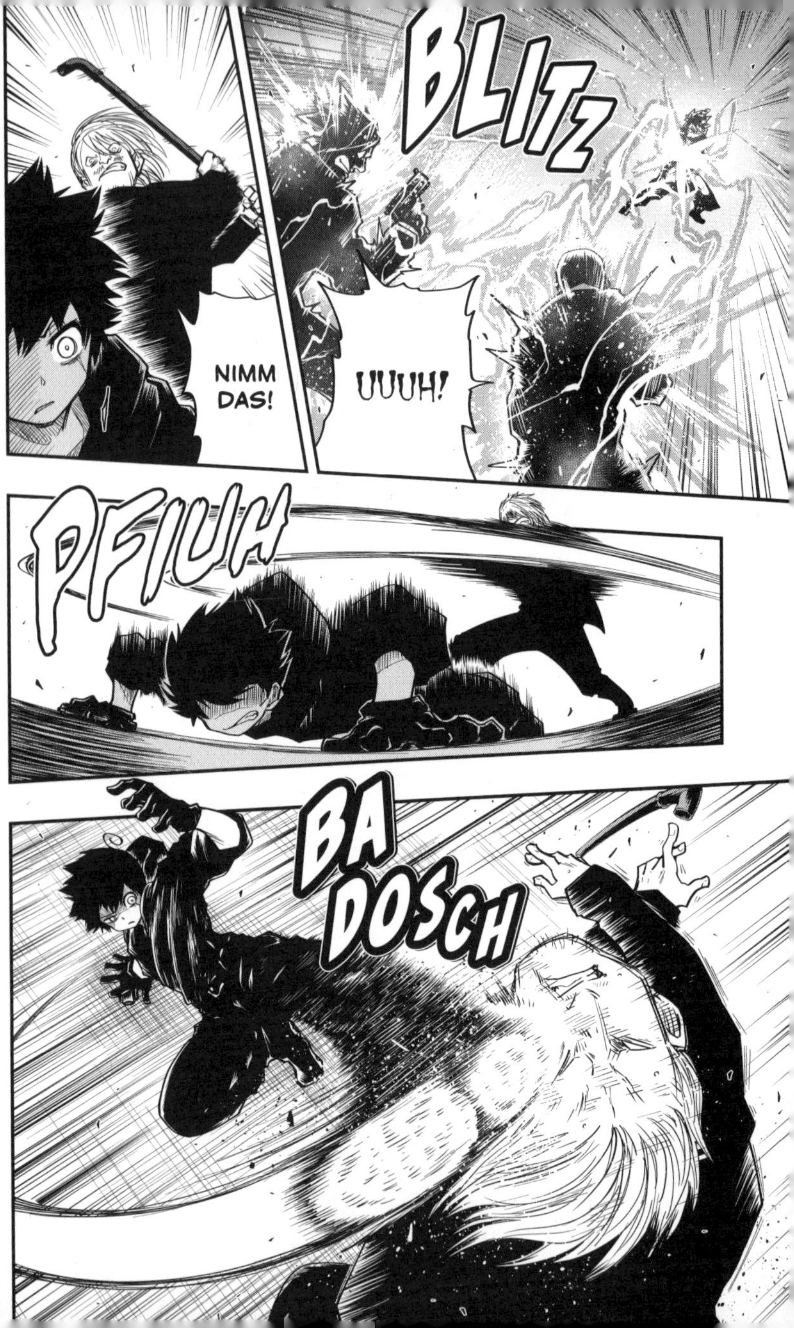
BLITZ
UUUH!
NIMM DAS!
PFIUH
BA DOSCH

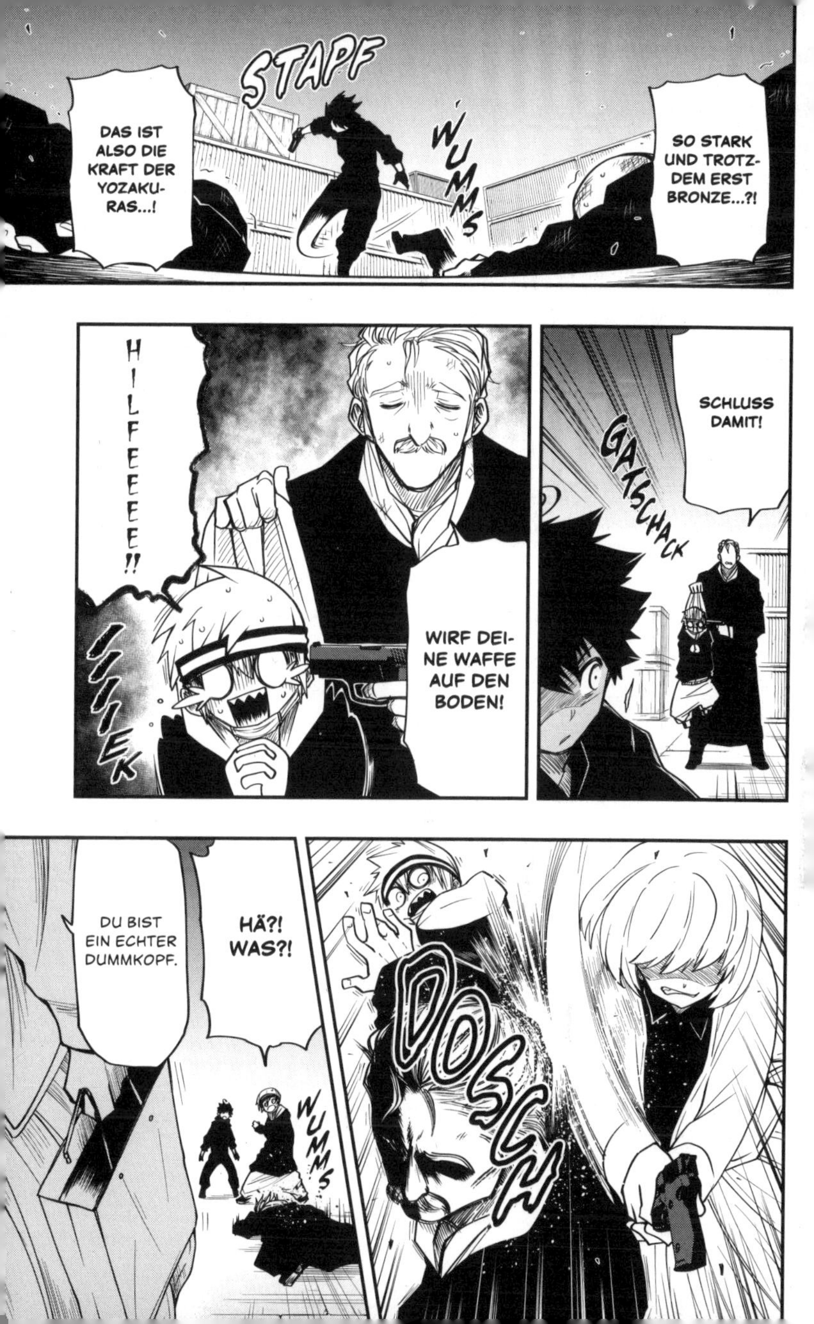
SO STARK UND TROTZDEM ERST BRONZE...?!
WUMMS
STAPF
DAS IST ALSO DIE KRAFT DER YOZAKURAS...!
SCHLUSS DAMIT!
GATSCHACK
WIRF DEINE WAFFE AUF DEN BODEN!
HILFEEEEE!!
IIIIEK
DOSCH
HÄ?! WAS?!
DU BIST EIN ECHTER DUMMKOPF.
WUMMS

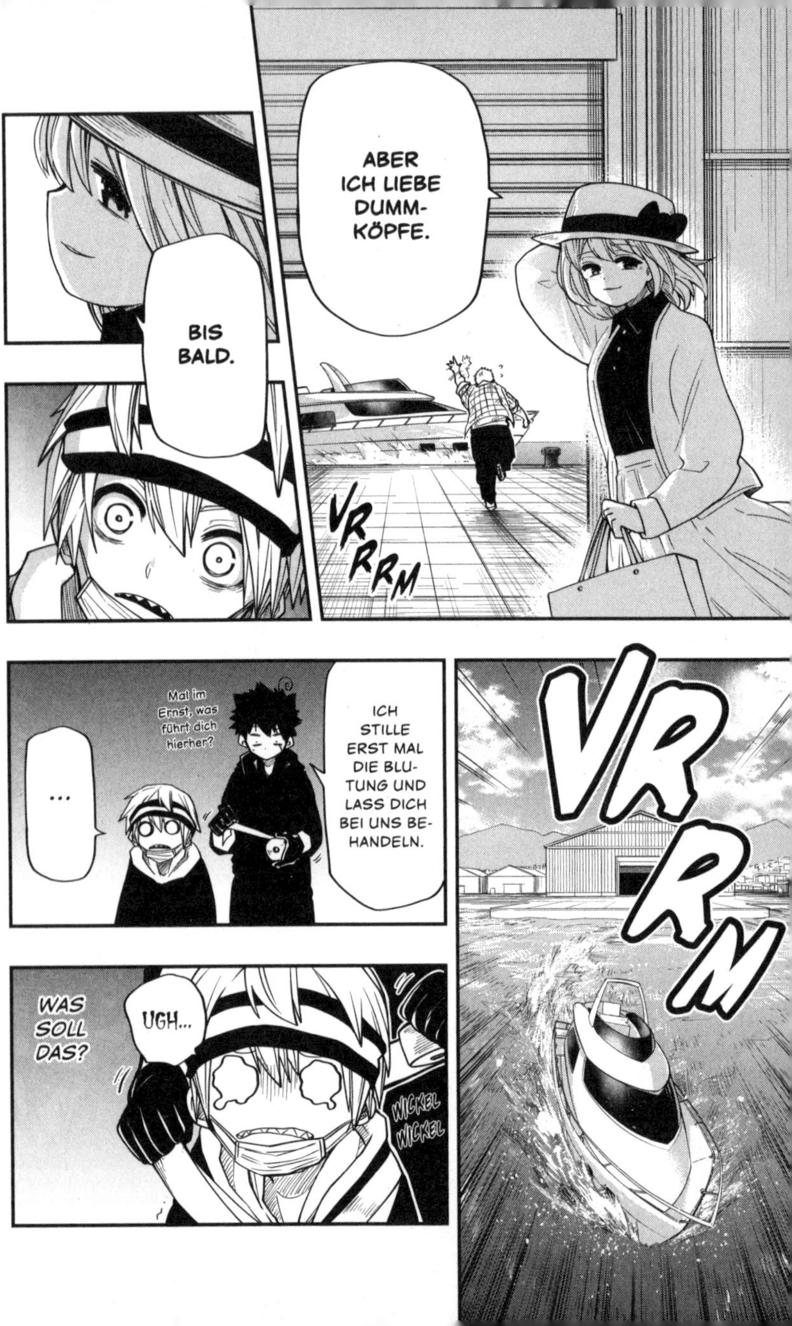
ABER ICH LIEBE DUMM-KÖPFE.
VRRRM
BIS BALD.
VRRRM
ICH STILLE ERST MAL DIE BLU-TUNG UND LASS DICH BEI UNS BE-HANDELN.
Mal im Ernst, was führt dich hierher?
...
UGH...
WICKEL WICKEL
WAS SOLL DAS?

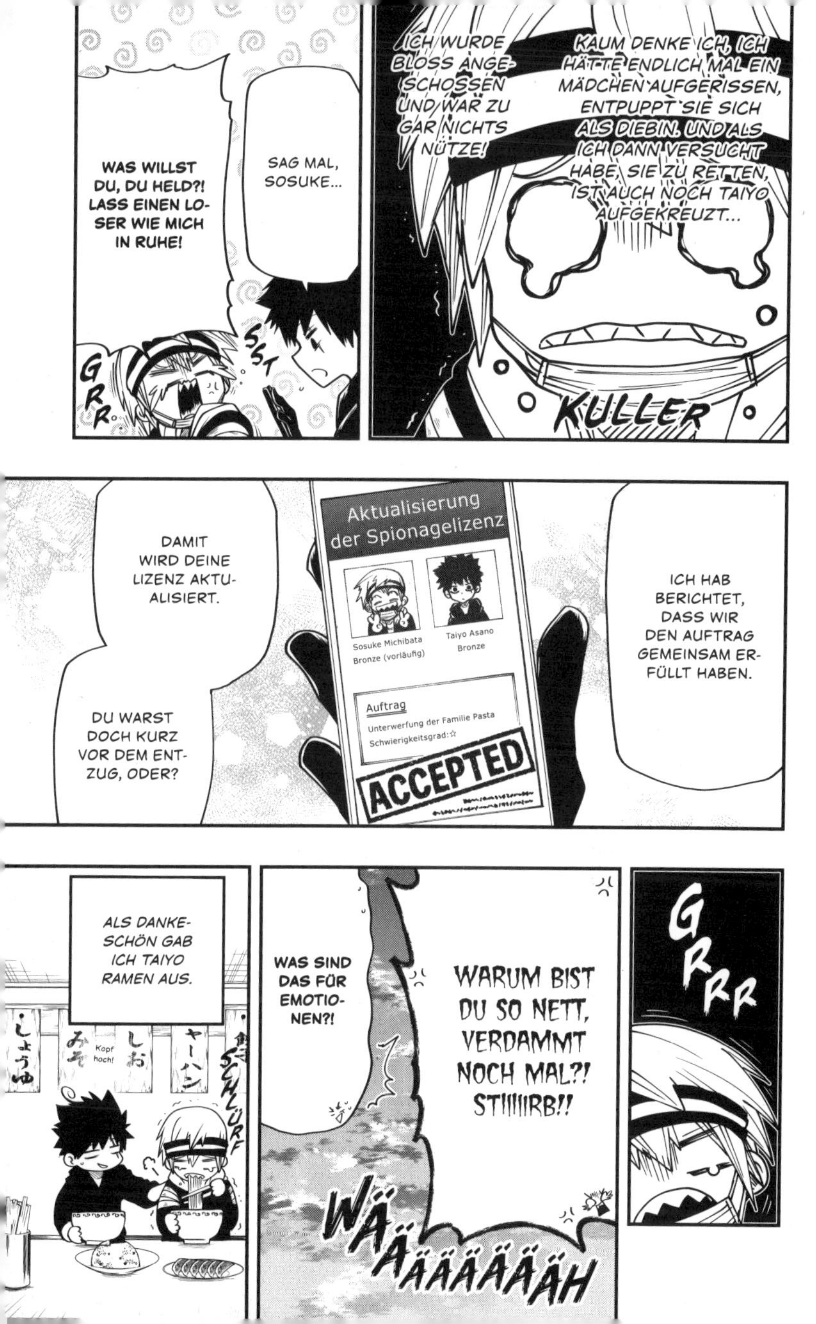
KAUM DENKE ICH, ICH HÄTTE ENDLICH MAL EIN MÄDCHEN AUFGERISSEN, ENTPUPPT SIE SICH ALS DIEBIN. UND ALS ICH DANN VERSUCHT HABE, SIE ZU RETTEN, IST AUCH NOCH TAIYO AUFGEKREUZT...
ICH WURDE BLOSS ANGESCHOSSEN UND WAR ZU GAR NICHTS NÜTZE!
KULLER
SAG MAL, SOSUKE...
WAS WILLST DU, DU HELD?! LASS EINEN LOSER WIE MICH IN RUHE!
SST
GRR
ICH HAB BERICHTET, DASS WIR DEN AUFTRAG GEMEINSAM ERFÜLLT HABEN.
Aktualisierung der Spionagelizenz
Sosuke Michibata
Bronze (vorläufig)
Taiyo Asano
Bronze
Auftrag
Unterwerfung der Familie Pasta
Schwierigkeitsgrad:☆
ACCEPTED
DAMIT WIRD DEINE LIZENZ AKTUALISIERT.
DU WARST DOCH KURZ VOR DEM ENTZUG, ODER?
GRRR
WARUM BIST DU SO NETT, VERDAMMT NOCH MAL?! STIIIIIRB!!
WAS SIND DAS FÜR EMOTIONEN?!
WÄÄÄÄÄÄÄÄH
ALS DANKESCHÖN GAB ICH TAIYO RAMEN AUS.
Kopf hoch!
SCHLÜRF

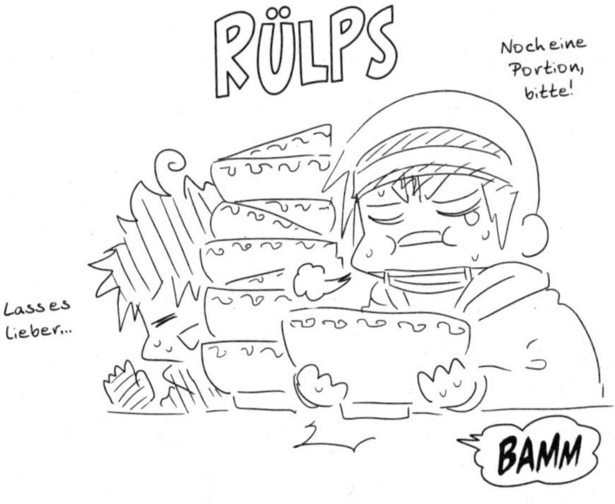

☆ Frustessen

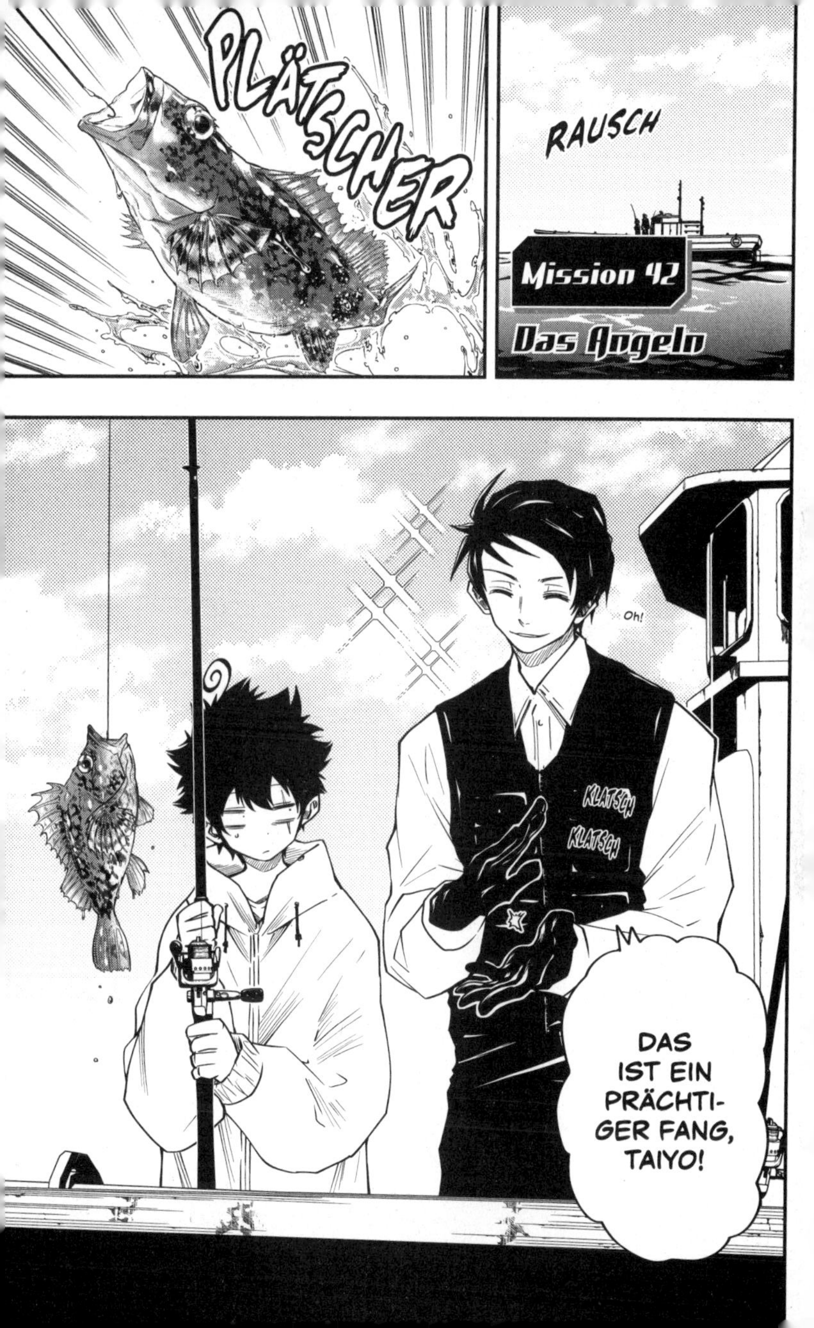
RAUSCH
Mission 42
Das Angeln
PLÄTSCHER
Oh!
KLATSCH
KLATSCH
DAS IST EIN PRÄCHTIGER FANG, TAIYO!

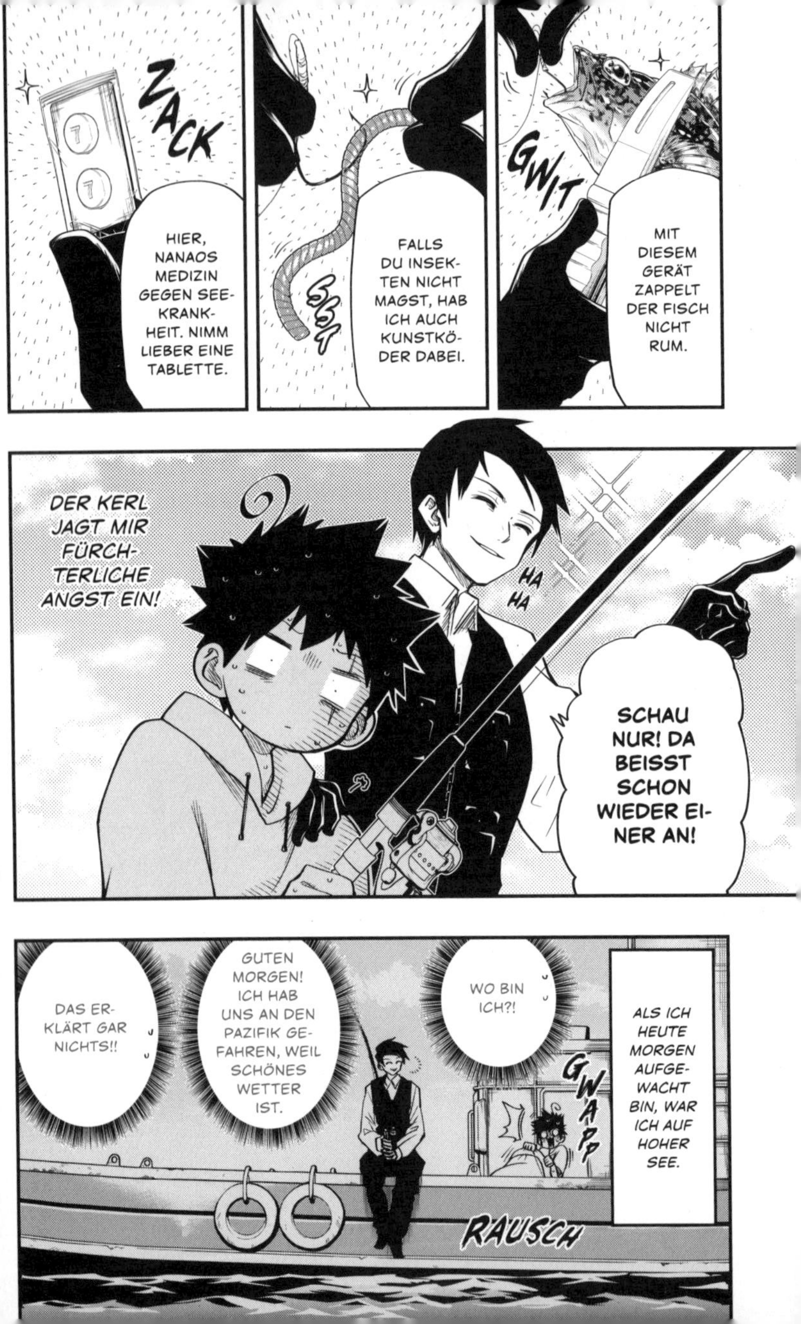

GWIT
MIT DIESEM GERÄT ZAPPELT DER FISCH NICHT RUM.
FALLS DU INSEKTEN NICHT MAGST, HAB ICH AUCH KUNSTKÖDER DABEI.
ZACK
HIER, NANAOS MEDIZIN GEGEN SEEKRANKHEIT. NIMM LIEBER EINE TABLETTE.
SCHAU NUR! DA BEISST SCHON WIEDER EINER AN!
HA HA
DER KERL JAGT MIR FÜRCHTERLICHE ANGST EIN!
ALS ICH HEUTE MORGEN AUFGEWACHT BIN, WAR ICH AUF HOHER SEE.
GWAPP
WO BIN ICH?!
GUTEN MORGEN! ICH HAB UNS AN DEN PAZIFIK GEFAHREN, WEIL SCHÖNES WETTER IST.
DAS ERKLÄRT GAR NICHTS!!
RAUSCH

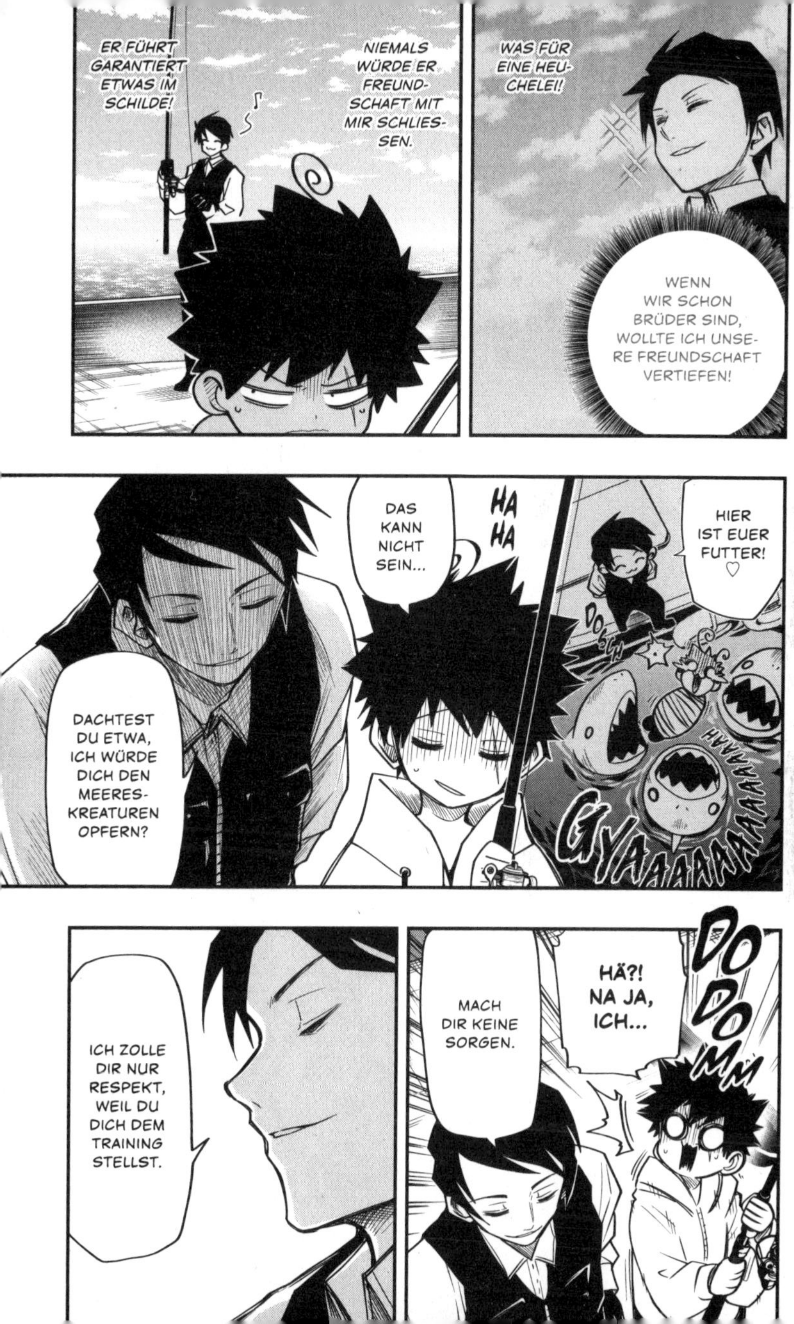
WAS FÜR EINE HEU-CHELEI!
WENN WIR SCHON BRÜDER SIND, WOLLTE ICH UNSE-RE FREUNDSCHAFT VERTIEFEN!
NIEMALS WÜRDE ER FREUND-SCHAFT MIT MIR SCHLIES-SEN.
ER FÜHRT GARANTIERT ETWAS IM SCHILDE!
HIER IST EUER FUTTER! ♡
GYAAAAAAAAAAAAAAAAH
HA HA
DAS KANN NICHT SEIN...
DACHTEST DU ETWA, ICH WÜRDE DICH DEN MEERES-KREATUREN OPFERN?
DODOMM
HÄ?! NA JA, ICH...
MACH DIR KEINE SORGEN.
ICH ZOLLE DIR NUR RESPEKT, WEIL DU DICH DEM TRAINING STELLST.

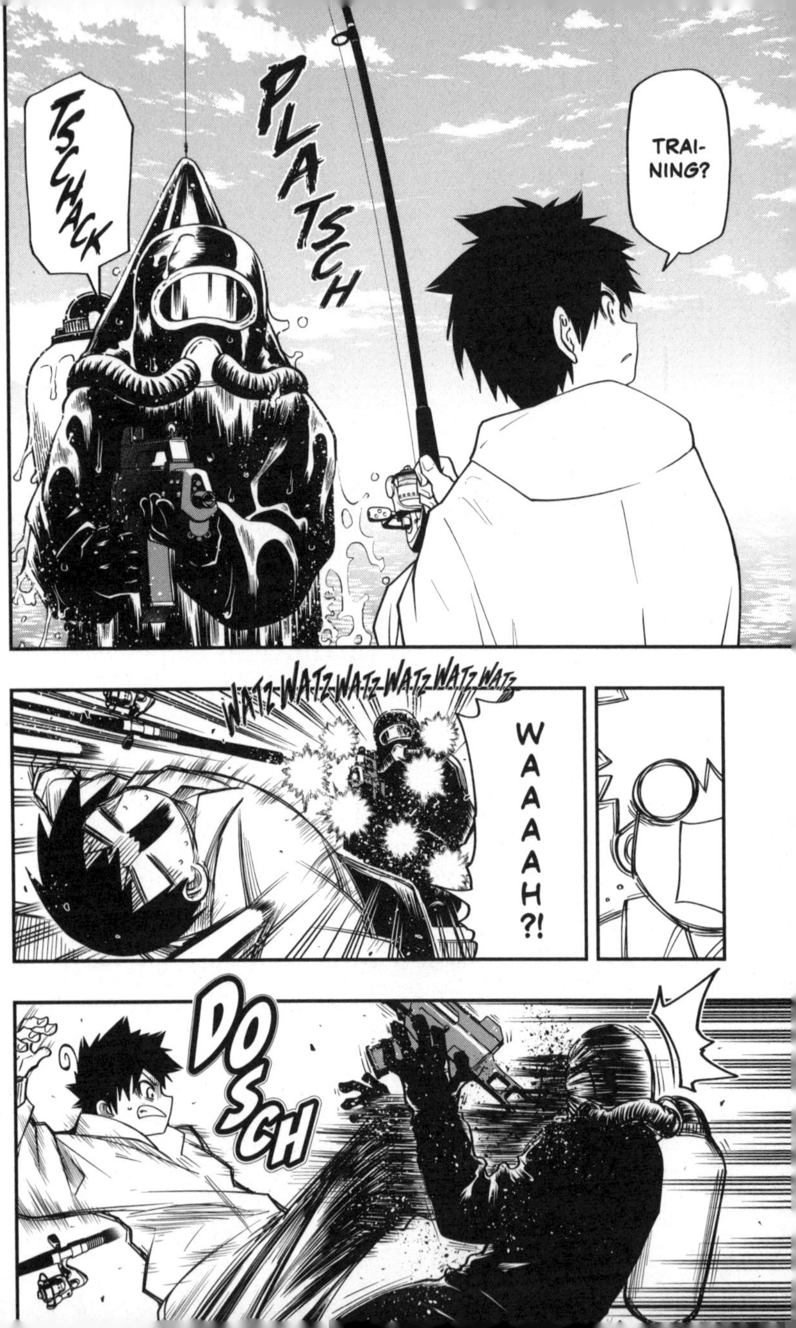
TRAI-
NING?
PLATSCH
TSCHACK
WAAAAAH?!
WATZ WATZ WATZ WATZ WATZ WATZ
DOSCH

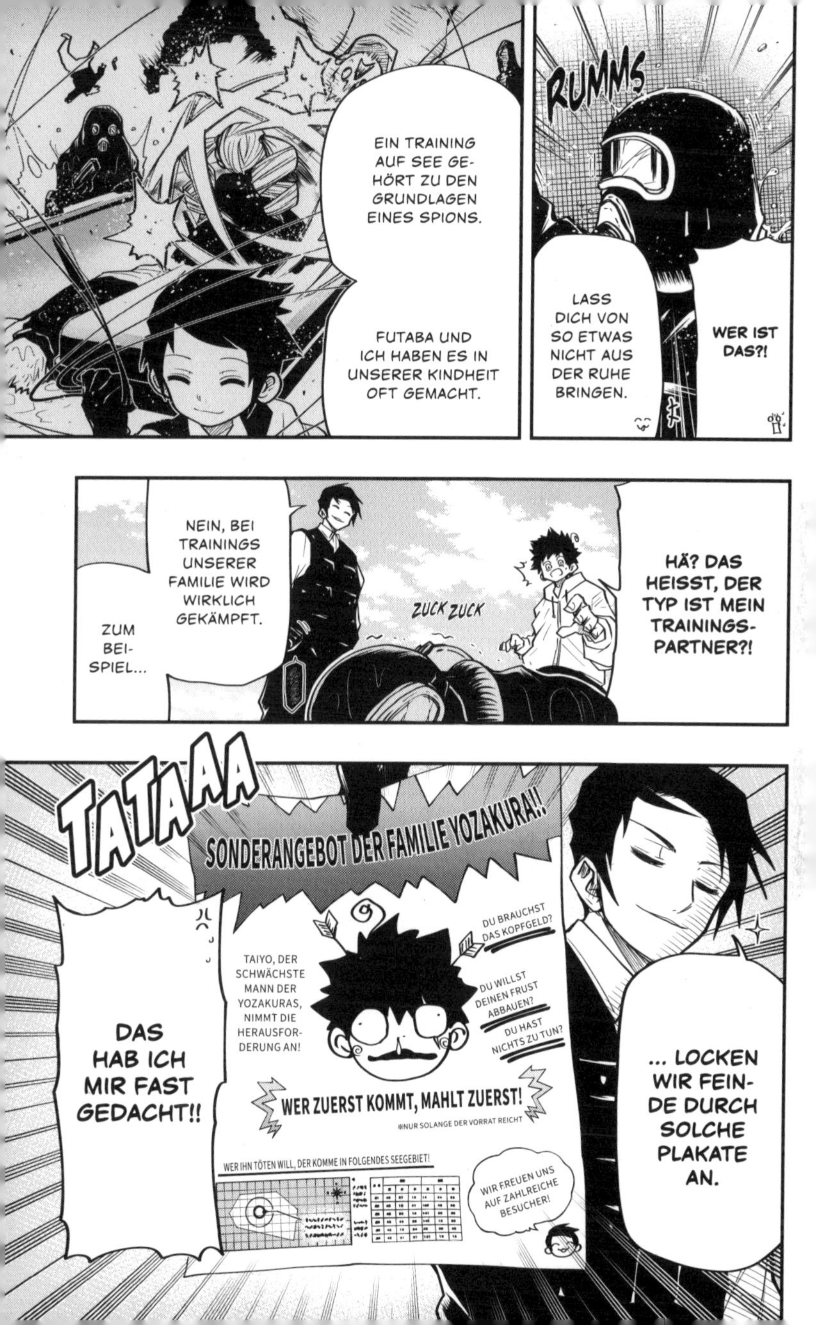

RUMMS
WER IST DAS?!
LASS DICH VON SO ETWAS NICHT AUS DER RUHE BRINGEN.
EIN TRAINING AUF SEE GEHÖRT ZU DEN GRUNDLAGEN EINES SPIONS.
FUTABA UND ICH HABEN ES IN UNSERER KINDHEIT OFT GEMACHT.
HÄ? DAS HEISST, DER TYP IST MEIN TRAININGS-PARTNER?!
ZUCK ZUCK
NEIN, BEI TRAININGS UNSERER FAMILIE WIRD WIRKLICH GEKÄMPFT.
ZUM BEI-SPIEL...
... LOCKEN WIR FEINDE DURCH SOLCHE PLAKATE AN.
TATAAA
SONDERANGEBOT DER FAMILIE YOZAKURA!!
TAIYO, DER SCHWÄCHSTE MANN DER YOZAKURAS, NIMMT DIE HERAUSFORDERUNG AN!
DU BRAUCHST DAS KOPFGELD?
DU WILLST DEINEN FRUST ABBAUEN?
DU HAST NICHTS ZU TUN?
WER ZUERST KOMMT, MAHLT ZUERST!
※NUR SOLANGE DER VORRAT REICHT
WER IHN TÖTEN WILL, DER KOMME IN FOLGENDES SEEGEBIET!
WIR FREUEN UNS AUF ZAHLREICHE BESUCHER!
DAS HAB ICH MIR FAST GEDACHT!!

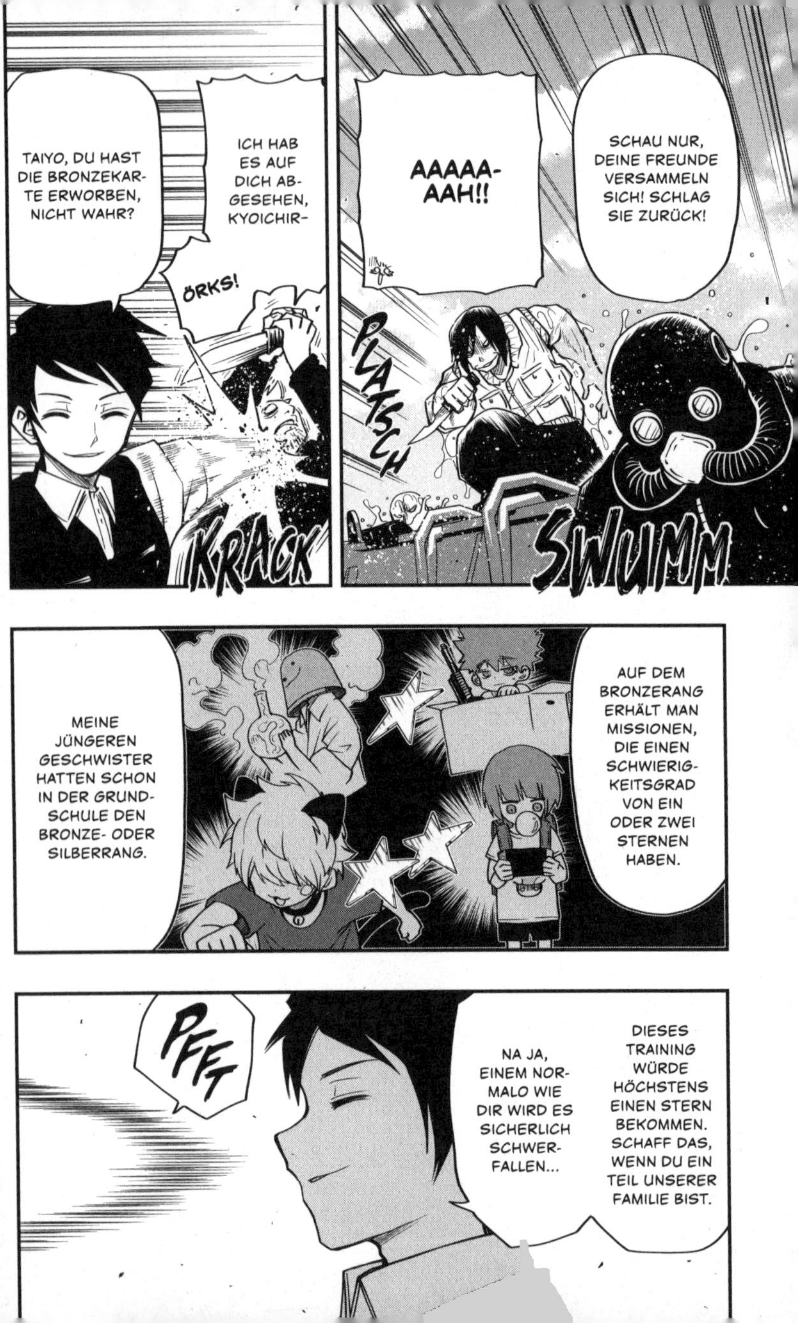
SCHAU NUR, DEINE FREUNDE VERSAMMELN SICH! SCHLAG SIE ZURÜCK!
AAAAA-AAH!!
PLATSCH
SWUMM
ICH HAB ES AUF DICH AB-GESEHEN, KYOICHIR-
ÖRKS!
TAIYO, DU HAST DIE BRONZEKAR-TE ERWORBEN, NICHT WAHR?
KRACK
AUF DEM BRONZERANG ERHÄLT MAN MISSIONEN, DIE EINEN SCHWIERIG-KEITSGRAD VON EIN ODER ZWEI STERNEN HABEN.
MEINE JÜNGEREN GESCHWISTER HATTEN SCHON IN DER GRUND-SCHULE DEN BRONZE- ODER SILBERRANG.
DIESES TRAINING WÜRDE HÖCHSTENS EINEN STERN BEKOMMEN. SCHAFF DAS, WENN DU EIN TEIL UNSERER FAMILIE BIST.
NA JA, EINEM NOR-MALO WIE DIR WIRD ES SICHERLICH SCHWER-FALLEN...
PFFT

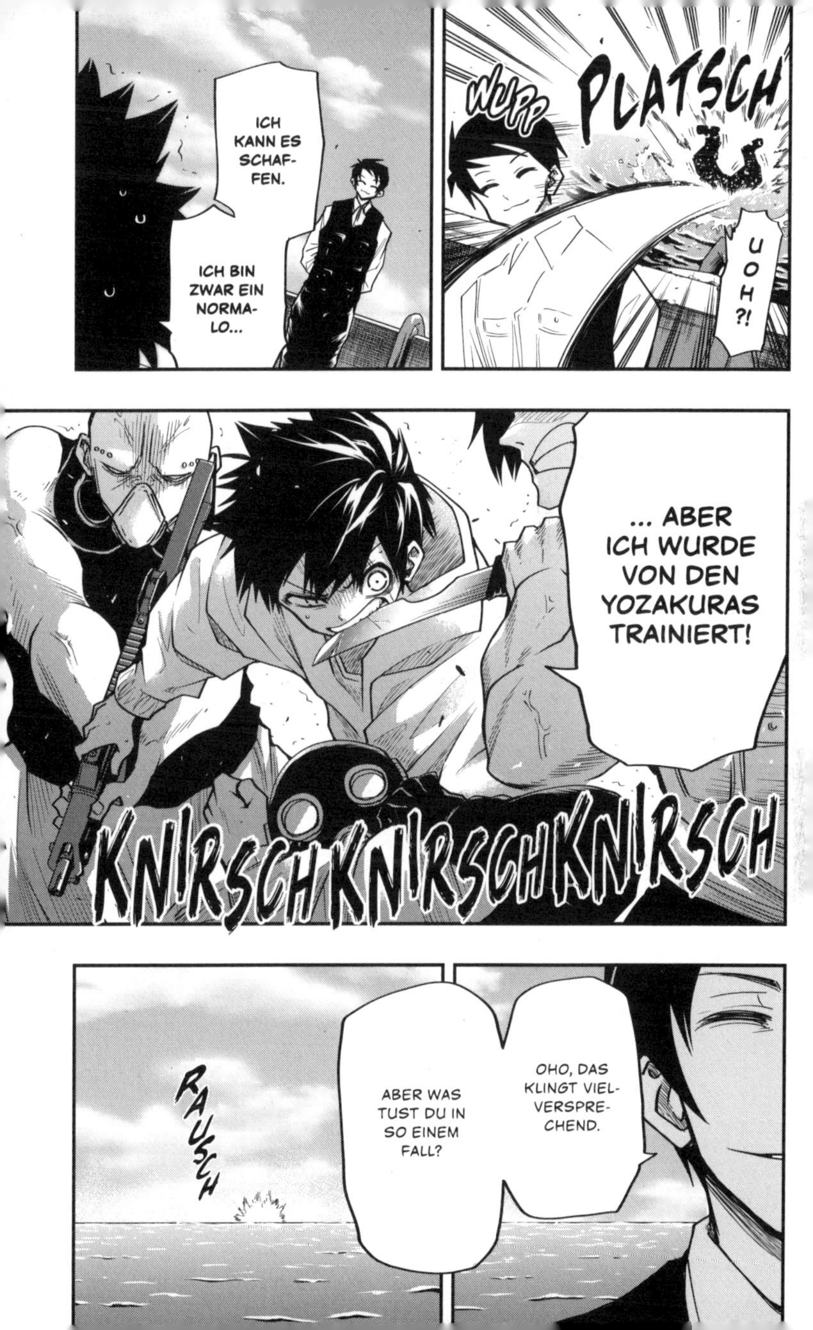
WUPP
PLATSCH
UOH?!
ICH KANN ES SCHAF-FEN.
ICH BIN ZWAR EIN NORMA-LO...
... ABER ICH WURDE VON DEN YOZAKURAS TRAINIERT!
KNIRSCH KNIRSCH KNIRSCH
OHO, DAS KLINGT VIEL-VERSPRE-CHEND.
ABER WAS TUST DU IN SO EINEM FALL?
RAUSCH

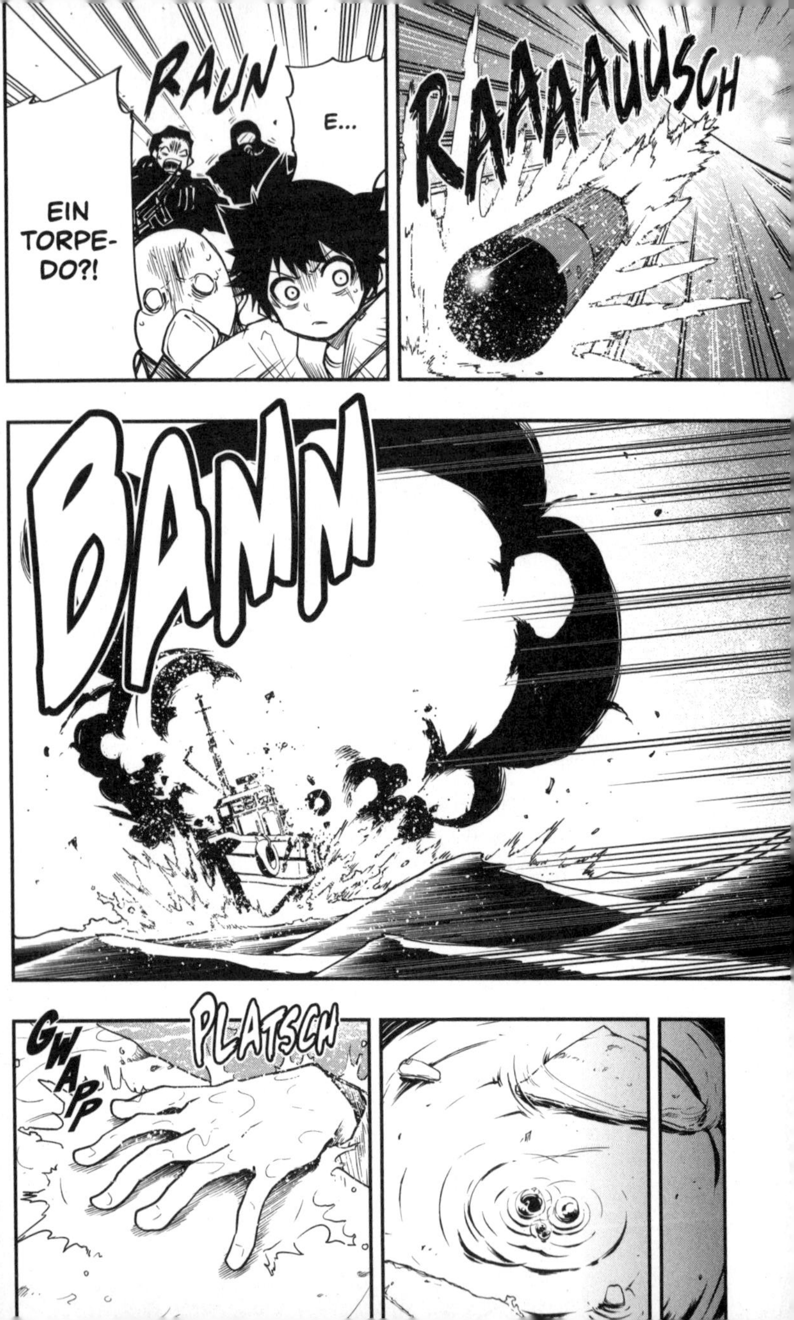
RAUN
E…
EIN TORPE-DO?!
RAAAAUUSCH
BAMM
PLATSCH
GWAPP

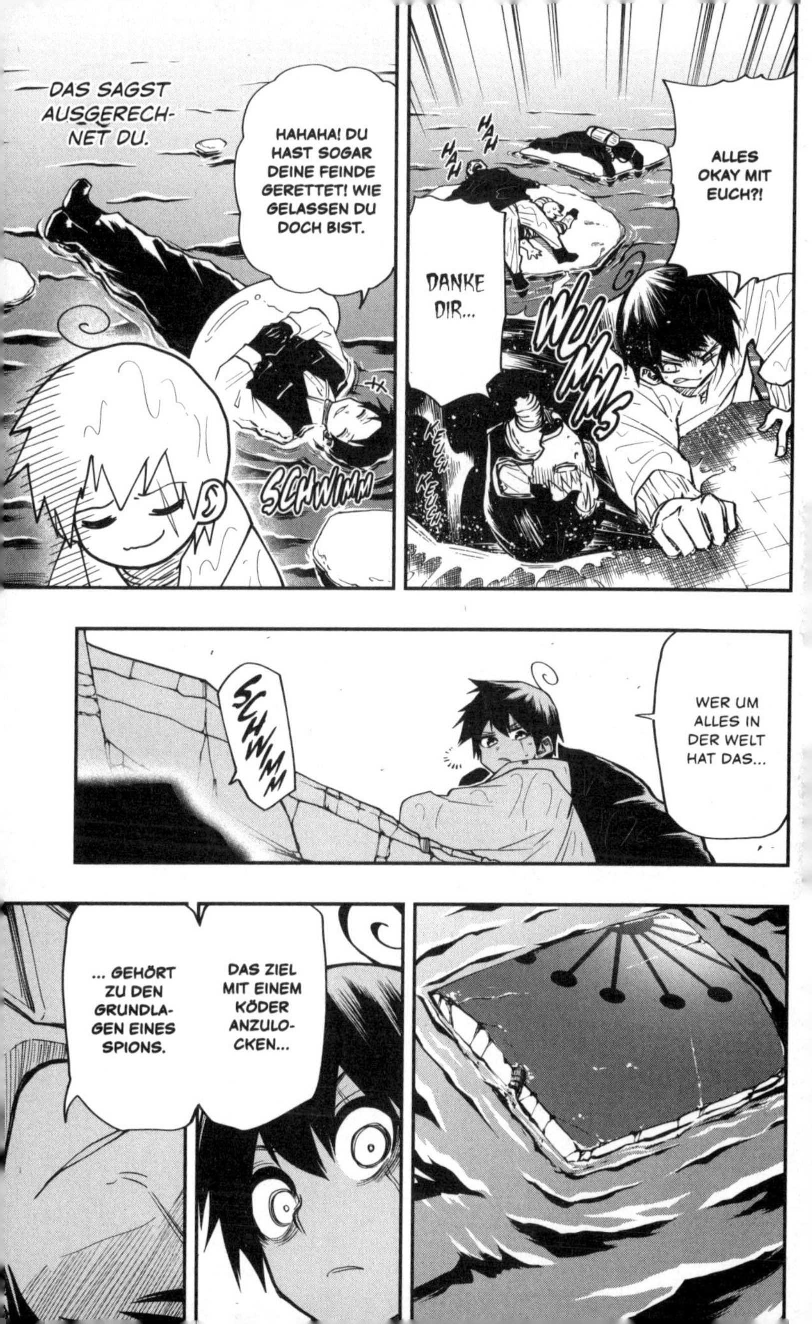
ALLES OKAY MIT EUCH?!
HAH HAH
DANKE DIR...
WUMMS
KEUCH KEUCH
HAHAHA! DU HAST SOGAR DEINE FEINDE GERETTET! WIE GELASSEN DU DOCH BIST.
DAS SAGST AUSGERECH-NET DU.
SCHWIMM
WER UM ALLES IN DER WELT HAT DAS...
SCHWIMM
DAS ZIEL MIT EINEM KÖDER ANZULO-CKEN...
... GEHÖRT ZU DEN GRUNDLA-GEN EINES SPIONS.

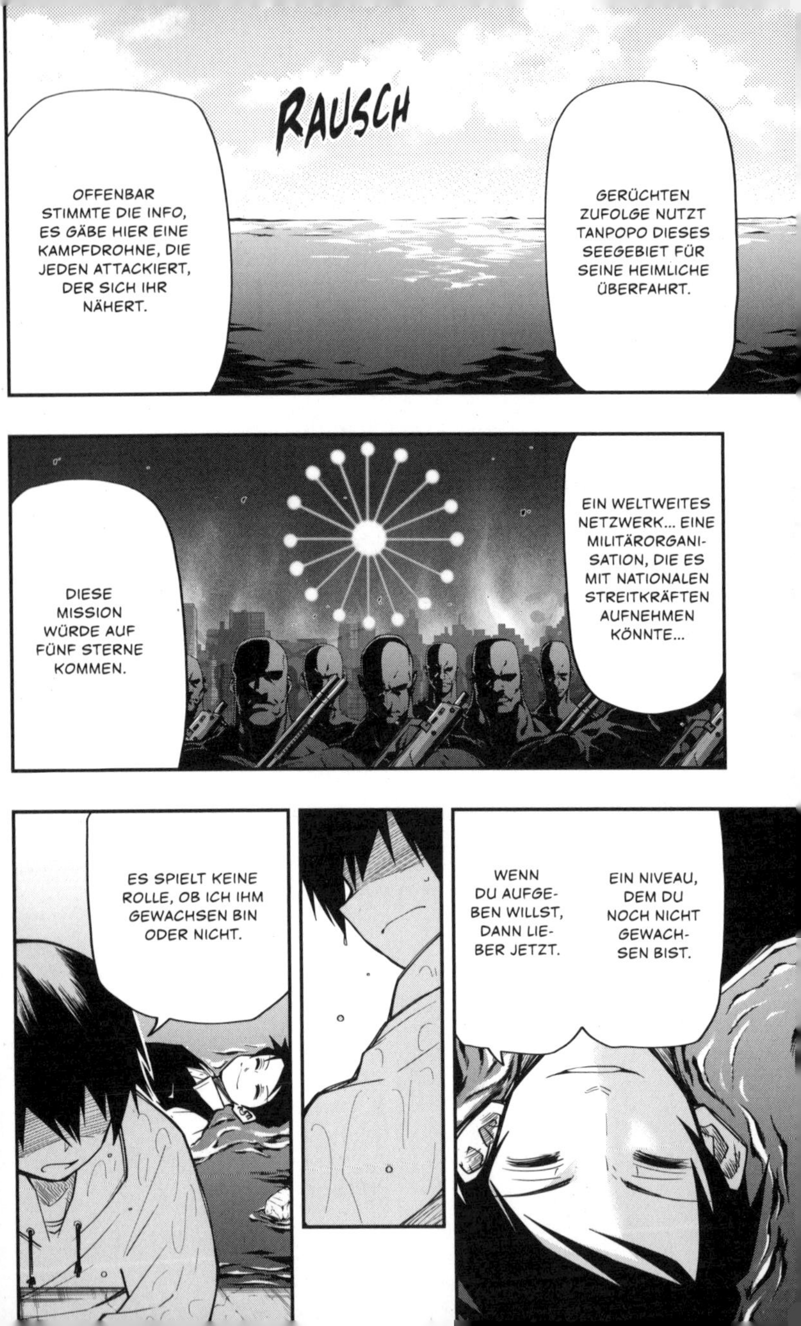
RAUSCH
GERÜCHTEN ZUFOLGE NUTZT TANPOPO DIESES SEEGEBIET FÜR SEINE HEIMLICHE ÜBERFAHRT.
OFFENBAR STIMMTE DIE INFO, ES GÄBE HIER EINE KAMPFDROHNE, DIE JEDEN ATTACKIERT, DER SICH IHR NÄHERT.
EIN WELTWEITES NETZWERK... EINE MILITÄRORGANI-SATION, DIE ES MIT NATIONALEN STREITKRÄFTEN AUFNEHMEN KÖNNTE...
DIESE MISSION WÜRDE AUF FÜNF STERNE KOMMEN.
EIN NIVEAU, DEM DU NOCH NICHT GEWACH-SEN BIST.
WENN DU AUFGE-BEN WILLST, DANN LIE-BER JETZT.
ES SPIELT KEINE ROLLE, OB ICH IHM GEWACHSEN BIN ODER NICHT.

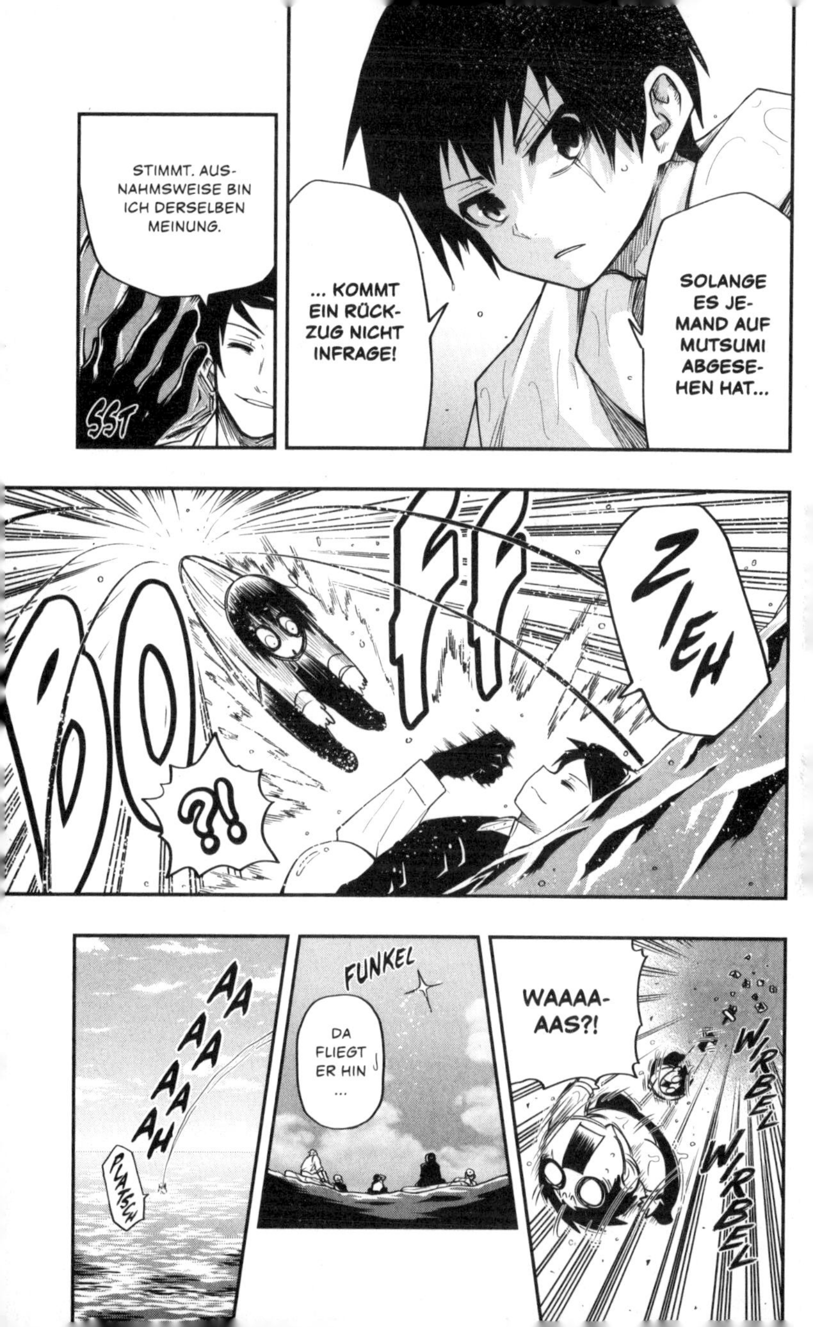
SOLANGE ES JEMAND AUF MUTSUMI ABGESEHEN HAT...
... KOMMT EIN RÜCKZUG NICHT INFRAGE!
STIMMT. AUSNAHMSWEISE BIN ICH DERSELBEN MEINUNG.
SST
ZIEH
BOO
?!
WAAAAAAS?!
WIRBEL WIRBEL
FUNKEL
DA FLIEGT ER HIN ...
AAAAAAAAAH
PLATSCH

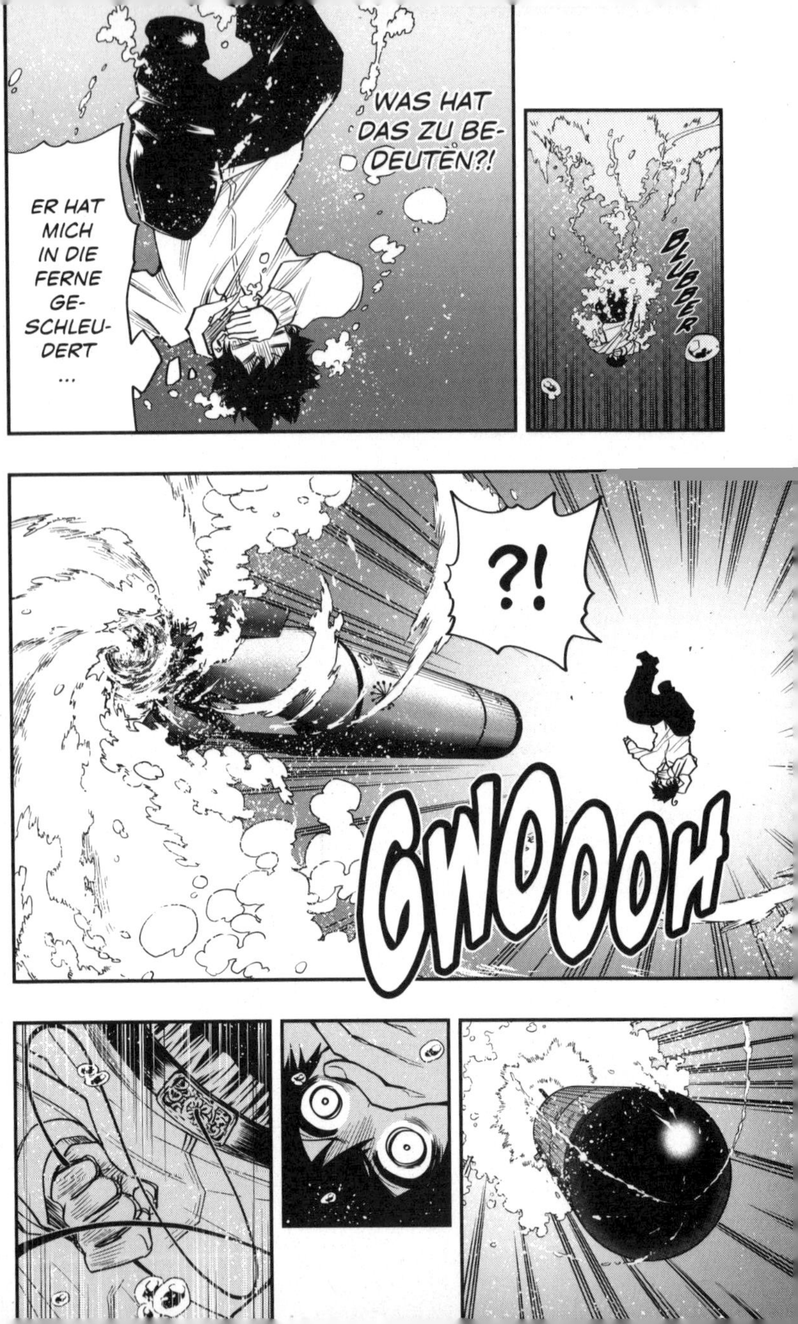
WAS HAT DAS ZU BE-DEUTEN?!
ER HAT MICH IN DIE FERNE GE-SCHLEU-DERT ...
BLUBBER
?!
GWOOOH

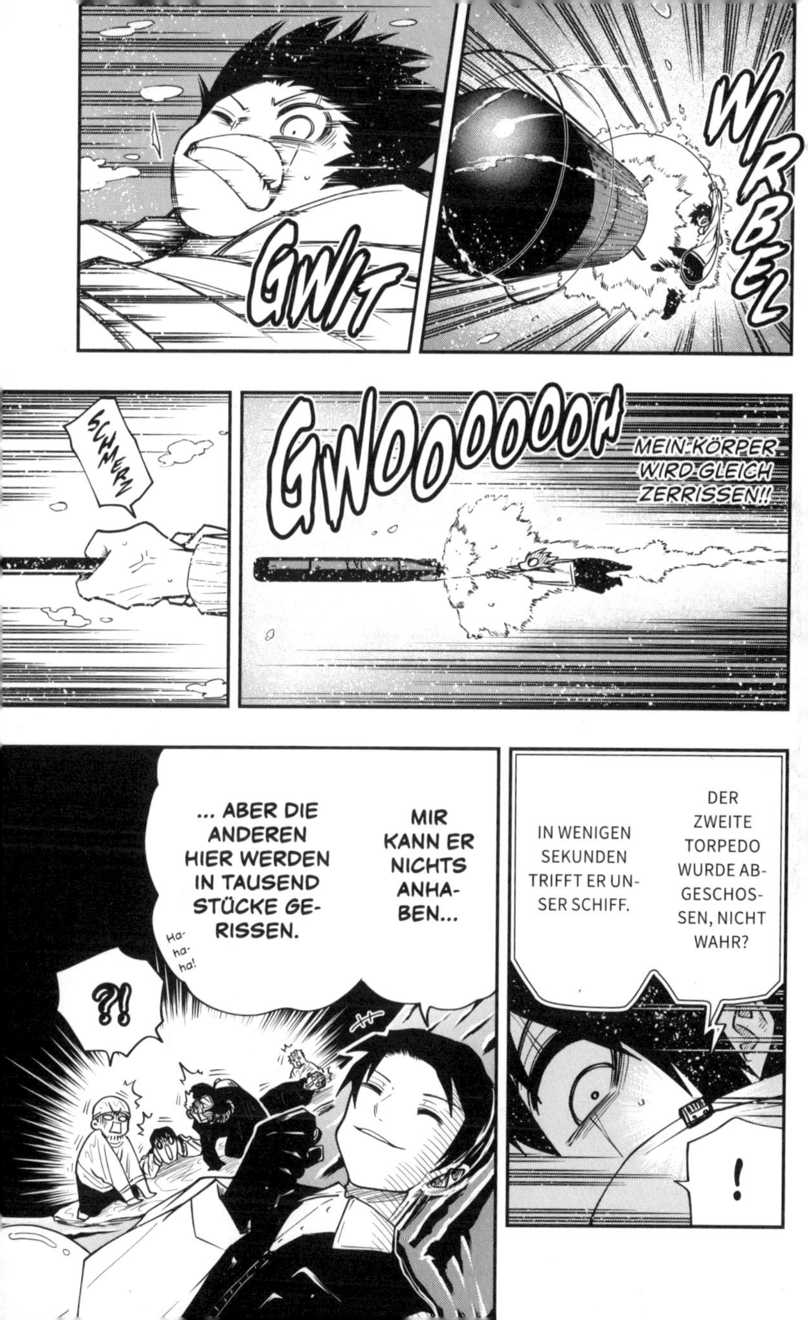
WIRBEL
GWIT
GWOOOOOOOH
MEIN KÖRPER WIRD GLEICH ZERRISSEN!!
SCHMERZ
DER ZWEITE TORPEDO WURDE ABGESCHOSSEN, NICHT WAHR?
IN WENIGEN SEKUNDEN TRIFFT ER UNSER SCHIFF.
!
MIR KANN ER NICHTS ANHABEN...
... ABER DIE ANDEREN HIER WERDEN IN TAUSEND STÜCKE GERISSEN.
Ha-ha-ha!
?!

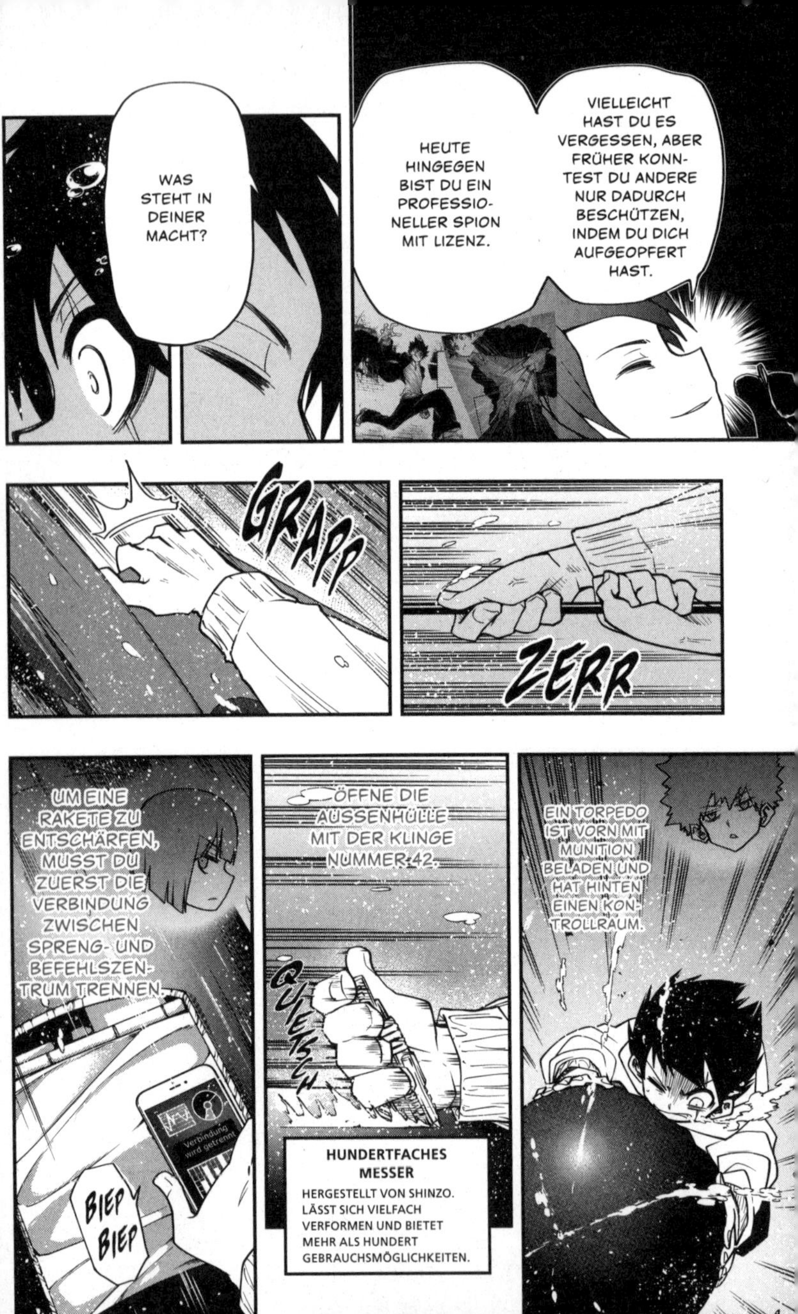
VIELLEICHT HAST DU ES VERGESSEN, ABER FRÜHER KONNTEST DU ANDERE NUR DADURCH BESCHÜTZEN, INDEM DU DICH AUFGEOPFERT HAST.
HEUTE HINGEGEN BIST DU EIN PROFESSIONELLER SPION MIT LIZENZ.
WAS STEHT IN DEINER MACHT?
ZERR
GRAPP
EIN TORPEDO IST VORN MIT MUNITION BELADEN UND HAT HINTEN EINEN KONTROLLRAUM.
ÖFFNE DIE AUSSENHÜLLE MIT DER KLINGE NUMMER 42.
QUETSCH
HUNDERTFACHES MESSER
HERGESTELLT VON SHINZO. LÄSST SICH VIELFACH VERFORMEN UND BIETET MEHR ALS HUNDERT GEBRAUCHSMÖGLICHKEITEN.
UM EINE RAKETE ZU ENTSCHÄRFEN, MUSST DU ZUERST DIE VERBINDUNG ZWISCHEN SPRENG- UND BEFEHLSZENTRUM TRENNEN.
Verbindung wird getrennt
BIEP BIEP

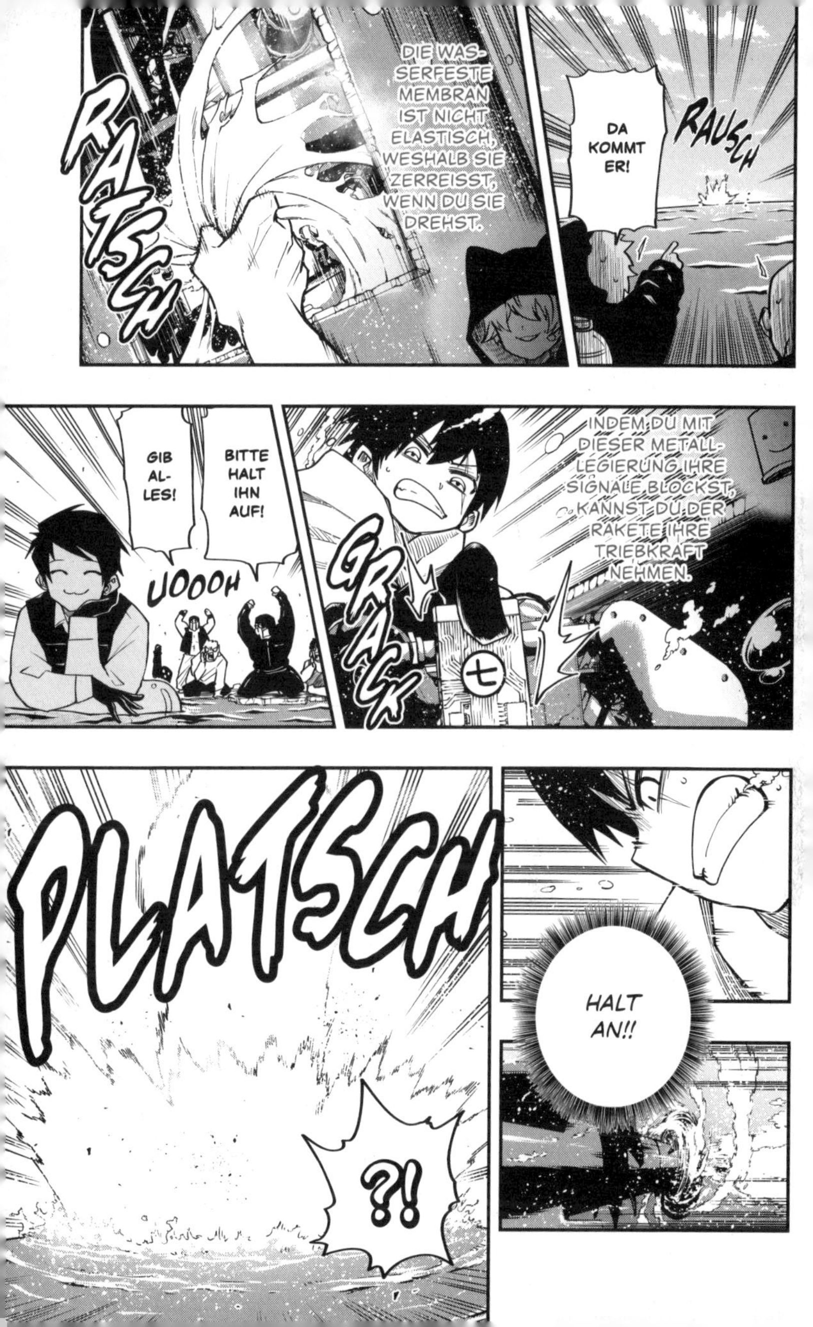
DA KOMMT ER!
RAUSCH
DIE WASSERFESTE MEMBRAN IST NICHT ELASTISCH, WESHALB SIE ZERREISST, WENN DU SIE DREHST.
RATSCH
INDEM DU MIT DIESER METALL-LEGIERUNG IHRE SIGNALE BLOCKST, KANNST DU DER RAKETE IHRE TRIEBKRAFT NEHMEN.
GRACK
BITTE HALT IHN AUF!
GIB ALLES!
UOOOH
HALT AN!!
PLATSCH
?!

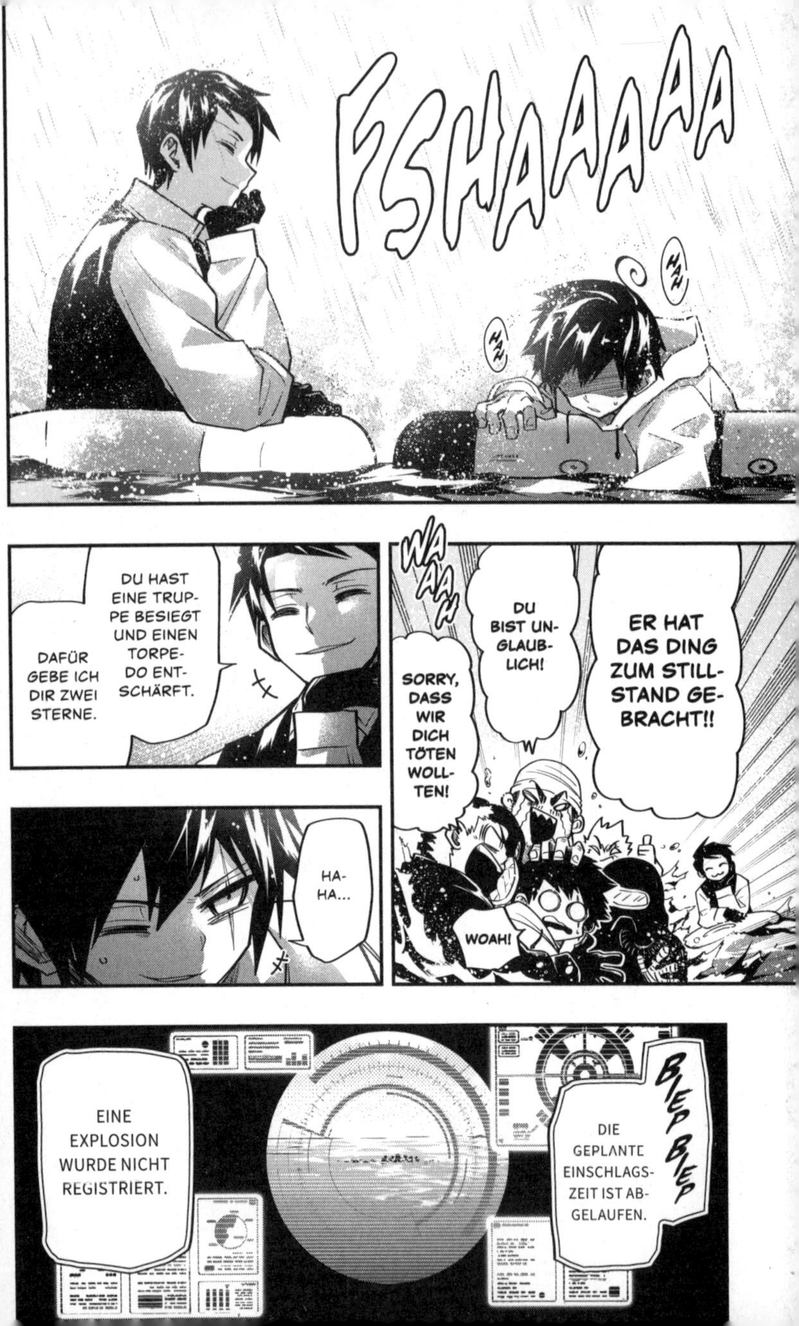
FSHAAAAAA
HAH
HAH
WAAAH
ER HAT DAS DING ZUM STILLSTAND GEBRACHT!!
DU BIST UNGLAUBLICH!
SORRY, DASS WIR DICH TÖTEN WOLLTEN!
WOAH!
DU HAST EINE TRUPPE BESIEGT UND EINEN TORPEDO ENTSCHÄRFT.
DAFÜR GEBE ICH DIR ZWEI STERNE.
HA-HA...
BIEP BIEP
DIE GEPLANTE EINSCHLAGSZEIT IST ABGELAUFEN.
EINE EXPLOSION WURDE NICHT REGISTRIERT.

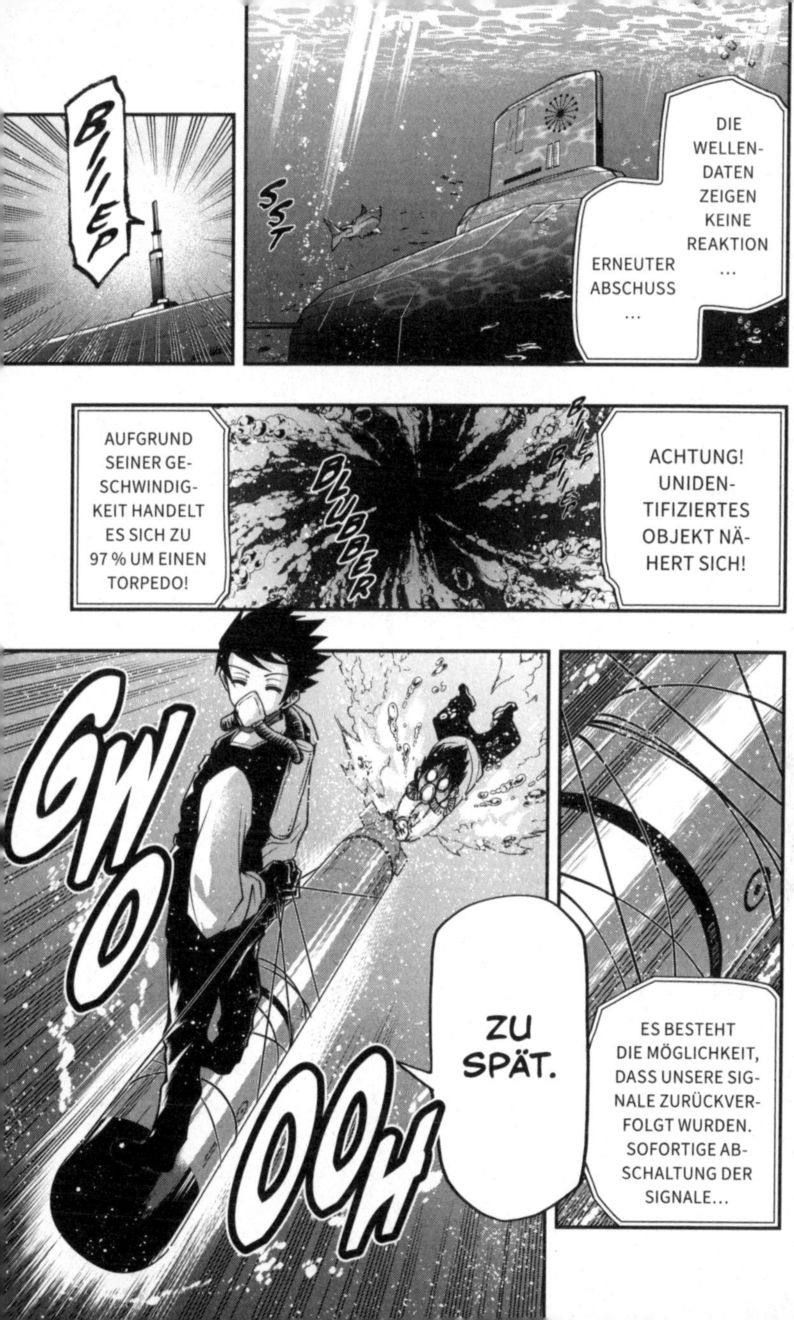

DIE WELLEN-DATEN ZEIGEN KEINE REAKTION …
ERNEUTER ABSCHUSS …
SST
BIIIEP
ACHTUNG! UNIDEN-TIFIZIERTES OBJEKT NÄ-HERT SICH!
BIIIEP
BIIIEP
BLUBBER
AUFGRUND SEINER GE-SCHWINDIG-KEIT HANDELT ES SICH ZU 97 % UM EINEN TORPEDO!
ES BESTEHT DIE MÖGLICHKEIT, DASS UNSERE SIG-NALE ZURÜCKVER-FOLGT WURDEN. SOFORTIGE AB-SCHALTUNG DER SIGNALE …
ZU SPÄT.
GWOOOH

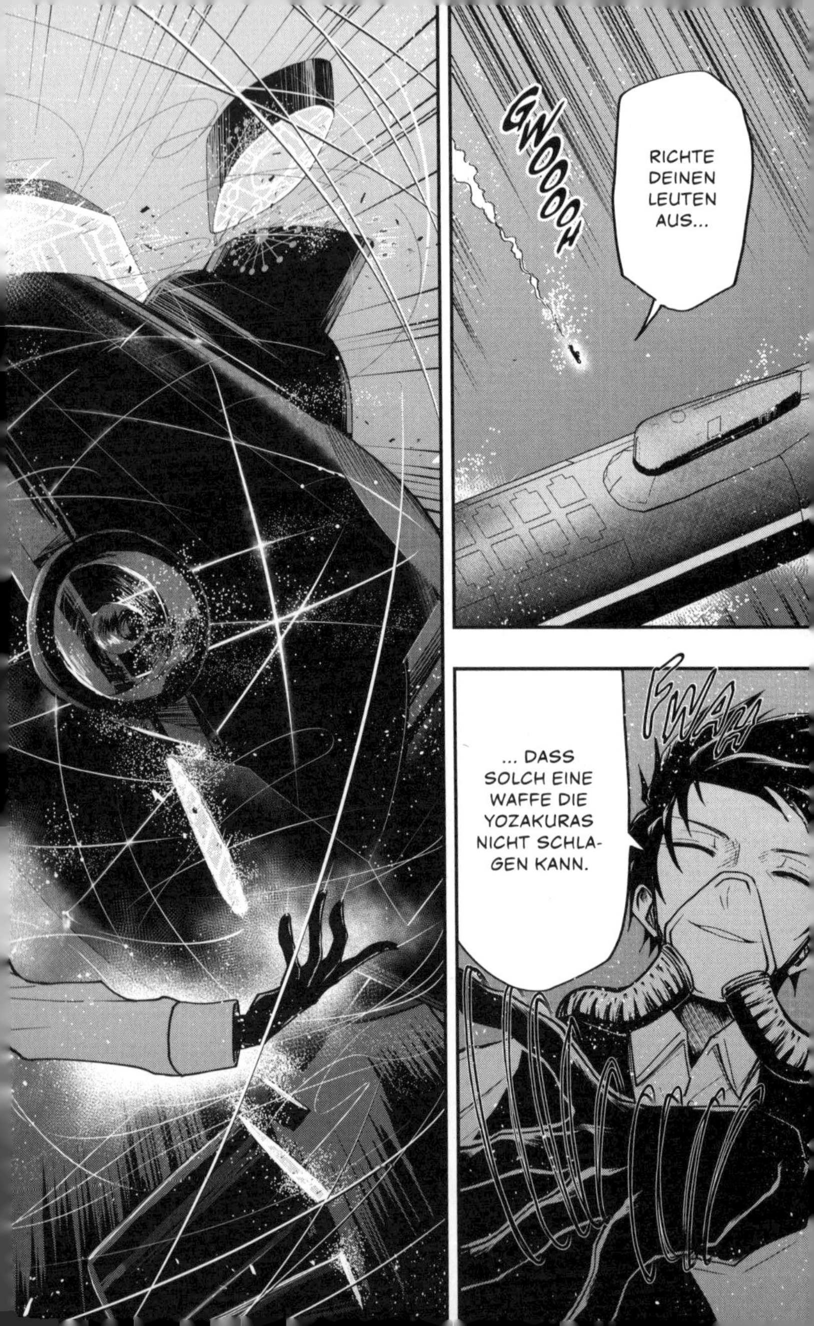
RICHTE DEINEN LEUTEN AUS...
GWOOOOH
FWAH
... DASS SOLCH EINE WAFFE DIE YOZAKURAS NICHT SCHLAGEN KANN.

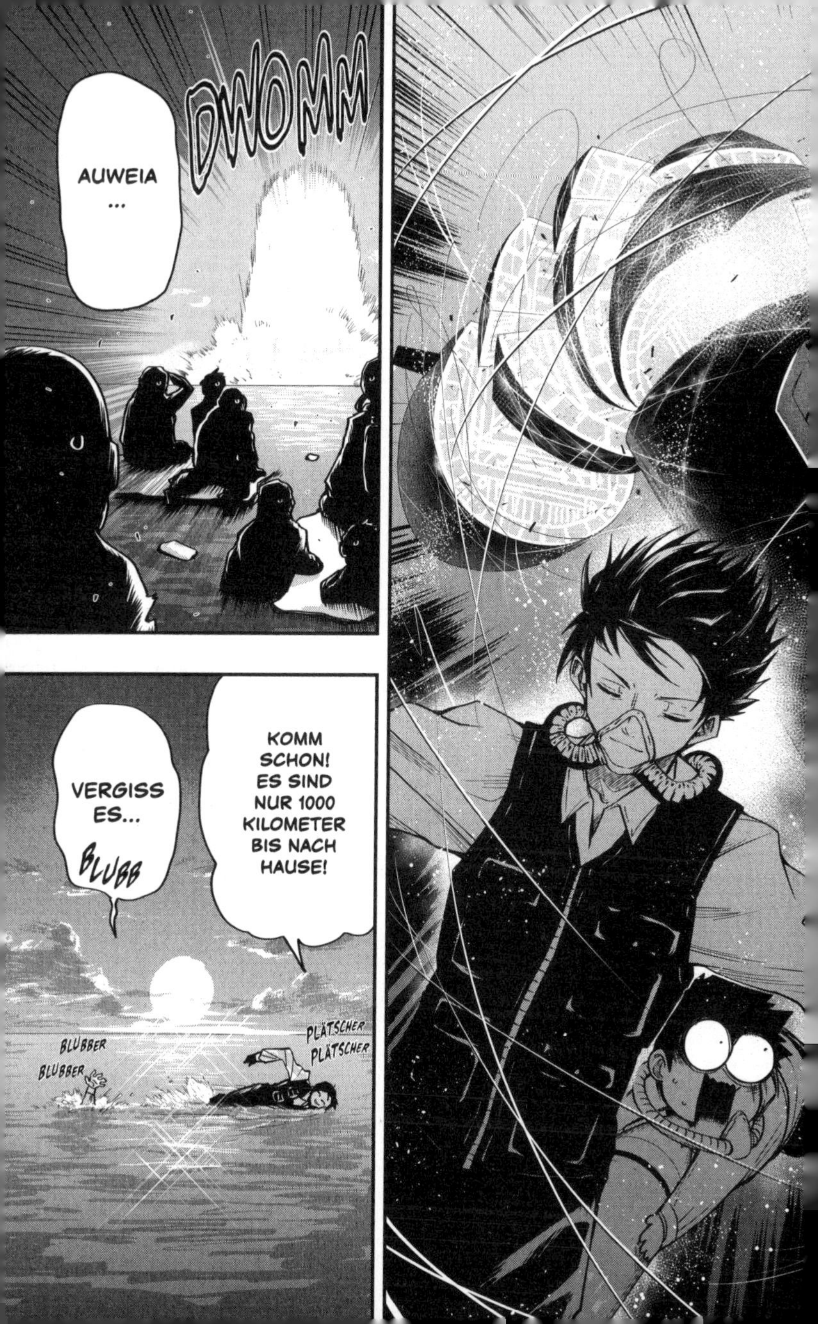
DWOMM
AUWEIA ...
KOMM SCHON! ES SIND NUR 1000 KILOMETER BIS NACH HAUSE!
VERGISS ES...
BLUBB
PLÄTSCHER PLÄTSCHER
BLUBBER BLUBBER

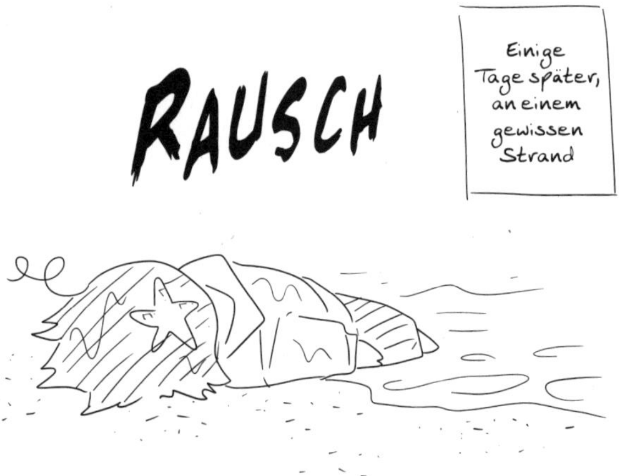
Einige Tage später, an einem gewissen Strand
RAUSCH

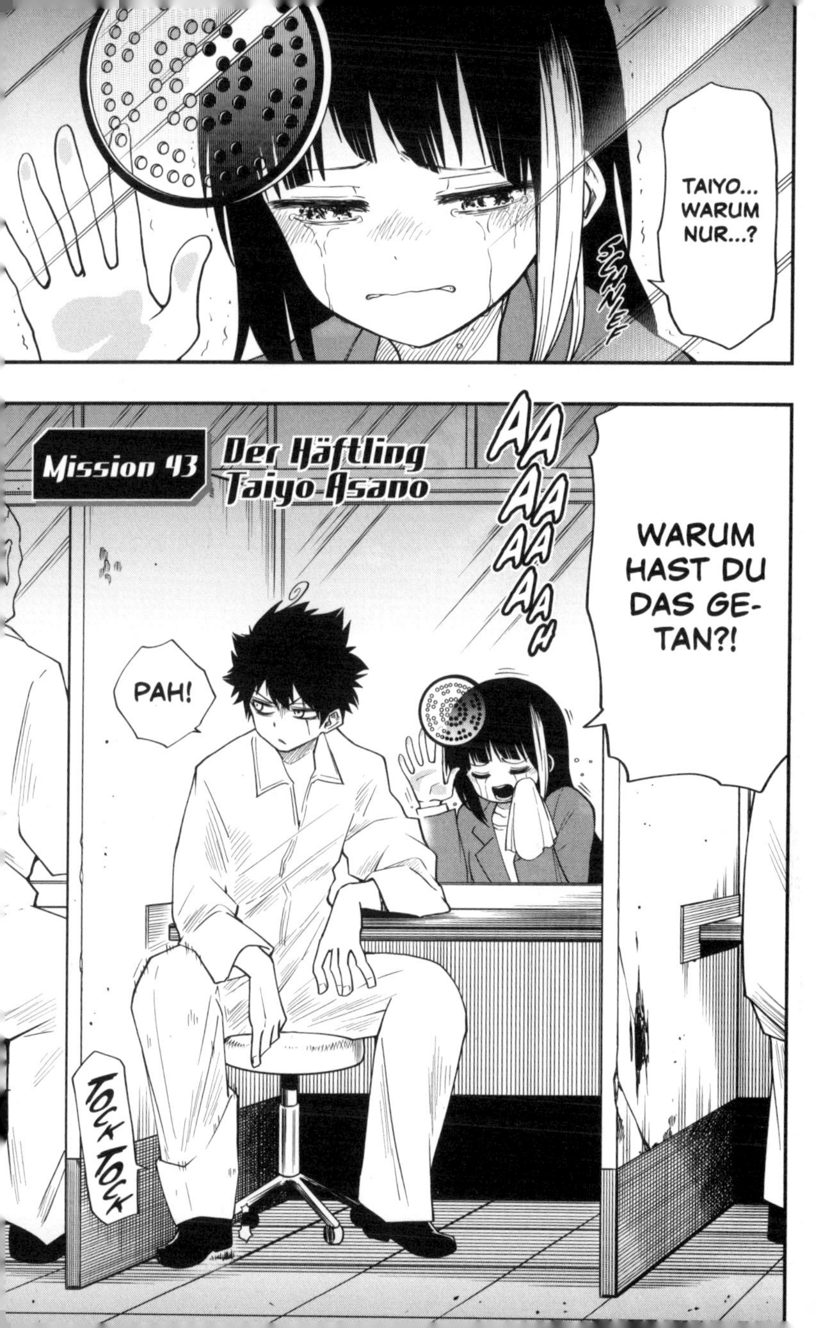
TAIYO... WARUM NUR...?
WARUM HAST DU DAS GE-TAN?!
AAAAAAAAH
Mission 43
Der Häftling Taiyo Asano
PAH!
TOCK TOCK

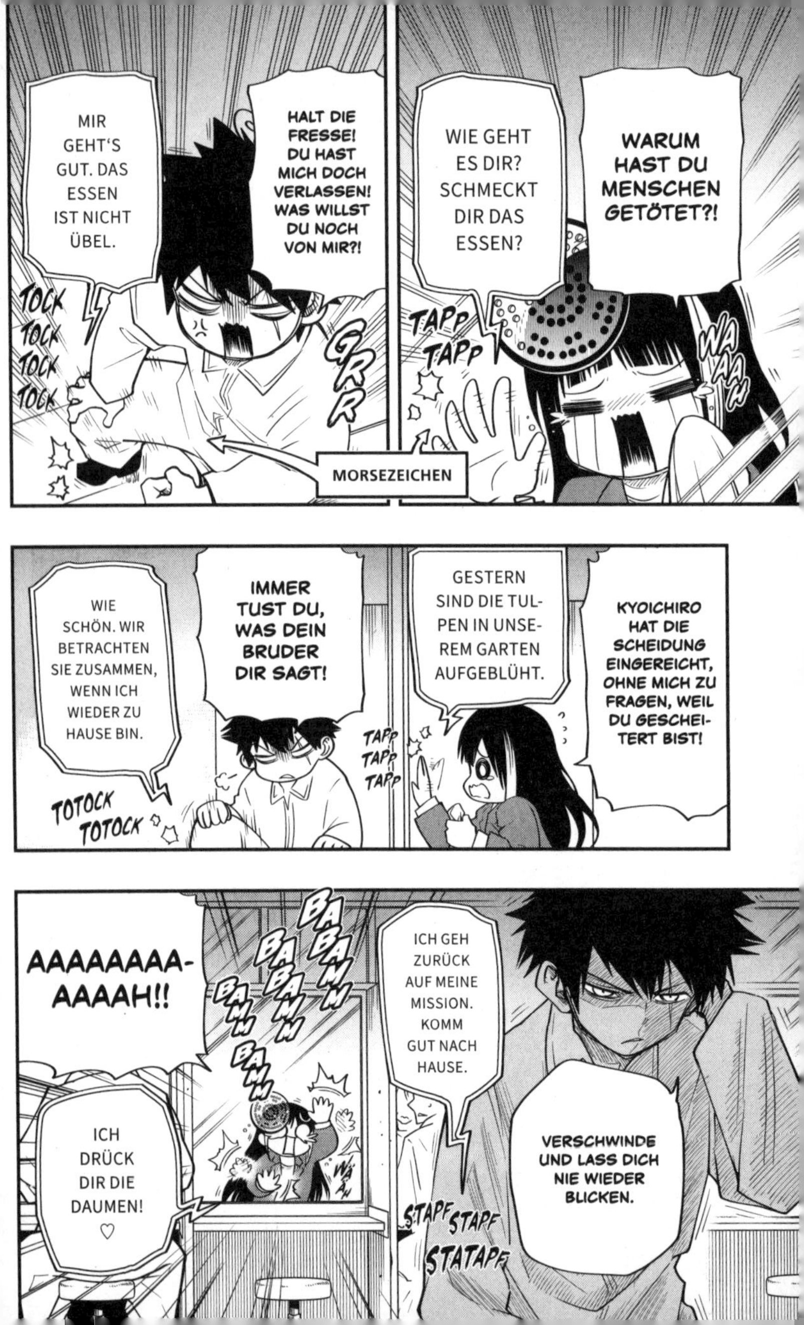
WARUM HAST DU MENSCHEN GETÖTET?!
WIE GEHT ES DIR? SCHMECKT DIR DAS ESSEN?
WAAAH
TAPP TAPP
HALT DIE FRESSE! DU HAST MICH DOCH VERLASSEN! WAS WILLST DU NOCH VON MIR?!
MIR GEHT'S GUT. DAS ESSEN IST NICHT ÜBEL.
GRRR
TOCK TOCK TOCK TOCK
MORSEZEICHEN
KYOICHIRO HAT DIE SCHEIDUNG EINGEREICHT, OHNE MICH ZU FRAGEN, WEIL DU GESCHEITERT BIST!
GESTERN SIND DIE TULPEN IN UNSEREM GARTEN AUFGEBLÜHT.
TAPP TAPP TAPP
IMMER TUST DU, WAS DEIN BRUDER DIR SAGT!
WIE SCHÖN. WIR BETRACHTEN SIE ZUSAMMEN, WENN ICH WIEDER ZU HAUSE BIN.
TOTOCK TOTOCK
VERSCHWINDE UND LASS DICH NIE WIEDER BLICKEN.
ICH GEH ZURÜCK AUF MEINE MISSION. KOMM GUT NACH HAUSE.
STAPF STAPF STATAPF
BABAMM BABAMM BAMM BAMM
WÄAH
AAAAAAAA-AAAAH!!
ICH DRÜCK DIR DIE DAUMEN! ♡

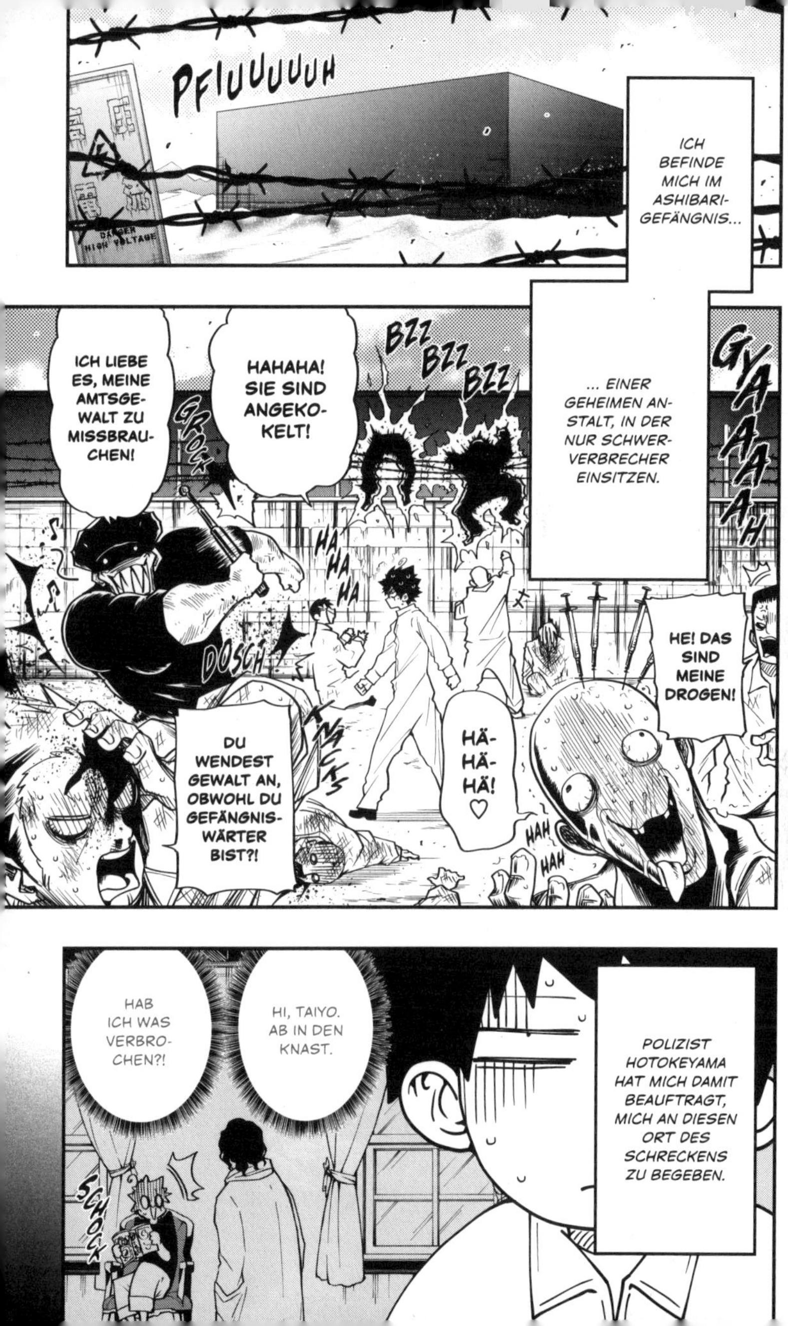
PFIUUUUUH
ICH BEFINDE MICH IM ASHIBARI-GEFÄNGNIS...
... EINER GEHEIMEN ANSTALT, IN DER NUR SCHWERVERBRECHER EINSITZEN.
GYAAAAAH
BZZ BZZ BZZ
HAHAHA! SIE SIND ANGEKOKELT!
ICH LIEBE ES, MEINE AMTSGEWALT ZU MISSBRAUCHEN!
GROCK
HA HA HA HA
DOSCH
HE! DAS SIND MEINE DROGEN!
HÄ-HÄ-HÄ! ♡
HAH HAH
KNACKS
DU WENDEST GEWALT AN, OBWOHL DU GEFÄNGNISWÄRTER BIST?!
POLIZIST HOTOKEYAMA HAT MICH DAMIT BEAUFTRAGT, MICH AN DIESEN ORT DES SCHRECKENS ZU BEGEBEN.
HI, TAIYO. AB IN DEN KNAST.
HAB ICH WAS VERBROCHEN?!
SCHOCK

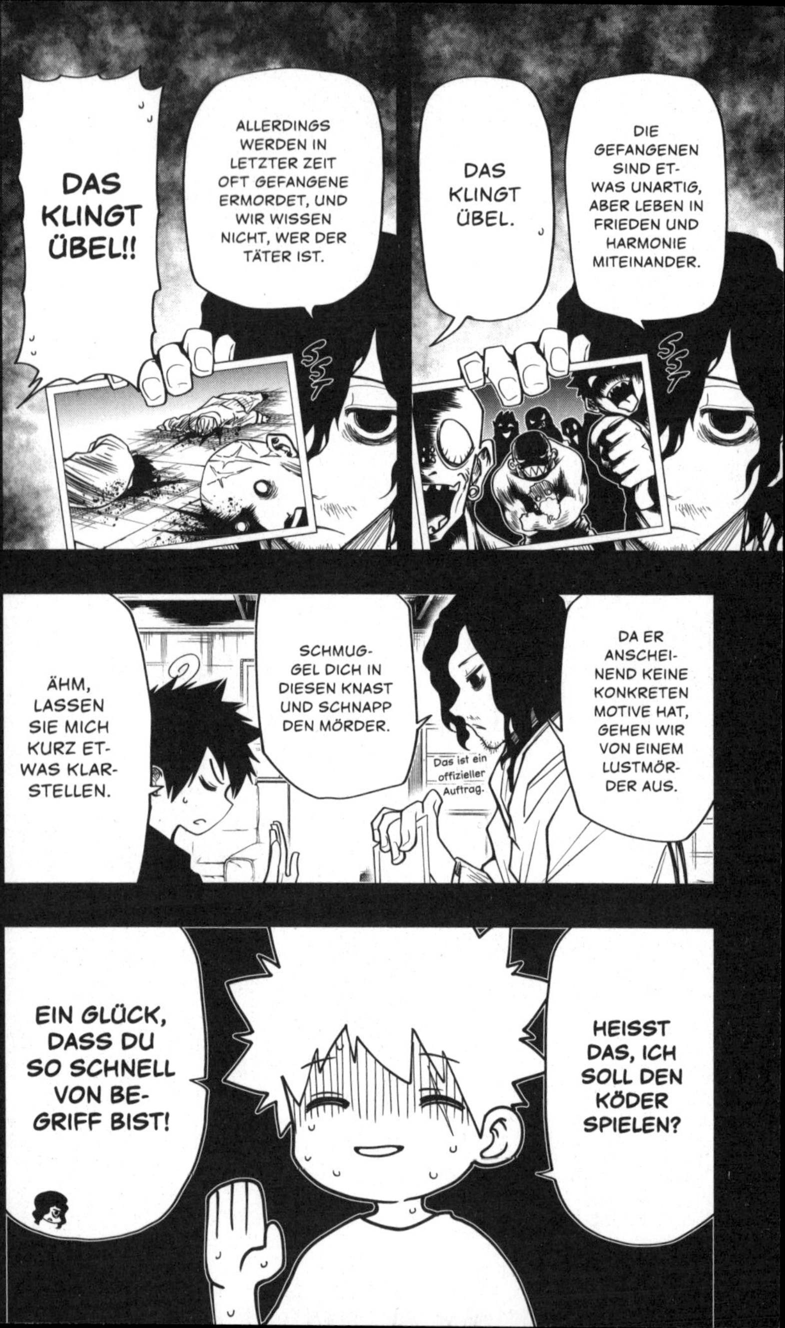
DIE GEFANGENEN SIND ETWAS UNARTIG, ABER LEBEN IN FRIEDEN UND HARMONIE MITEINANDER.
DAS KLINGT ÜBEL.
ALLERDINGS WERDEN IN LETZTER ZEIT OFT GEFANGENE ERMORDET, UND WIR WISSEN NICHT, WER DER TÄTER IST.
DAS KLINGT ÜBEL!!
DA ER ANSCHEINEND KEINE KONKRETEN MOTIVE HAT, GEHEN WIR VON EINEM LUSTMÖRDER AUS.
Das ist ein offizieller Auftrag.
SCHMUGGEL DICH IN DIESEN KNAST UND SCHNAPP DEN MÖRDER.
ÄHM, LASSEN SIE MICH KURZ ETWAS KLARSTELLEN.
HEISST DAS, ICH SOLL DEN KÖDER SPIELEN?
EIN GLÜCK, DASS DU SO SCHNELL VON BEGRIFF BIST!

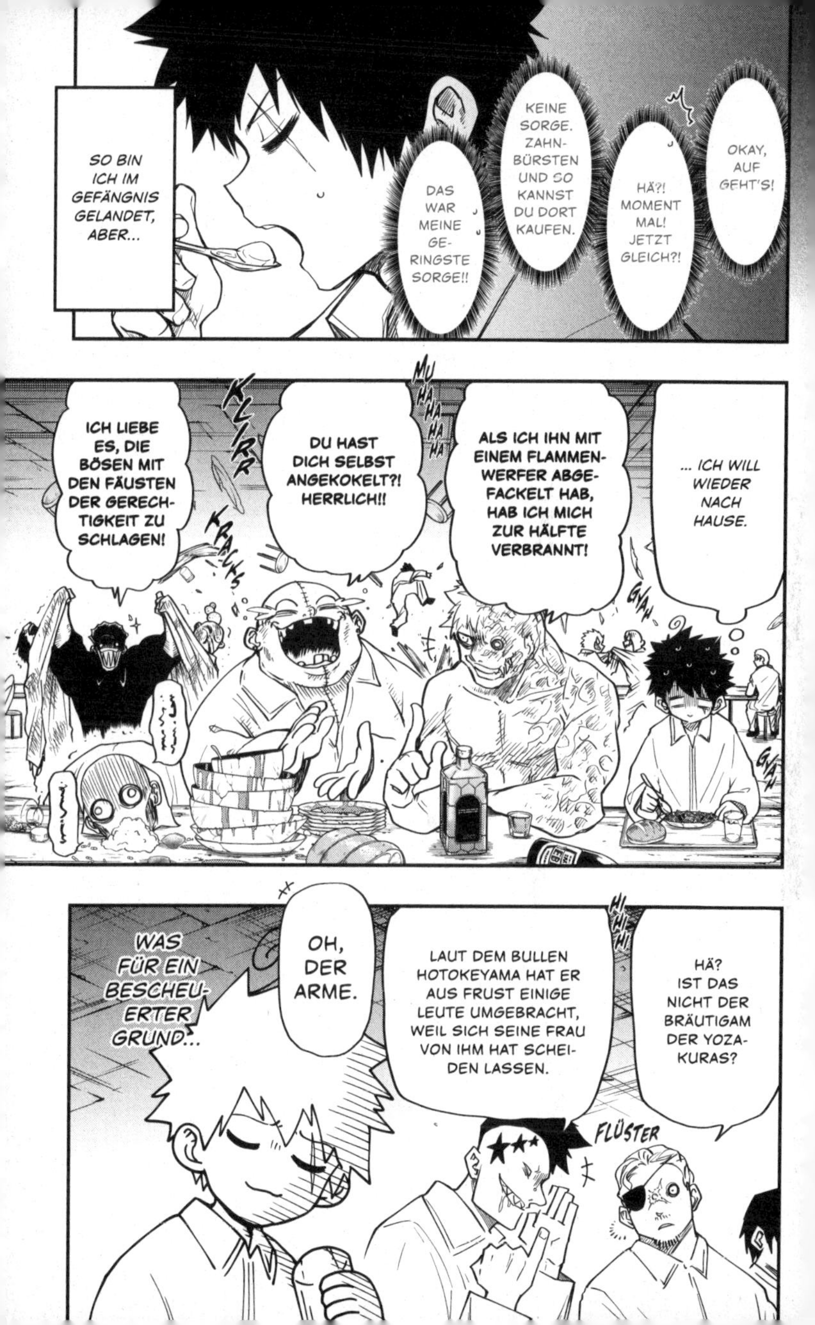

OKAY, AUF GEHT'S!
HÄ?! MOMENT MAL! JETZT GLEICH?!
KEINE SORGE. ZAHNBÜRSTEN UND SO KANNST DU DORT KAUFEN.
DAS WAR MEINE GERINGSTE SORGE!!
SO BIN ICH IM GEFÄNGNIS GELANDET, ABER...
... ICH WILL WIEDER NACH HAUSE.
ALS ICH IHN MIT EINEM FLAMMENWERFER ABGEFACKELT HAB, HAB ICH MICH ZUR HÄLFTE VERBRANNT!
MUHAHAHAHA
DU HAST DICH SELBST ANGEKOKELT?! HERRLICH!!
KLIRR
ICH LIEBE ES, DIE BÖSEN MIT DEN FÄUSTEN DER GERECHTIGKEIT ZU SCHLAGEN!
KRACHS
GYAH
GYAH
HÄ? IST DAS NICHT DER BRÄUTIGAM DER YOZAKURAS?
HIHIHI
LAUT DEM BULLEN HOTOKEYAMA HAT ER AUS FRUST EINIGE LEUTE UMGEBRACHT, WEIL SICH SEINE FRAU VON IHM HAT SCHEIDEN LASSEN.
FLÜSTER
OH, DER ARME.
WAS FÜR EIN BESCHEUERTER GRUND...

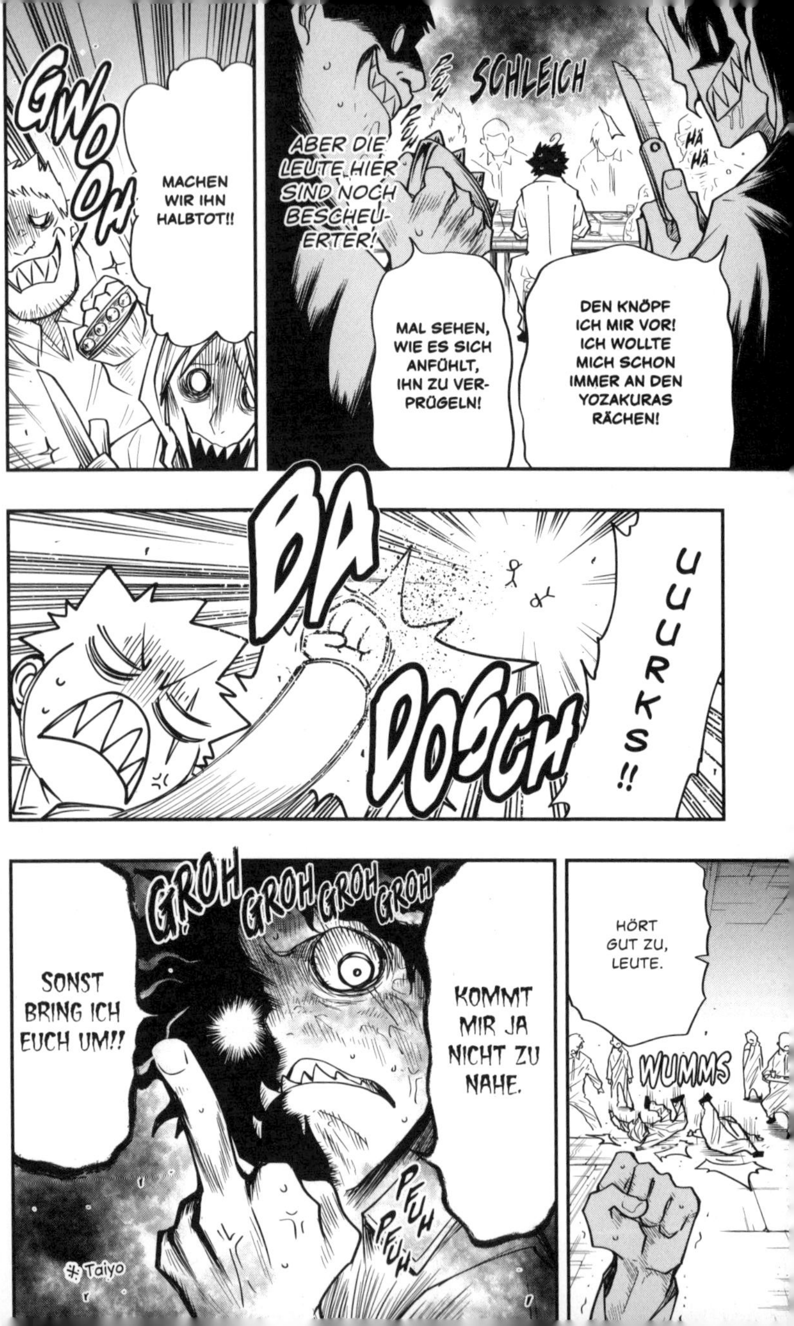
SCHLEICH
PFUH PFUH
HÄ HÄ
DEN KNÖPF ICH MIR VOR! ICH WOLLTE MICH SCHON IMMER AN DEN YOZAKURAS RÄCHEN!
MAL SEHEN, WIE ES SICH ANFÜHLT, IHN ZU VERPRÜGELN!
ABER DIE LEUTE HIER SIND NOCH BESCHEUERTER!
GWOOOH
MACHEN WIR IHN HALBTOT!!
BA DOSCH
UUURKS!!
HÖRT GUT ZU, LEUTE.
WUMMS
GROH GROH GROH GROH
KOMMT MIR JA NICHT ZU NAHE.
SONST BRING ICH EUCH UM!!
PFUH PFUH
※ Taiyo

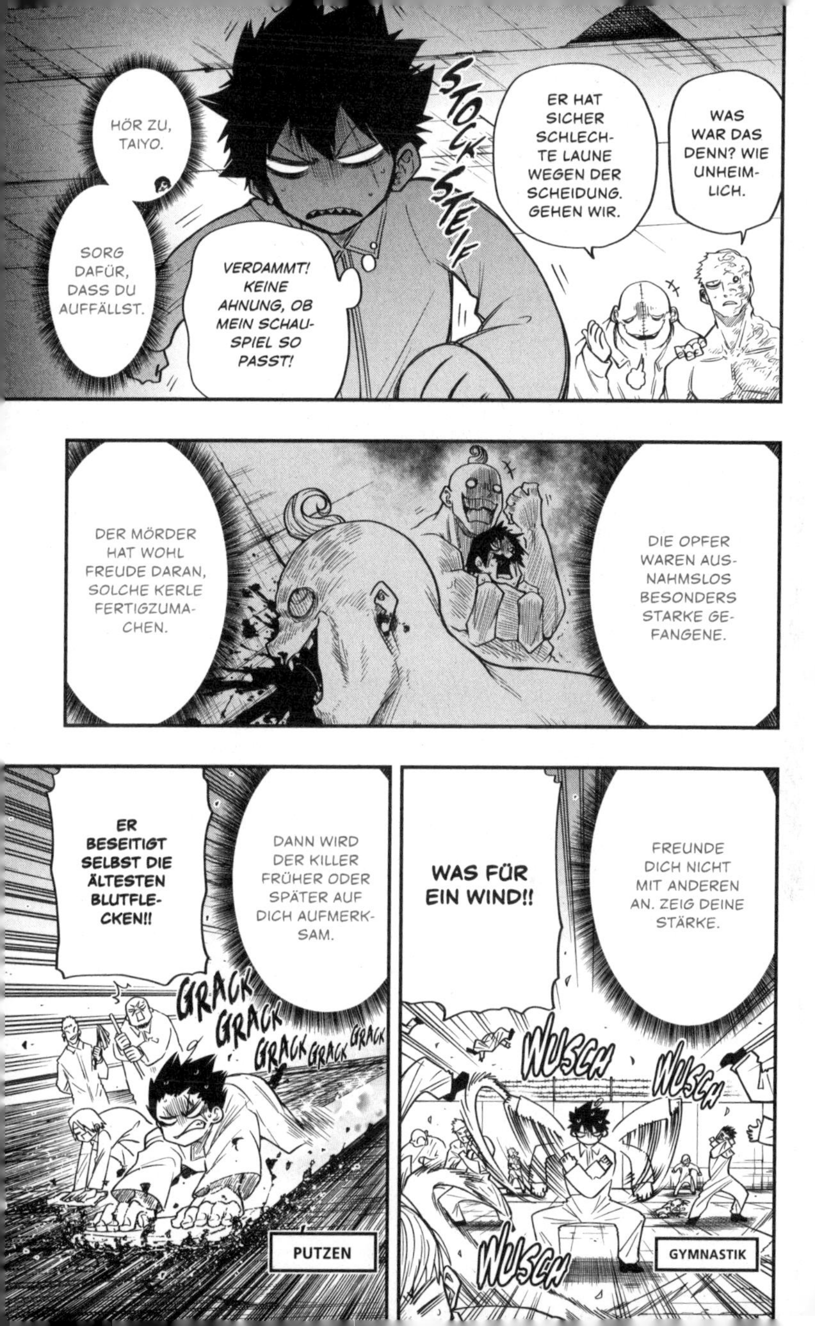

WAS WAR DAS DENN? WIE UNHEIMLICH.
ER HAT SICHER SCHLECHTE LAUNE WEGEN DER SCHEIDUNG. GEHEN WIR.
STOCK STEIF
VERDAMMT! KEINE AHNUNG, OB MEIN SCHAUSPIEL SO PASST!
HÖR ZU, TAIYO.
SORG DAFÜR, DASS DU AUFFÄLLST.
DIE OPFER WAREN AUSNAHMSLOS BESONDERS STARKE GEFANGENE.
DER MÖRDER HAT WOHL FREUDE DARAN, SOLCHE KERLE FERTIGZUMACHEN.
FREUNDE DICH NICHT MIT ANDEREN AN. ZEIG DEINE STÄRKE.
WAS FÜR EIN WIND!!
WUSCH
WUSCH
WUSCH
GYMNASTIK
DANN WIRD DER KILLER FRÜHER ODER SPÄTER AUF DICH AUFMERKSAM.
ER BESEITIGT SELBST DIE ÄLTESTEN BLUTFLECKEN!!
GRACK
GRACK
GRACK
GRACK
GRACK
PUTZEN

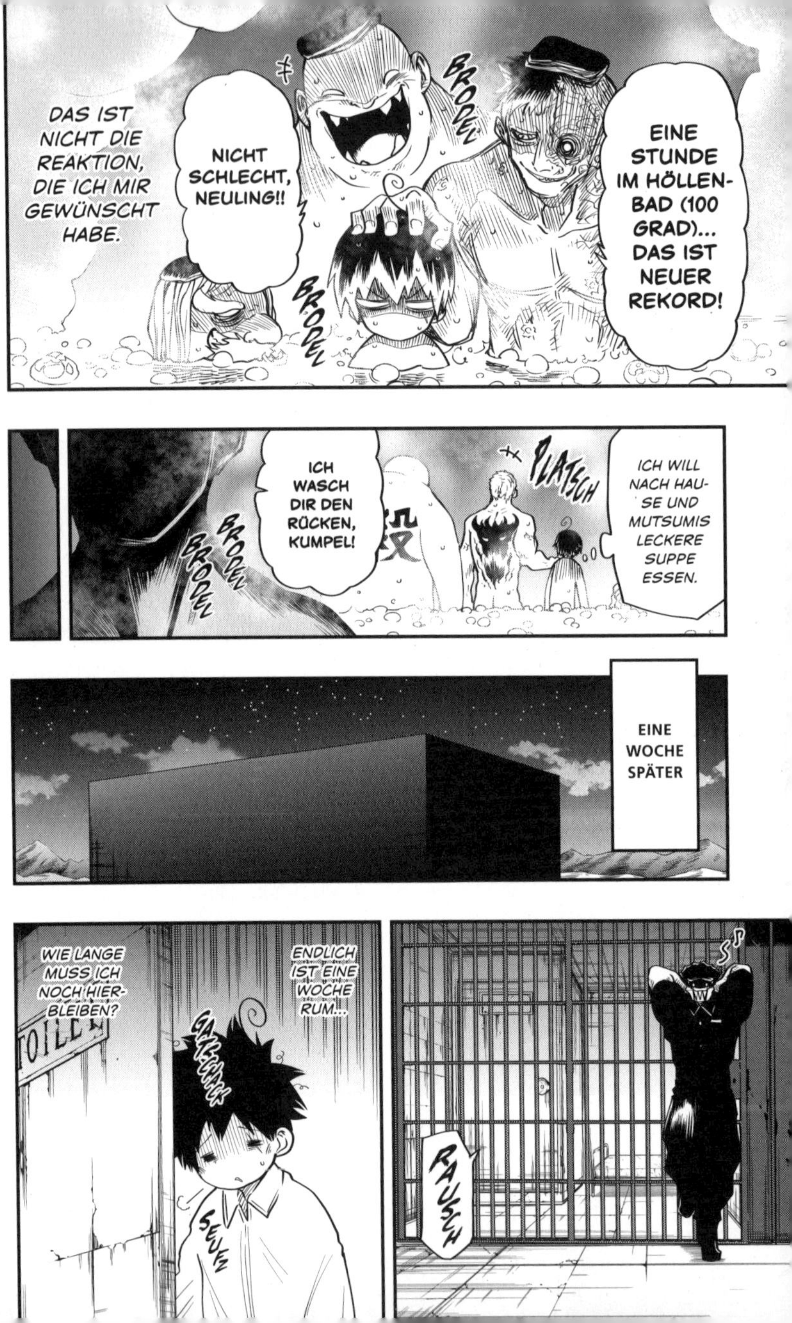
EINE STUNDE IM HÖLLENBAD (100 GRAD)... DAS IST NEUER REKORD!
BRODEL
NICHT SCHLECHT, NEULING!!
BRODEL
DAS IST NICHT DIE REAKTION, DIE ICH MIR GEWÜNSCHT HABE.
ICH WILL NACH HAUSE UND MUTSUMIS LECKERE SUPPE ESSEN.
PLATSCH
ICH WASCH DIR DEN RÜCKEN, KUMPEL!
BRODEL
BRODEL
EINE WOCHE SPÄTER
RAUSCH
ENDLICH IST EINE WOCHE RUM...
WIE LANGE MUSS ICH NOCH HIERBLEIBEN?
GATSCHAK
SEUFZ

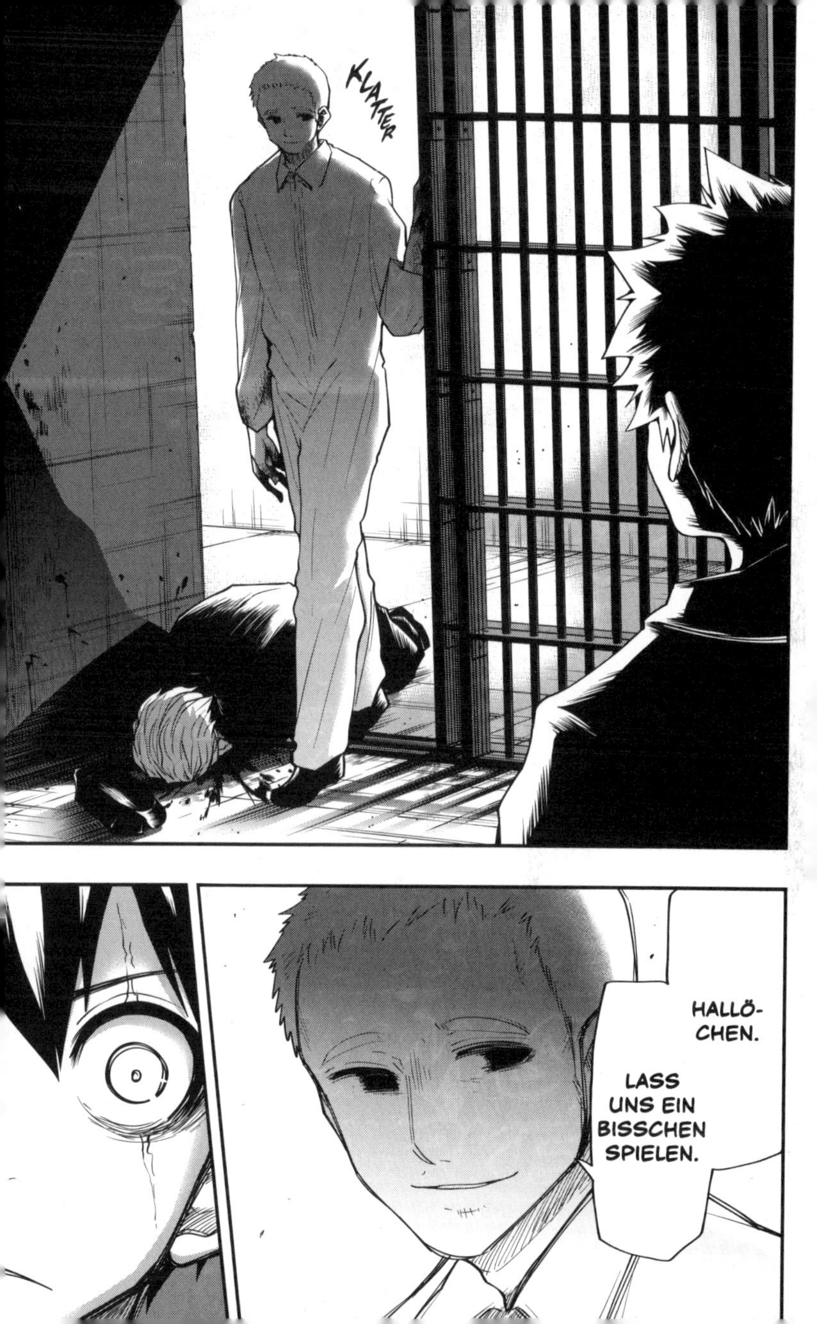
KLATTER
HALLÖ-
CHEN.
LASS
UNS EIN
BISSCHEN
SPIELEN.

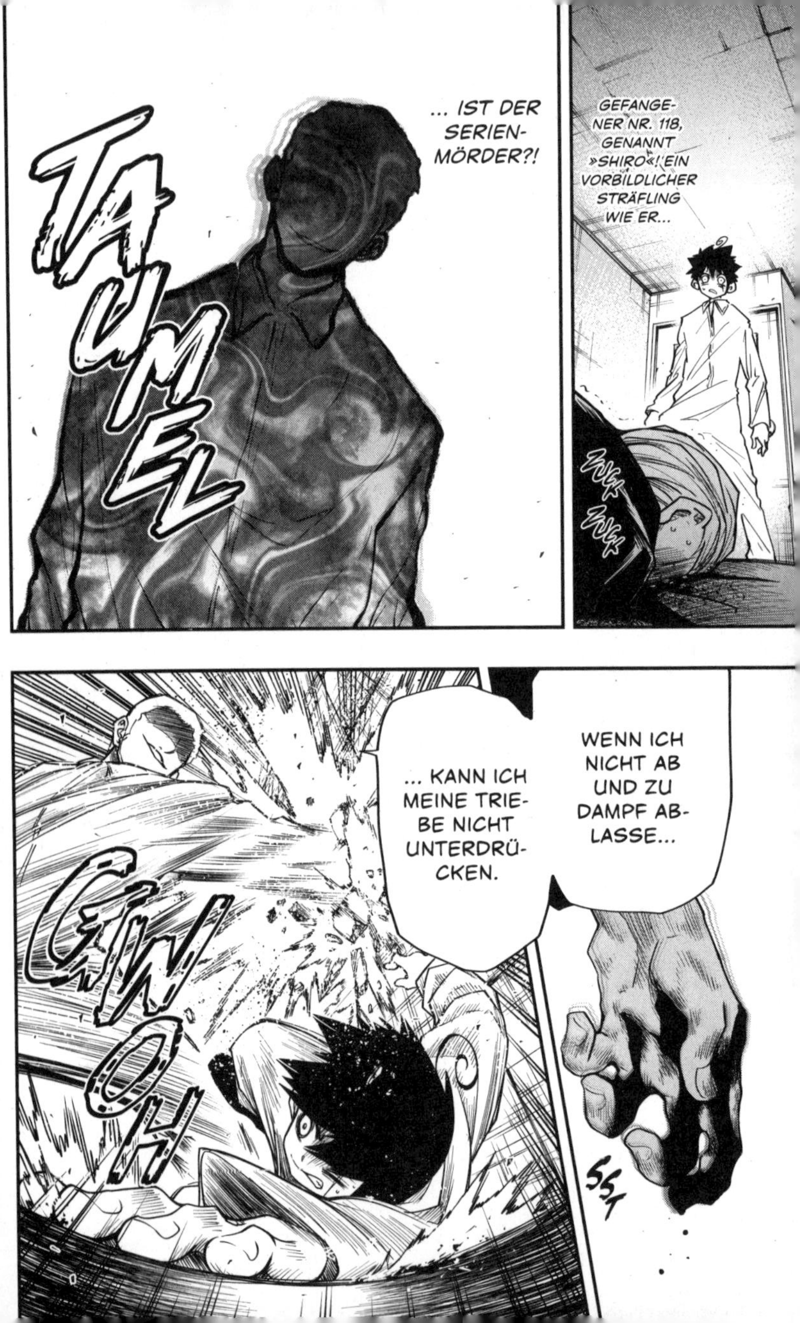
GEFANGENER NR. 118, GENANNT »SHIRO«! EIN VORBILDLICHER STRÄFLING WIE ER...
ZUCK ZUCK
... IST DER SERIENMÖRDER?!
TAUMEL
WENN ICH NICHT AB UND ZU DAMPF ABLASSE...
... KANN ICH MEINE TRIEBE NICHT UNTERDRÜCKEN.
SSK
GWOOH

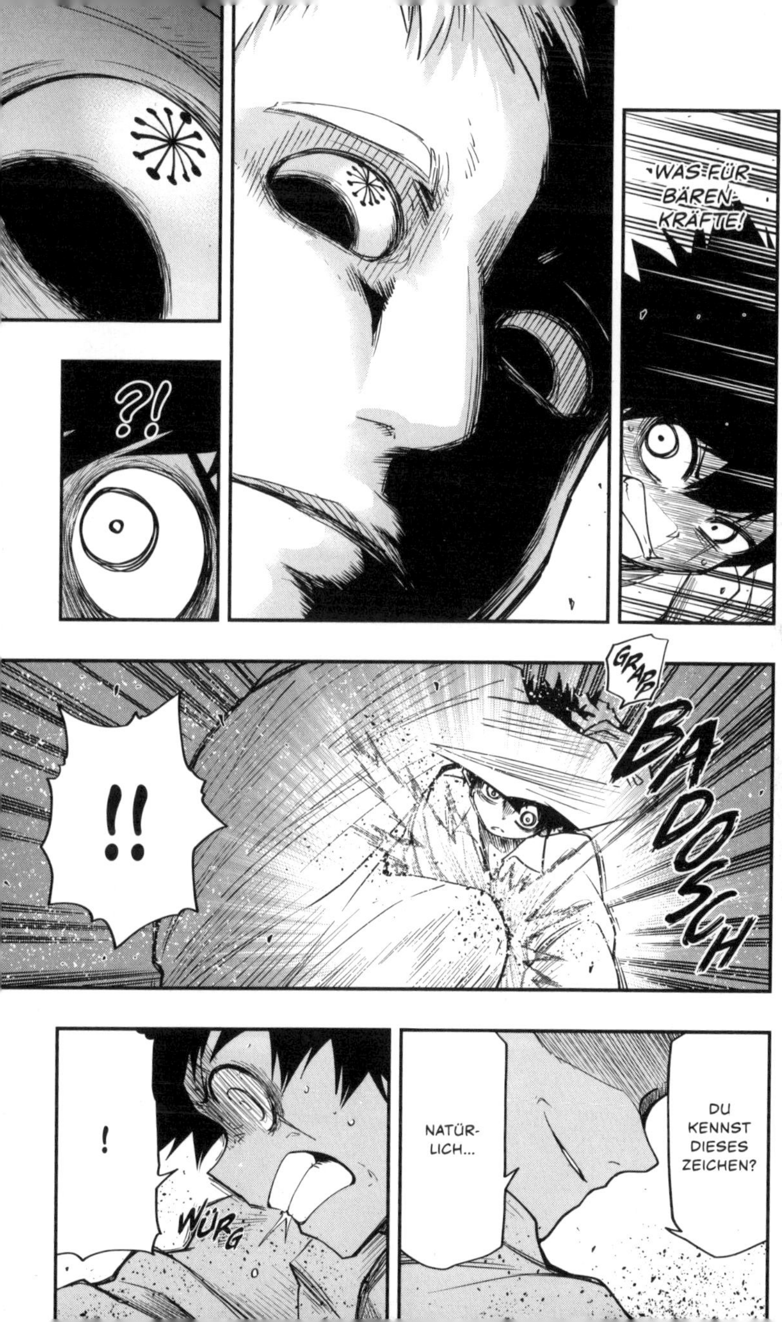

WAS FÜR BÄREN-KRÄFTE!
?!
GRAPP
BADOSCH
!!
DU KENNST DIESES ZEICHEN?
NATÜR-LICH...
!
WÜRG

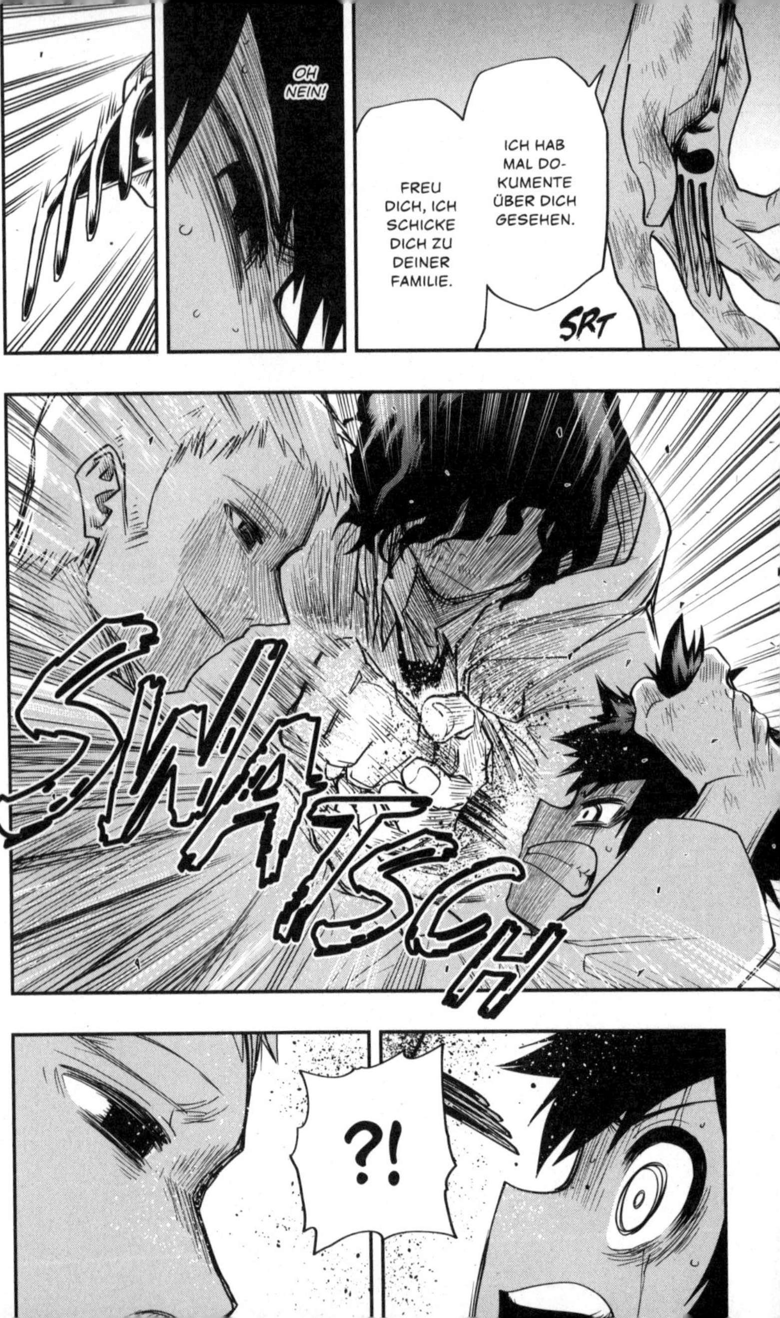
ICH HAB MAL DOKUMENTE ÜBER DICH GESEHEN.
FREU DICH, ICH SCHICKE DICH ZU DEINER FAMILIE.
SRT
OH NEIN!
SWATSCH
?!

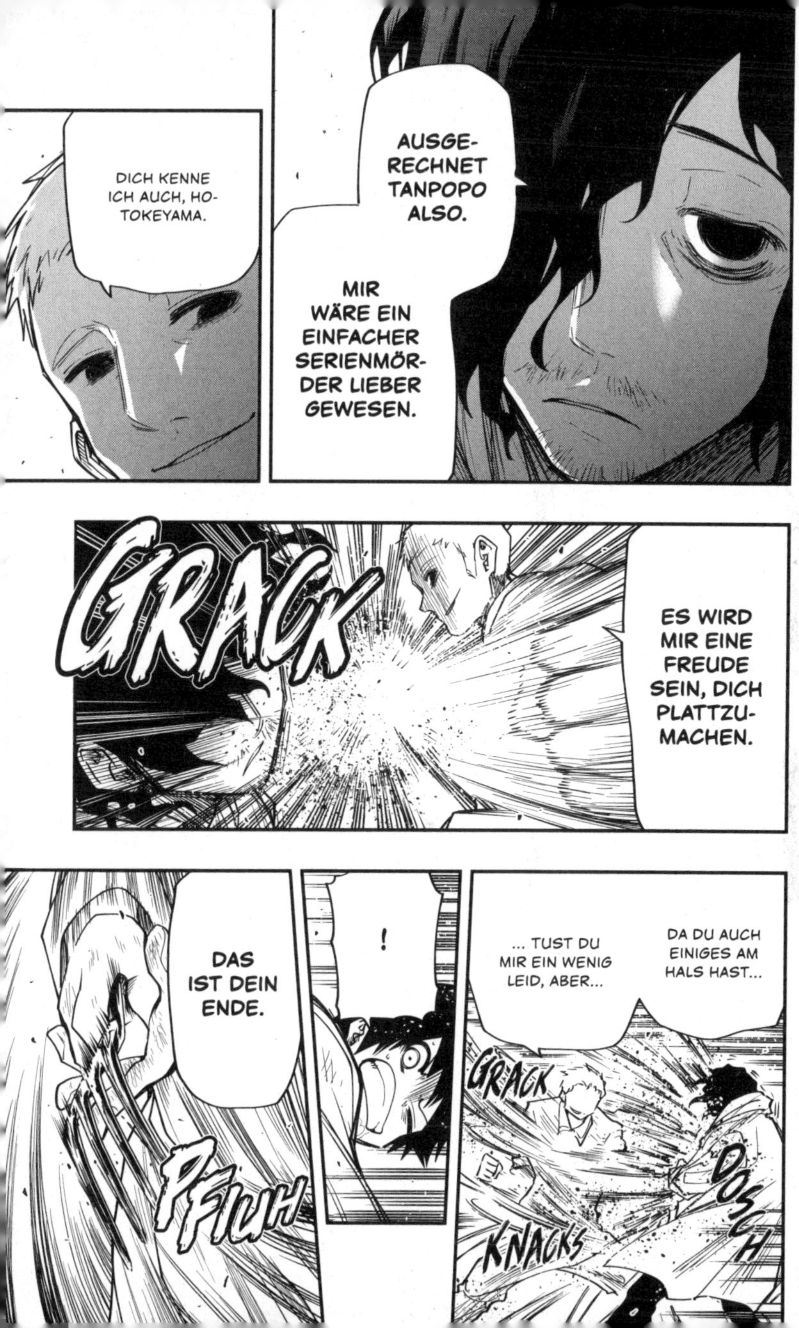
AUSGERECHNET TANPOPO ALSO.
MIR WÄRE EIN EINFACHER SERIENMÖRDER LIEBER GEWESEN.
DICH KENNE ICH AUCH, HOTOKEYAMA.
ES WIRD MIR EINE FREUDE SEIN, DICH PLATTZUMACHEN.
GRACK
DA DU AUCH EINIGES AM HALS HAST...
... TUST DU MIR EIN WENIG LEID, ABER...
GRACK
DOSCH
KNACKS
!
DAS IST DEIN ENDE.
PFIUH

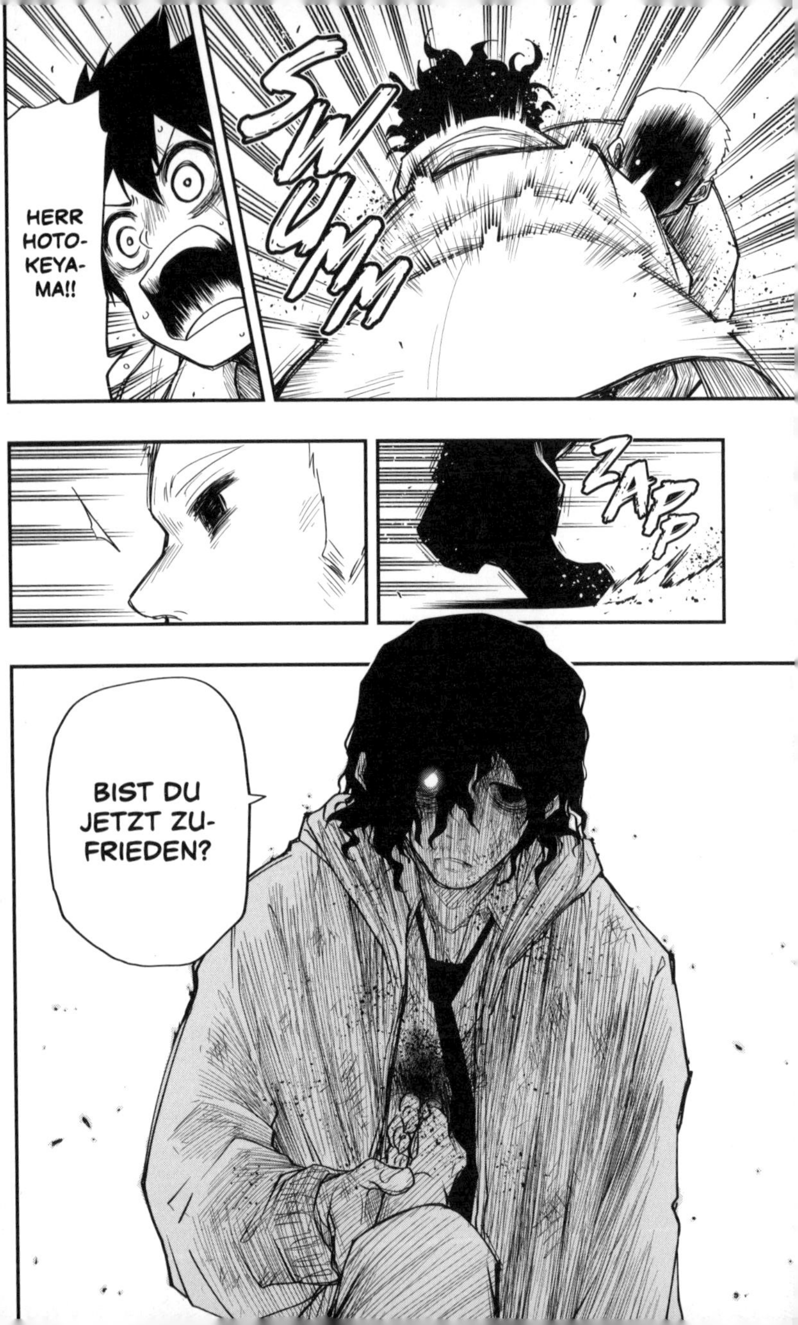
SWUMM
HERR HOTO-KEYA-MA!!
ZAPP
BIST DU JETZT ZU-FRIEDEN?

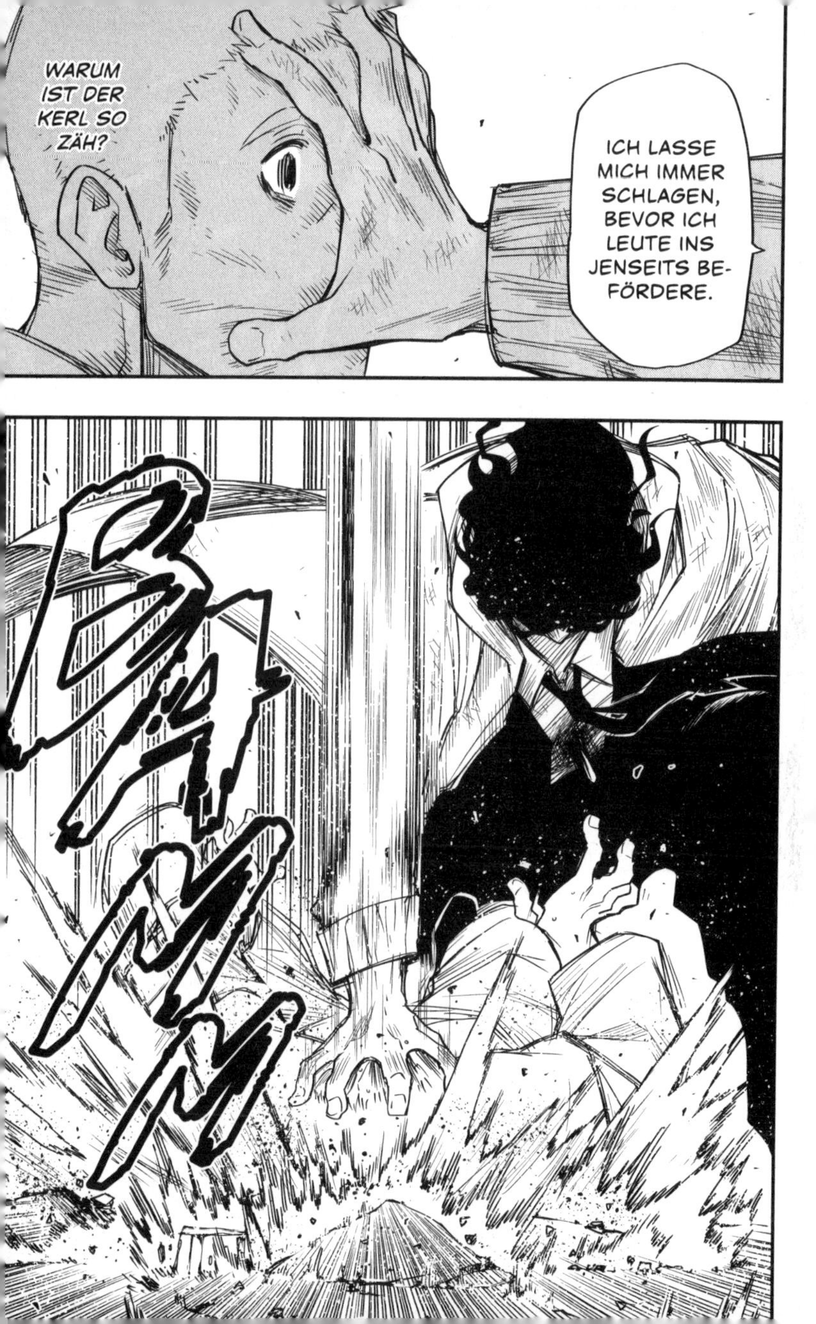
ICH LASSE MICH IMMER SCHLAGEN, BEVOR ICH LEUTE INS JENSEITS BEFÖRDERE.
WARUM IST DER KERL SO ZÄH?

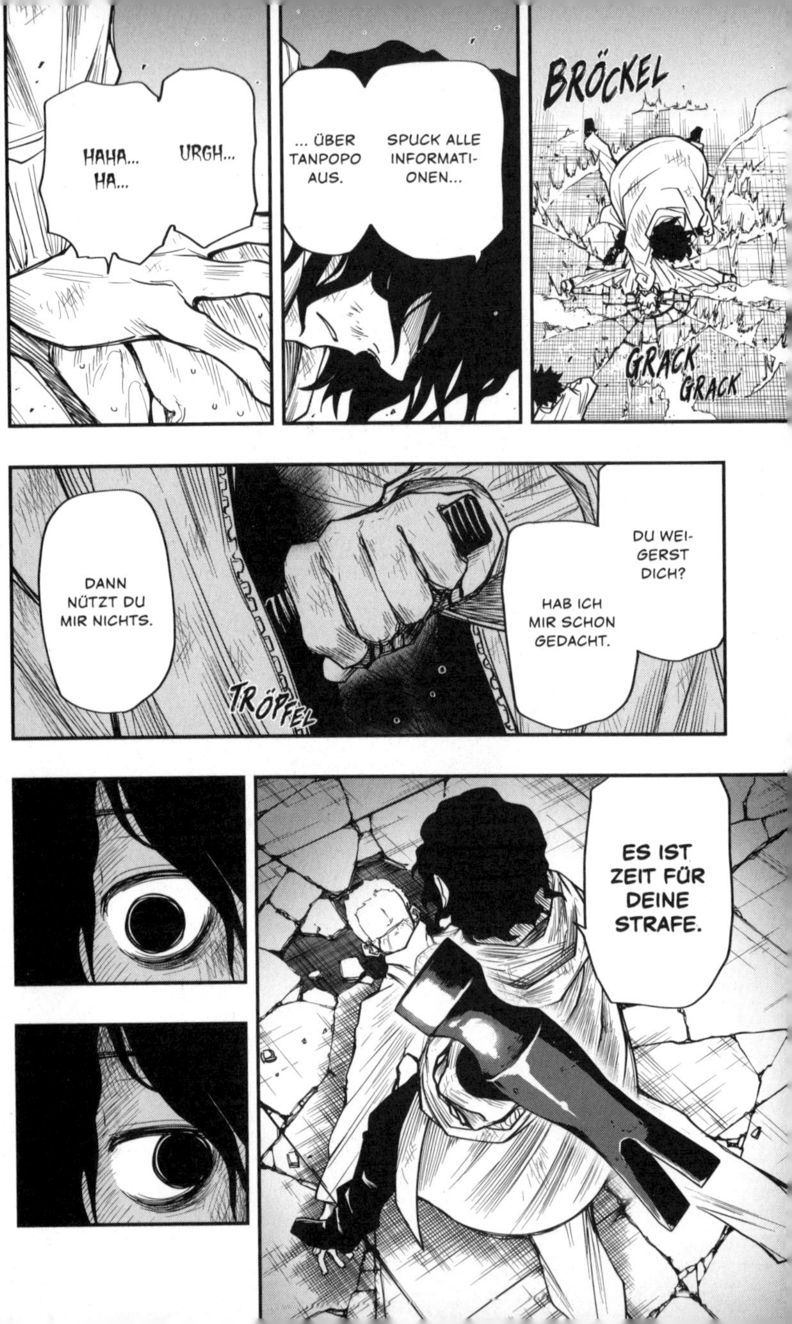
BRÖCKEL
GRACK
GRACK
SPUCK ALLE INFORMATIONEN...
... ÜBER TANPOPO AUS.
URGH...
HAHA... HA...
DU WEIGERST DICH?
HAB ICH MIR SCHON GEDACHT.
DANN NÜTZT DU MIR NICHTS.
TRÖPFEL
ES IST ZEIT FÜR DEINE STRAFE.

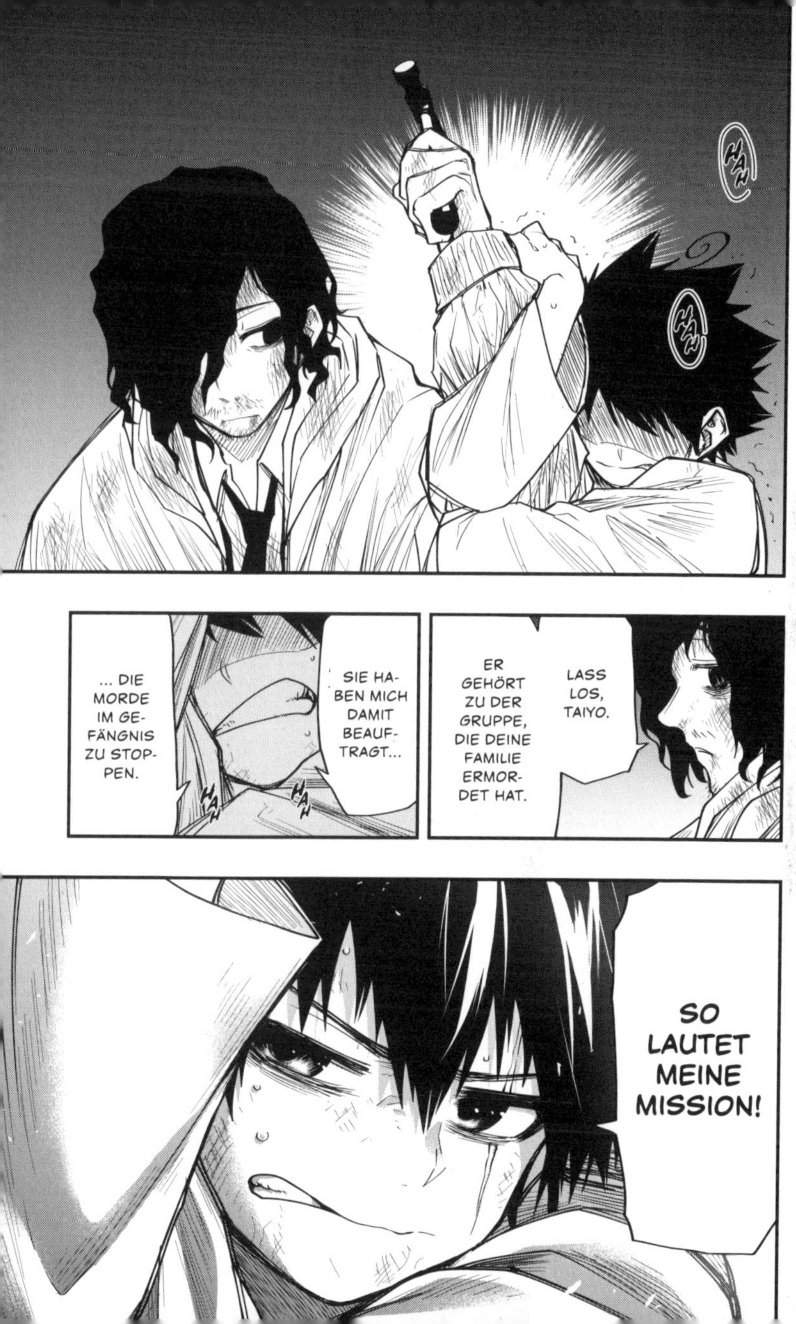
HAH
HAH
LASS LOS, TAIYO.
ER GEHÖRT ZU DER GRUPPE, DIE DEINE FAMILIE ERMORDET HAT.
SIE HABEN MICH DAMIT BEAUFTRAGT...
... DIE MORDE IM GEFÄNGNIS ZU STOPPEN.
HAH
HAH
SO LAUTET MEINE MISSION!

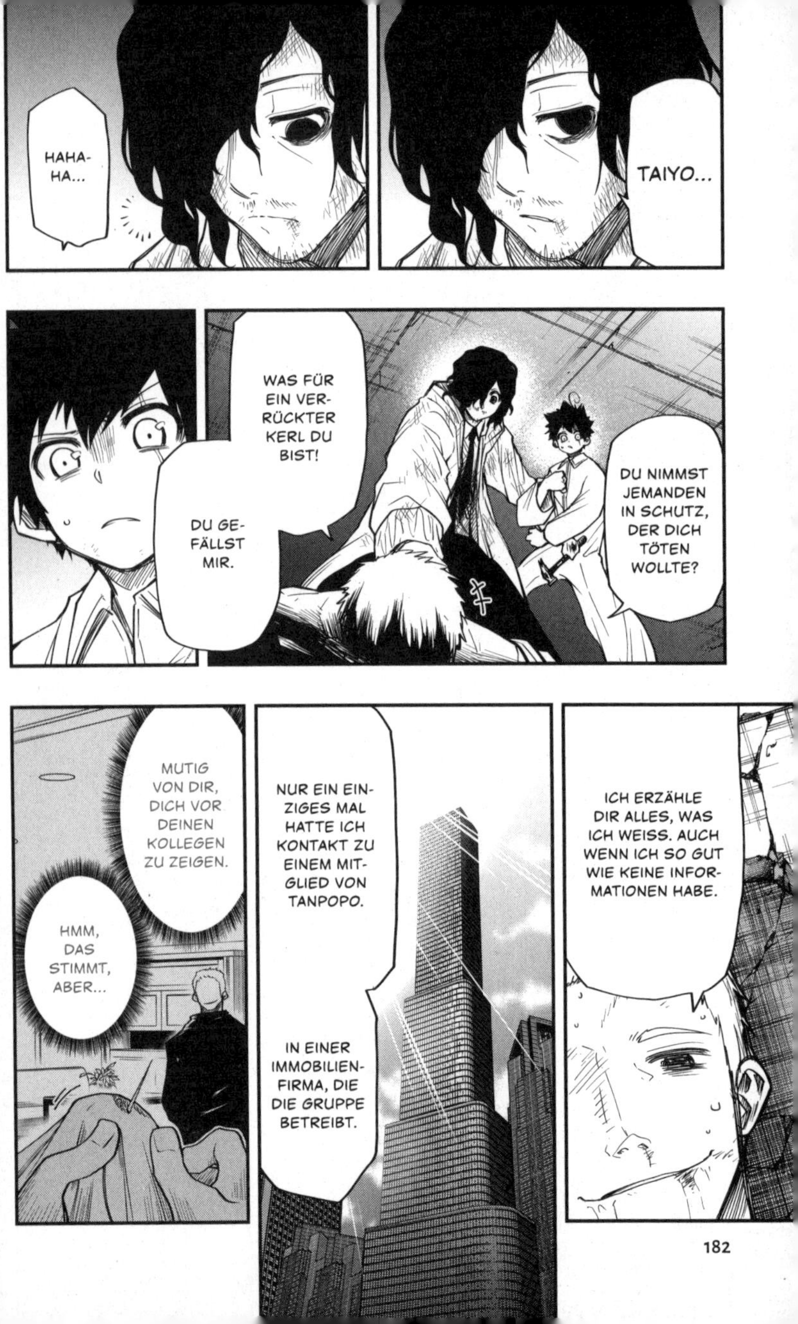
HAHA-
HA...
TAIYO...
WAS FÜR EIN VERRÜCKTER KERL DU BIST!
DU NIMMST JEMANDEN IN SCHUTZ, DER DICH TÖTEN WOLLTE?
DU GEFÄLLST MIR.
ICH ERZÄHLE DIR ALLES, WAS ICH WEISS. AUCH WENN ICH SO GUT WIE KEINE INFORMATIONEN HABE.
NUR EIN EINZIGES MAL HATTE ICH KONTAKT ZU EINEM MITGLIED VON TANPOPO.
IN EINER IMMOBILIENFIRMA, DIE DIE GRUPPE BETREIBT.
MUTIG VON DIR, DICH VOR DEINEN KOLLEGEN ZU ZEIGEN.
HMM, DAS STIMMT, ABER...

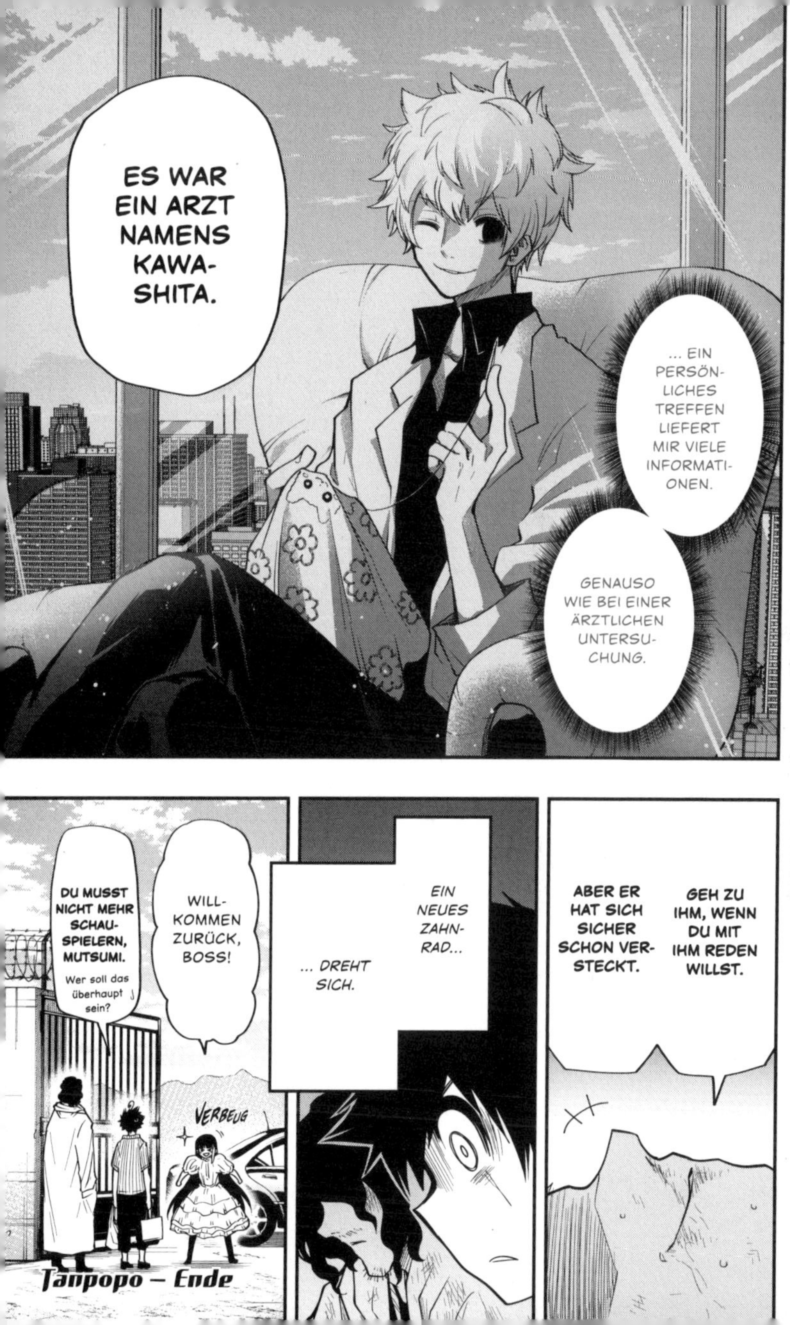
ES WAR EIN ARZT NAMENS KAWASHITA.
... EIN PERSÖNLICHES TREFFEN LIEFERT MIR VIELE INFORMATIONEN.
GENAUSO WIE BEI EINER ÄRZTLICHEN UNTERSUCHUNG.
GEH ZU IHM, WENN DU MIT IHM REDEN WILLST.
ABER ER HAT SICH SICHER SCHON VERSTECKT.
EIN NEUES ZAHNRAD...
... DREHT SICH.
WILLKOMMEN ZURÜCK, BOSS!
DU MUSST NICHT MEHR SCHAUSPIELERN, MUTSUMI.
Wer soll das überhaupt sein?
VERBEUG
Tanpopo – Ende

HOBBY	MAG	MAG NICHT
LESEN / KLAVIER SPIELEN	**MUTSUMI** / SCHWARZTEE	SPINNEN
NÄHARBEIT / KALLIGRAFIE	GRÜNTEE / OHAGI	AUFBLEIBEN / GESPENSTER / KARTEN
KRAFTTRAINING / CAMPEN	MILCH / SOJAMILCH	INSEKTEN / BLUT / ROHE EIER / LEUTE, DIE KEINE MANIEREN HABEN / LEUTE, DIE LAUT REDEN / FUTABA, WENN SIE BETRUNKEN IST
FILME SCHAUEN / AKTIENHANDEL / ALTE SPIELE NACHBAUEN	SCHLECHTE SPIELE / GUARANA / HAMBURGER	GEMÜSE / CHEATS / VIDEOS, DIE MAN NICHT ÜBERSPRINGEN KANN
YOGA / NAGELPFLEGE / BADEN / HAUTPFLEGE	KATZEN / SUSHI / SODAWASSER / GESICHTSWASSER OHNE ZUSATZSTOFFE	FRÜH AUFSTEHEN / SONNENBRAND
GARTENARBEIT / EINKAUFEN / GEIGE SPIELEN	RAMEN / GEBRATENER REIS / GYOZA	SINGEN
ASTRONOMIE / AQUARIUM	MELONENBRÖTCHEN / ZUCKERWATTE / SCHOKOLADE	STREIT
MANGA LESEN / ZOCKEN / BEI SPORT ZUSCHAUEN	CURRYREIS / SCHWEINESCHNITZEL / FRIKADELLEN	MATHEMATIK
MITTAGSSCHLAF / SPAZIERGÄNGE	LAMMFLEISCH / MAIS / BIER	MENSCHLICHE FÜRZE / HITZE

STECKBRIEFE DER GESCHWISTER YOZAKURA!

		GEBURTSTAG	ALTER (IM 1. KAPITEL)	KÖRPERGRÖSSE (IN CM)	BLUTGRUPPE
KYOICHIRO	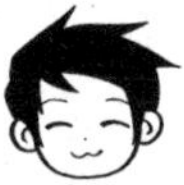	1.1.	21	185	A
FUTABA	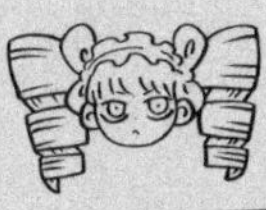	2.2.	20	134	AB
SHINZO	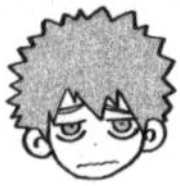	3.3.	19	193	O
SHION	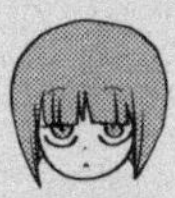	4.4.	18	172	AB
KENGO	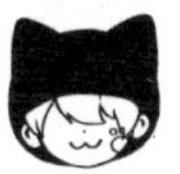	5.5.	17	166	B
MUTSUMI	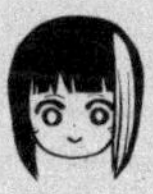	6.6.	16	163	A
NANAO	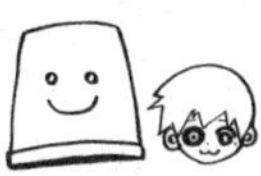	7.7.	15	130-300	O
TAIYO	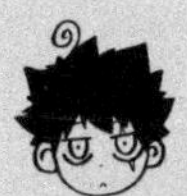	15.9.	16	170	A
GOLIATH		17.1.	?	30-800	?

Bonusstory: Die Gebrüder vs. die Mücken

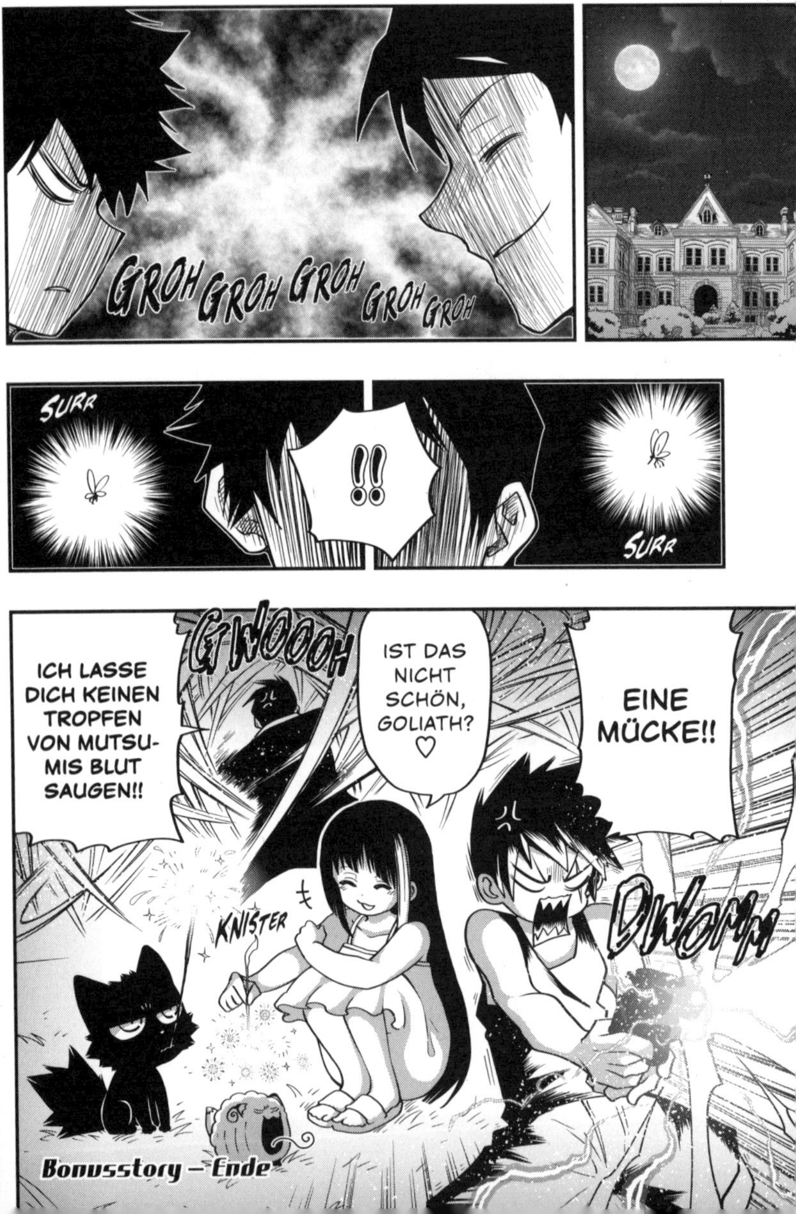

Personen, die mir bei der Arbeit an diesem Werk geholfen haben ②

(siehe den ersten Band für Teil ①)

- Assistenten: (geordnet nach japanischem Alphabet)

Shintaro Imamoto
Tatsuya Uemura
Moe Shinohara
Ryu Segawa
Nanato (Aushilfe)
Tomohiro Yagi
Kenta Yuzuriha (ehemals)

Hat die Manga »Iron Knight« (3 Bände) und »Red Sprite« (3 Bände) herausgebracht!

Hat sich selbstständig gemacht! Googelt mal seinen Namen!

- Design:
  Kaori Shimura

- Seitenlayout:
  Akihiro Katayama

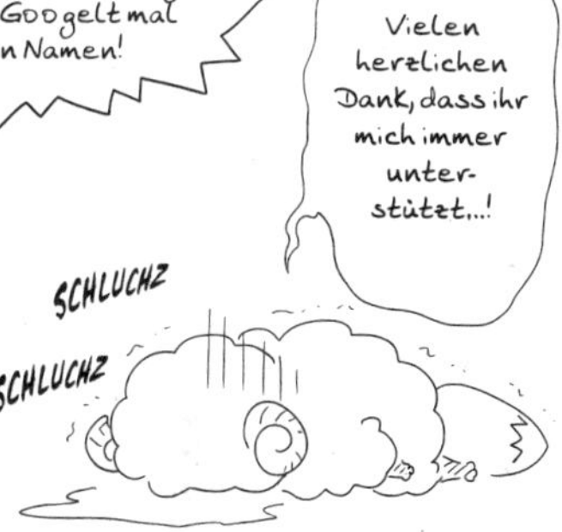

- Bisherige Redakteure:

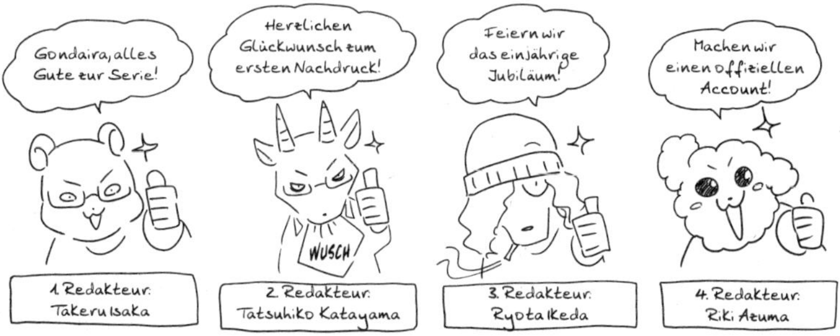

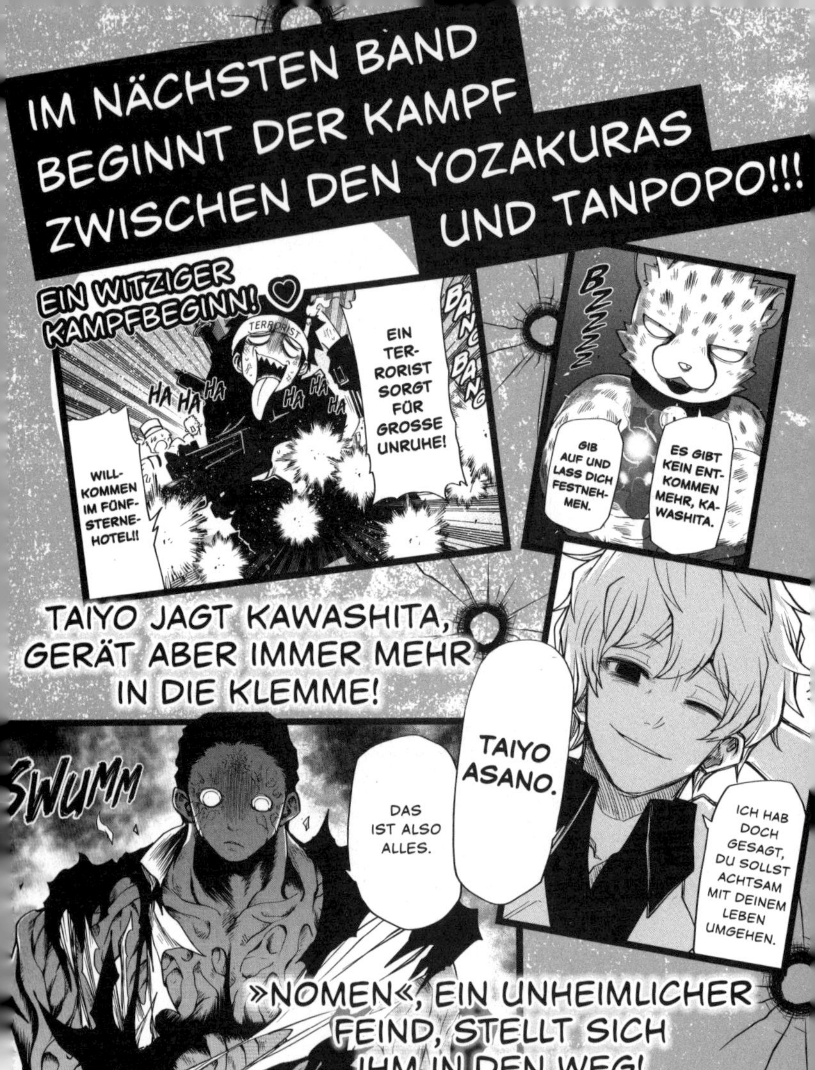

MISSION: Yozakura Family 6

Erscheint voraussichtlich im Sommer 2023!

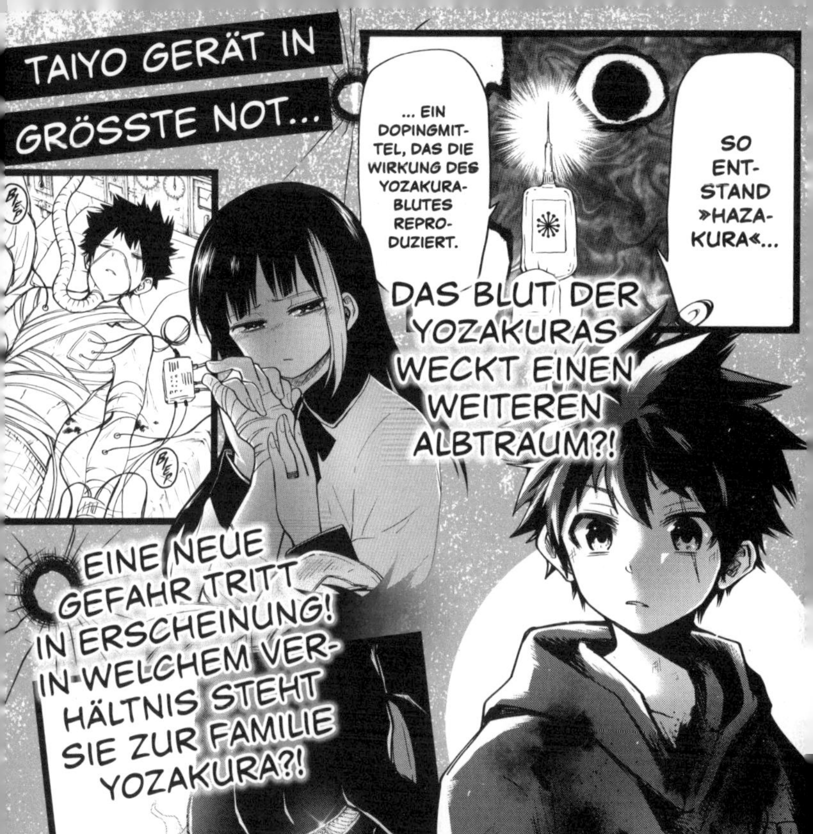
TAIYO GERÄT IN GRÖSSTE NOT...
... EIN DOPINGMIT-TEL, DAS DIE WIRKUNG DES YOZAKURA-BLUTES REPRO-DUZIERT.
SO ENT-STAND »HAZA-KURA«...
DAS BLUT DER YOZAKURAS WECKT EINEN WEITEREN ALBTRAUM?!
BIEP
BIEP
EINE NEUE GEFAHR TRITT IN ERSCHEINUNG! IN WELCHEM VER-HÄLTNIS STEHT SIE ZUR FAMILIE YOZAKURA?!

MASHLE
MAGIC AND MUSCLES

Story and Art by
HAJIME KOMOTO

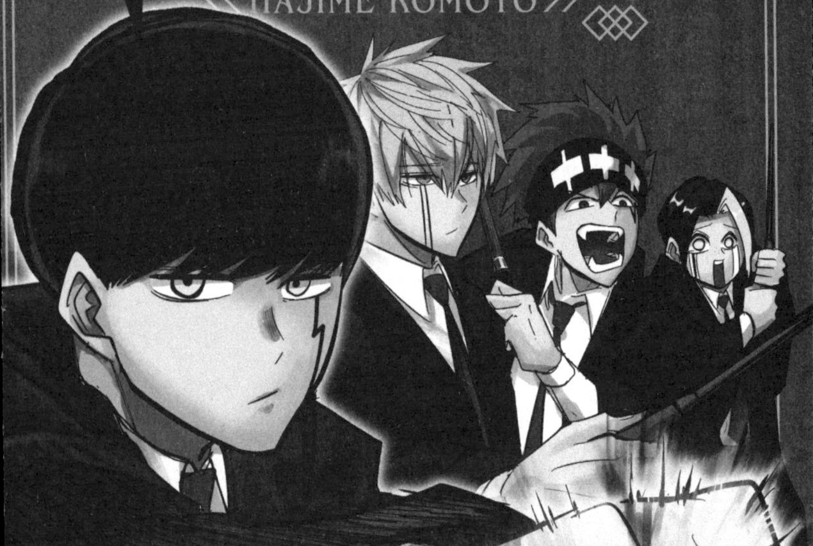

MAGIE IST GUT – MUSKELN SIND BESSER!

Im Reich der Magie wird der soziale Status durch die magischen Fähigkeiten bestimmt. Doch tief im Wald lebt Mash Burnedead, ein junger Mann, der seine gesamte Zeit damit verbringt, seinen Körper zu stählen. Er kann keine Magie benutzen, genießt jedoch ein friedliches Leben mit seinem Vater. Als das herauskommt, geraten beide in Gefahr. Die einzige Lösung: Mash wird in der Magieschule eingeschrieben, wo er die magische Konkurrenz schlagen muss! Wird sich Mash ohne einen Funken Magie und durch reine Muskelkraft einen Weg an die Spitze bahnen können?

CARLSEN MANGA!
www.carlsenmanga.de
carlsen_manga
carlsenmanga

MISSION:
Yozakura Family

To Do Mission

Number	Mission Title
1	☑ Anhalten und Lage sondieren
2	☑ Japanische Serie identifiziert
3	☑ Anweisungen der abgebildeten Grafik befolgen
4	☑ Von »hinten« nach »vorne« lesen
5	☑ Von rechts nach links lesen
6	☑ Spannende Unterhaltung genießen

HALT!

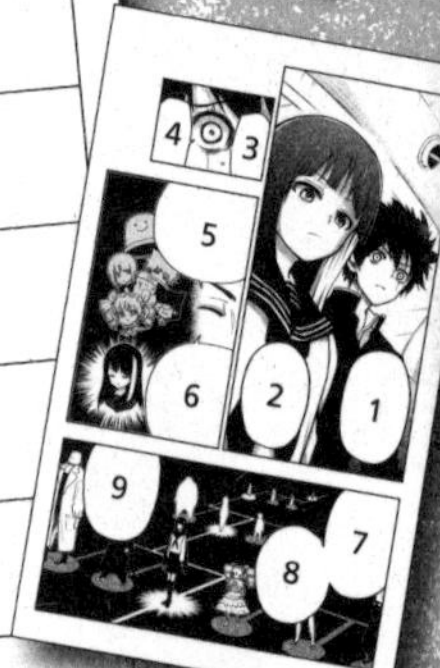

Carlsen Manga! News – jeden Monat neu per E-Mail!
www.carlsenmanga.de
www.carlsen.de

CARLSEN MANGA
Deutsche Ausgabe/German Edition

Völckersstraße 14-20 · 22765 Hamburg
Aus dem Japanischen von Nana Umino

First published in Japan in 2019 by SHUEISHA Inc., Tokyo.
German translation rights in Germany, Austria, Luxembourg and German-speaking Switzerland arranged by SHUEISHA Inc. through VME PLB SAS, France.
Redaktion: Nina Kroesing
Textbearbeitung: Steffi Korda
Herstellung: Tobias Hametner

ISBN: 978-3-551-02300-1

FSC
www.fsc.org
MIX
Papier | Fördert gute Waldnutzung
FSC® C083411
Klimaneutrales Produkt

Mission:
Yozakura Family